MW01712995

POP CORN BOOKS

CALL ME BY YOUR NAME

André Aciman

Назови меня своим именем

Андре Асиман

Перевела с английского Анна Захарьева

POPCORN BOOKS

Москва

УДК 821.111
ББК 83.3(7Сое)
А90

CALL ME BY YOUR NAME
by André Aciman

Книга издана с согласия автора и при содействии
литературного агентства Prava i Perevodi.

First published in the United States by Farrar, Straus and Giroux.

Все права защищены. Любое воспроизведение,
полное или частичное, в том числе на интернет-ресурсах, а также
запись в электронной форме для частного или публичного
использования возможны только с разрешения правообладателя.

А90 **Асиман, Андре.**

Назови меня своим именем : [роман] / Андре Асиман ; пер. с англ. А. Захарьевой. — Москва : Popcorn Books, 2019. — 360 с.

ISBN 978-5-6040721-2-7

Это история о пробуждающейся чувственности и первой любви. Элио проводит бесконечные жаркие дни на вилле в Италии. Походы на пляж, чтение, музыка, интеллектуальные беседы с друзьями семьи — все это повторяется из года в год. Но в это лето на виллу приезжает молодой ученый Оливер, встреча с которым меняет жизнь Элио навсегда...

УДК 821.111
ББК 83.3(7Сое)

© А. Захарьева, перевод на русский язык, 2018
© Издание на русском языке, оформление.
Popcorn Books, 2019
CALL ME BY YOUR NAME
Copyright © 2007 by André Aciman
All rights reserved.
Artwork from "Call Me By Your Name" appears
courtesy of Sony Pictures Classics Inc.

ISBN 978-5-6040721-2-7

Предисловие автора к русскому изданию

(Внимание! Предисловие содержит спойлеры)

Выход романа «Назови меня своим именем» на русском языке — огромная честь для меня. Я вырос с любовью к Достоевскому, Гоголю, Гончарову и Чехову, и мне невероятно радостно от того, что мои книги будут продаваться в таких замечательных городах, как Москва и Санкт-Петербург.

Идея романа впервые посетила меня в тот год, когда я не смог отправиться летом в Италию. Наша семья обычно арендовала дом в Тоскане или Умбрии, и не было ничего прекраснее, чем каждое утро ехать в один из крошечных городков, расположенных на холмах, а вернувшись ближе к вечеру — устраиваться у бассейна, пить коктейли и, наконец, ужинать. Я обожал лежать у самого края бассейна, опустив одну ногу в воду, и слушать музыку в наушниках. В одну из таких поездок я познакомился с картинами

Клода Моне* с изображением дома в Бордигере. Мне захотелось посетить этот дом. Так вот, в то утро, когда я понял, что привычная поездка в Италию не состоится, я решил: нужно попытаться *представить* себе, каково это — жить в доме Моне где-то на берегу итальянской Ривьеры. Я написал один абзац. Но стоило мне начать описывать сам дом, как уже появился балкон с видом на море, потом — сосновая аллея, ведущая к воротам... И не успел я опомниться, как по той самой сосновой аллее к дому уже подъезжало такси, и из него выходил не кто иной, как чрезвычайно привлекательный молодой человек по имени Оливер. Так было положено начало роману, который я, ничего не продумывая заранее, писал в течение трех следующих месяцев.

История рассказана от лица семнадцатилетнего Элио, сына хозяев дома. С первой же встречи Элио испытывает к Оливеру интерес и уже очень скоро оказывается серьезно увлечен новым гостем. Но полностью понять свои чувства он пока не может — так же, как не может осознать их истинную силу. С одной стороны, Элио не хочет признаваться в этой симпатии даже себе самому, с другой — он возмущен приездом молодого ученого, который следующие нескольких недель будет помогать его отцу и заниматься научной работой; Элио видит в нем нарушителя спокойствия. Он постоянно пытается найти в Оливере

---

* Оскар Клод Моне (1840–1926) — французский живописец, один из основателей импрессионизма.

что-нибудь, что отвратило бы его, тем более что Оливер — практически полная противоположность Элио. Последний робок, сдержан и часто замкнут в себе; большую часть времени он проводит за чтением и написанием аранжировок к классической музыке. Оливер совсем иной; днем это молодой ученый, погруженный в работу над рукописью, однако его ночная жизнь окутана тайной. Он настоящий экстраверт, уверен в себе и общителен; возможно, даже несколько пренебрежителен, что выражается в его фирменном прощании: *«Давай!»* Кажется, он совершенно равнодушен к Элио и едва замечает его.

Тем временем по ходу развития событий чувство отторжения, которое Элио поначалу испытывает к Оливеру, стремительно улетучивается.

На протяжении первой части Элио только наблюдает за Оливером, изучает его и пытается с ним по-дружески сблизиться — так, чтобы никто не понял, что его влечет к новому постояльцу.

Читатель не знает, что думает или чувствует сам Оливер, в том числе в отношении Элио. Обо всем происходящем мы знаем лишь со слов Элио и вынуждены доверять ему, даже если порой его догадки ошибочны и противоречивы. Тем временем чувства, которые Элио пытается подавить, проникают в его сны. И там он уже не способен лгать — поэтому вынужден признаться себе в своих желаниях. Он не просто мечтает об Оливере и его теле — его разрывает от любви.

Так стоит ли Элио рассказать Оливеру об этой любви или ему следует хранить ее в секрете? Этот вопрос мучает юношу с той секунды, как он осознает свое влечение. В конце концов довольно очевидный намек срывается с губ Элио, и, к его удивлению, Оливер сразу же догадывается, о чем идет речь. Вскоре Элио понимает: такая быстрая реакция Оливера означает, что они похожи гораздо больше, чем он думал. Вероятно, именно тогда Элио впервые осознает: Оливер тоже к нему неравнодушен.

Эти двое становятся так близки, что ближе быть просто невозможно, — между ними нет никаких границ, и вместе они следуют за желаниями своих тел и сердец. Теперь они ведут себя совершенно открыто и раскованно. В литературе вряд ли найдутся два персонажа, столь глубоко вросшие друг в друга, — и это слияние объясняет, почему в какой-то миг они словно меняются телами, становясь один другим, почему не могут жить друг без друга, почему Оливер просит Элио назвать его своим именем и в ответ называет Элио своим и, наконец, почему в момент наивысшего наслаждения Элио, сам не зная отчего, начинает задыхаться от слез.

Я надеюсь, российским читателям понравится этот роман. А пока все, что мне остается, — это попрощаться, процитировав Оливера: *«Давайте!»*

Посвящается Альбио,
*Alma de mi vida**

---

* Душе моей жизни (*исп.*) — *здесь и далее примеч. пер.*

ЧАСТЬ I

Если не потом — то когда?

— Давай! — эта фраза, этот голос, эта интонация.

Я никогда раньше не слышал, чтобы кто-нибудь, прощаясь, говорил «давай». Слово звучало резко, отрывисто, пренебрежительно; от него веяло плохо замаскированным безразличием; так говорят люди, которым все равно, увидят ли они тебя снова.

Это слово — мое первое воспоминание о нем, и оно звучит у меня в ушах до сих пор. *«Давай!»*

Я закрываю глаза, произношу его — и я снова в Италии, много лет тому назад: иду по дороге, обсаженной по обеим сторонам деревьями, и наблюдаю, как он выходит из такси во вздымающейся на ветру голубой рубашке с расстегнутым воротом, темных очках, соломенной шляпе; и эта обнаженная кожа... И вот он уже жмет мне руку, передает свой рюкзак, вынимая чемодан из багажника такси, и спрашивает, дома ли отец.

Возможно, именно там и тогда все началось: его рубашка, закатанные рукава, упругие мячики пяток, скользящие вверх-вниз в потрепанных эспадрильях и жаждущие поскорее ступить на горячий гравий тропинки, ведущей к нашему дому; и каждым своим шагом он словно нетерпеливо вопрошает: «Как попасть на пляж?..»

Очередной летний постоялец.

Очередная скучная история.

Затем, уже повернувшись к автомобилю спиной, он, не задумываясь, машет тыльной стороной свободной руки и бросает свое беспечное «Давай!» оставшемуся внутри пассажиру — очевидно, они поделили плату за дорогу от станции. Ни имени попутчика, ни попытки пошутить, чтобы сгладить скомканное расставание, — ничего. Его фирменное прощание: пустое, резкое, отрывистое — выбирай, что по душе, ему до этого нет дела.

Вот увидите, думал я, точно так же он распрощается и с нами, когда придет время. Своим грубым, небрежным *«Давай!»*.

Ну а пока — впереди шесть долгих недель, в течение которых нам предстоит терпеть его.

Мне стало не по себе: этот тип был явно не из приветливых.

Хотя, пожалуй, со временем он мог бы мне понравиться. Он весь — от круглого подбородка до таких же круглых пяток. А потом за каких-нибудь несколько дней я наверняка его возненавижу. Его, чье фото в анкете несколько месяцев назад привлекло мое внимание, потому что выделялось среди прочих каким-то особым обещанием непременной, мгновенной близости.

Мои родители принимали постояльцев на лето — так они помогали молодым ученым готовить рукописи к публикации. На шесть недель я должен был освободить свою комнату и переехать в соседнюю, гораздо менее просторную, дальше по коридору — ту, которая когда-то принадлежала моему дедушке. Зимой, когда мы жили в городе, она превращалась во что-то среднее между чуланом, кладовкой и чердаком — и где-то там, по семейному поверью, мой дедушка и тезка до сих пор скрипел зубами в своем теперь уже вечном сне.

Летние жильцы не платили аренду, могли пользоваться домом как полноправные хозяева и делать все, что им заблагорассудится, — а в обмен на это должны были по часу с небольшим в день помогать отцу с его письмами и прочей бумажной работой. Они становились частью семьи, и спустя пятнадцать лет подобной практики мы привыкли, что круглый год — а не только в Рождество — дом был полон открыток и подарков от бывших, но навеки преданных нам постояльцев; все они, посещая Европу, отходили от запланированного маршрута, чтобы со своими семьями на пару дней заехать в город Б. и совершить ностальгическую прогулку по уголкам своего прошлого.

Часто за обеденным столом к нам присоединялись два-три гостя — иногда соседи или родственники, иногда коллеги, юристы, врачи или кто-нибудь из «богатых и знаменитых»; они заезжали к нам по дороге в свои летние домики, чтобы повидаться с моим отцом. А иногда заглядывали даже случайные туристы, которые где-то услышали о нашей старой вилле и захотели просто зайти и поглазеть; когда мы предлагали им отобедать с нами и рассказать о себе, они приходили в неимоверный восторг — а Мафальда, предупрежденная о прибытии гостей в последнюю минуту, тем временем спешно накрывала на стол.

Мой отец, обычно весьма скромный и застенчивый в кругу близких людей, обожал наблюдать, как очередной молодой эксперт, «восходящая звезда» в одной из областей науки, поддерживает беседу на нескольких языках, пока сам он тщетно сражается с навалившейся от летнего зноя усталостью, перемешанной с эффектом нескольких бокалов *rosatello*. Мы называли это развлечение «обеденной каторгой», и наши шестинедельные гости спустя время тоже подхватывали это выражение.

А может быть, все началось вскоре после его прибытия, во время одного из тех мучительных обедов, когда он сидел рядом со мной и я вдруг понял, что, несмотря на легкий загар, приобретенный им во время короткой поездки в Сицилию тем летом, — кожа на его ладонях того же цвета, что и на бледных, мягких ступнях, и на шее, и на обратной стороне предплечий, до которых не достали солнечные лучи. Светло-розовая, гладкая и блестящая, как живот ящерицы; скрытая от глаз, неприступная, девственная, точно румянец на щеках гимнаста или занимающаяся после ночной грозы заря. Тогда я узнал о нем нечто такое, о чем никогда не додумался бы спросить.

Или все началось в один из тех бесконечных послеобеденных часов, которые мы проводили кто в доме, кто снаружи, в саду, кто в плавках, кто в купальниках; повсюду — измученные жарой тела, развалившиеся тут и там в попытке как-то убить время, пока кто-нибудь наконец не предложит спуститься к камням и поплавать. Близкие и дальние родственники, кузены и кузины, соседи, друзья, друзья друзей, коллеги и, наконец, просто те, кто постучал в дверь спросить, можно ли поиграть в теннис на нашем корте, — все были любезно приглашены отдохнуть, искупаться, разделить трапезу и, если будет необходимо, переночевать в гостевой пристройке.

А может быть, все началось на пляже. Или на теннисном корте. Или во время нашей первой прогулки — в день, когда он только приехал. Тогда родители попросили меня показать ему дом и окрестности, но я, слово за слово, повел его через старые кованые ворота куда-то далеко, к пустырю с заброшенными рельсами, в свое время соединявшими город Б. с городом Н.

— Где-то здесь была станция? — спросил он, глядя сквозь ветви изнывающих под солнцем деревьев и, видимо, таким образом пытаясь завести беседу с хозяйским сыном.

— Нет, здесь никогда не было станции, поезд останавливался по требованию.

Он явно заинтересовался увиденным: пути были очень узкими. Я рассказал ему, что поезд носил королевскую эмблему и состоял из двух вагонов, а теперь в нем живут цыгане — еще с тех пор, как моя мать отдыхала здесь девочкой. Цыгане утащили два сошедших с рельсов вагона в сторону, подальше от железной дороги. Я спросил, хочет ли он их увидеть.

— Давай потом.

Вежливое безразличие. Будто он разглядел мое излишнее и неуместное стремление ему угодить и сразу очертил границы.

Это меня задело.

Тогда он сказал, что хотел бы открыть счет в банке города Б., а затем навестить переводчика, который работает над его книгой для итальянского издательства.

Я предложил съездить в Б. на велосипедах. Но разговор на колесах клеился не много лучше, чем на ногах. По дороге мы остановились чего-нибудь выпить. Погруженный во мрак бар-табаккерия был пуст; только хозяин драил пол резко пахнущим аммиачным раствором. Мы выскочили оттуда так быстро, как только смогли. Одинокий дрозд, сидевший на пинии, выдал короткую трель, но ее мгновенно заглушило стрекотание цикад.

Я долго и жадно пил минеральную воду из огромной бутылки, потом передал Оливеру, потом отпил снова; немного воды плеснул на руку, протер лицо и провел мокрыми пальцами по волосам. Вода была недостаточно холодной и недостаточно газированной, и в горле осталось неприятное ощущение неутоленной жажды.

Чем здесь обычно занимаются? Да ничем особенным — ждут, пока закончится лето. А чем здесь тогда занимаются зимой?

Я улыбнулся, прежде чем ответить, но он догадался сам и сказал:

— Погоди, не отвечай — ждут, когда придет лето, так?

Мне понравилось, что он угадал мои мысли. Выражение «обеденная каторга» он тоже поймет быстрее, чем все прежние постояльцы.

— Вообще, зимой здесь ужасно темно и серо. Мы приезжаем только на Рождество, а в остальное время это настоящий город-призрак.

— И что же здесь делать на Рождество, кроме как жарить каштаны и пить эгг-ног*? — Он решил меня поддразнить.

В ответ я снова улыбнулся — так же, как несколько минут назад. Он все понял, промолчал, мы засмеялись.

---

* Эгг-ног — сладкий напиток на основе сырых куриных яиц и молока с добавлением алкоголя.

Он спросил, чем здесь занимаюсь я. Играю в теннис. Плаваю. Развлекаюсь. Бегаю по утрам. Делаю аранжировки. Читаю.

Он сказал, что тоже бегает — рано утром. Где здесь обычно бегают? В основном на набережной. Я могу показать, если он хочет.

И тут, когда он уже начал мне нравиться, я словно получил удар под дых:

— Давай потом.

Я поставил чтение последним в списке своих летних развлечений, поскольку по надменному и своенравному поведению Оливера решил, что для него это наименее интересное занятие. Однако спустя несколько часов — узнав, что он только-только дописал книгу о Гераклите* и чтение, судя по всему, занимает не последнее место в его жизни, — я был вынужден предпринять изящную попытку отступления и дать ему понять, что на самом деле мои интересы гораздо более схожи с его.

Я заволновался — но вовсе не из-за необходимости выдумывать хитрый маневр, а потому, что внезапно осознал — со всей силой обуявших меня нежеланных опасений, впервые появившихся там, у заброшенных рельс, и вновь возникших здесь и сейчас, — что все это время, сам

---

* Гераклит Эфесский (544–483 гг. до н. э.) — древнегреческий философ. Основатель первой исторической, или первоначальной, формы диалектики.

того не замечая и, уж конечно, не признаваясь себе в этом, я пытался его завоевать. И пока безрезультатно.

Памятуя, что все прошлые постояльцы были без ума от этого развлечения, я предложил Оливеру съездить в Сан-Джакомо — подняться на самую верхушку колокольни, про которую в округе говорили «увидеть — и умереть»; однако мне стоило ожидать его обычной реакции. Отчего-то я решил, что добьюсь его расположения, просто отведя туда, наверх, и показав ему этот сногсшибательный вид на город, море, вечность... Но нет. «*Давай потом!*»

Вполне вероятно, однако, что все началось позднее, когда я и думать не думал. Порой ты видишь человека, но не *видишь* его; он где-то там, за кулисами. А бывает, замечаешь сразу — но ничто не замирает в груди, ничто не цепляет внимания; и, прежде чем ты успеваешь осознать его присутствие и понять истинные причины своего беспокойства, вдруг оказывается, что те шесть недель, которые были у тебя в распоряжении, уже на исходе — и он либо вот-вот уедет, либо уже уехал. И тогда ты начинаешь судорожно пытаться что-то понять, что-то поймать и вдруг осознаешь, что все это время у тебя под носом росло и развивалось новое чувство, которое можно описать лишь одним словом — *«хочу»*.

Как мог я ничего не замечать, спросите вы? Поверьте, я всегда распознавал желание издалека — и тем не менее в этот раз вдруг совершенно упустил его из виду. Я увлекся лукавой улыбкой, озарявшей его лицо каждый раз, когда он угадывал мои мысли, — хотя на самом деле желал его тело, одно лишь тело.

На третий день, за ужином, я почувствовал на себе пристальный взгляд Оливера — в это время я рассуждал об оратории* «Семь слов Спасителя на кресте» Гайдна**, так как делал с нее переложение для гитары.

В тот год мне было семнадцать; как к самому юному за столом, ко мне редко прислушивались, и я привык умещать большие объемы информации в минимальное количество слов. Я говорил быстро, отчего многим казалось, что я всегда взволнован и проглатываю слова. Когда я закончил объяснять свою музыкальную идею, я уже точно знал, что слева в меня впивается пара весьма заинтересованных глаз.

Это польстило мне, я затрепетал; очевидно, он увлекся моим рассказом; я понравился ему. Что ж, выходит, все не так уж сложно… Но когда я наконец решился повернуться к нему, то был встречен надменным взглядом, в котором сквозило нечто неуловимо враждебное и холодное, почти жестокое.

---

* Оратория — крупное музыкальное произведение для хора, солистов-певцов и оркестра, написанное на драматический сюжет и предназначенное для концертного исполнения.

** Франц Йозеф Гайдн (1732–1809) — австрийский композитор, представитель венской классической школы, один из основоположников таких музыкальных жанров, как симфония и струнный квартет.

Меня словно окатило ледяной водой. Чем я это заслужил? Я хотел, чтобы он снова был добр ко мне, чтобы снова смеялся со мной — как всего несколько дней назад у заброшенных рельс или позднее в тот же день, когда я сказал, что Б. — единственный город в Италии, через который Христос проезжал на *corriera* — региональном автобусе — без остановок. Тогда он тотчас же расхохотался, распознав завуалированную отсылку к книге Карло Леви*. Мне нравилось, что наши умы словно путешествуют параллельно: каждый мгновенно угадывал игру слов другого — пусть ни один из нас никогда и не доводил эту игру до конца.

Я быстро понял: он сосед не из простых. Лучше держаться от него подальше. Подумать только, я чуть было не начал сходить с ума по коже на его руках, груди, стопах, которые, казалось, за всю жизнь ни разу не ступали по жесткой поверхности... и по его глазам: когда они вдруг светились другим, искренним и добрым взглядом, это было сравнимо с чудом Воскресения. От них невозможно было оторваться, однако, если смотреть достаточно долго, сразу понимаешь, почему делать этого нельзя.

Видимо, я смерил его взглядом, по степени презрения схожим с его собственным, потому что в течение следующих двух дней наши разговоры резко прекратились.

---

* Речь идет о книге итальянского писателя Карло Леви (1902–1975) «Христос остановился в Эболи».

Мы усердно избегали встреч на длинном балконе, проходящем вдоль обеих наших комнат: быстрое «привет», «доброе утро», «отличная погода» — пустая болтовня.

Затем, без объяснений, все возобновилось.

Не хочу ли я пойти на пробежку? Что-то не очень. Ну тогда пойдем плавать.

Боль, жаркое томление, трепет от встречи кого-то нового и предвкушение блаженства, парящего на расстоянии вытянутой руки; бессмысленное копошение рядом с тем, кого боишься понять неправильно и потерять, и потому должен гадать, и угадывать, и разгадывать, и уточнять — снова и снова, на каждом повороте; отчаянная изобретательность, которую пускаешь в ход с тем, кого желаешь, потому что хочешь быть желанным; завесы, которые воздвигаешь между собой и миром, — многослойные, словно из десятков листов рисовой бумаги; тяга расшифровывать послания, которые никогда не были шифрами, — все это началось, когда Оливер вошел в наш дом, и отпечаталось в каждом музыкальном хите той поры, в каждом романе, прочитанном мной во время и после его пребывания; во всем — от аромата розмарина до оглушительного стрекота цикад...

Запахи и звуки, с которыми я вырос, которые слышал каждый год своей жизни до тех самых пор, пока в ней не появился он, — внезапно обернулись против меня и приняли новые формы, навсегда вобрав в себя события того лета.

А может быть, все началось в конце первой недели его пребывания, когда, к своему удовольствию, я обнаружил, что он все еще помнит, кто я такой, и не игнорирует меня, а потому я могу позволить себе роскошь пройти мимо него по пути в сад и не притворяться, что не заметил.

Рано утром, на следующий день после его приезда, мы вышли на пробежку — до города Б. и обратно. Следующим утром ходили плавать. Днем позже — снова бег.

Мне нравилось мчаться мимо фургона молочника, пока тот лишь мечтает о конце рабочей смены, или мимо бакалейщика и булочника, только-только открывавших свои лавки; я любил бегать вдоль берега по безлюдной набережной, откуда наш дом казался далеким миражом.

Мне нравилось бежать с ним синхронно, нога в ногу, ступая на землю одновременно и оставляя на берегу следы, к которым я мечтал потом вернуться, чтобы втайне ото всех вложить стопу точно в оставленный им отпечаток.

То была его рутина: подобным образом он чередовал бег и плавание, когда учился в магистратуре.

А в шаббат он тоже бегает? Моя попытка пошутить.

Он всегда тренируется, даже когда болеет, а если совсем худо, занимается лежа в постели. Он утверждал, что даже после ночи с новой пассией ранним утром отправляется на пробежку.

Он пропустил тренировку один-единственный раз — в день, когда его оперировали. Я поинтересовался, что это была за операция, но так же неожиданно, как выпрыгивает злобно усмехающийся черт из табакерки, Оливер бросил:

— Давай потом.

Возможно, он устал и просто не хотел разговаривать или пытался сосредоточиться на беге или плавании. А может, то был его тактичный способ намекнуть, что мне следует заняться тем же.

Но было все же нечто сковывающее и обескураживающее в странной холодности, вдруг возникавшей между нами в самые неожиданные мгновения. Иногда мне казалось, что он делает это нарочно: бросает кусок, другой, а потом резко вырывает из рук при малейшем намеке на дружбу.

Его холодный взгляд никогда не исчезал надолго. Однажды, играя на гитаре в саду возле бассейна, где частенько работал, я вдруг почувствовал этот взгляд. Оливер лежал рядом в траве и сверлил меня глазами, пока мои были прикованы к гитарному грифу, а когда я наконец поднял голову, чтобы посмотреть, понравилась ли ему моя игра, — то снова наткнулся на этот колкий, жестокий взгляд, зловеще блеснувший, точно резко убранная бритва, которую вдруг заметила потенциальная жертва. Он спокойно улыбнулся, как бы желая сказать: *скрывать больше нет смысла.*

Лучше держаться от него подальше.

Он, вероятно, заметил, что я чуть не дрожу от волнения, и в попытке загладить вину стал задавать вопросы о гитаре. Но я был настолько выбит из колеи, что не мог найти в себе сил отвечать на них просто. Оливер тем временем, видя, как мучительно я размышляю над словами, начал подозревать, что что-то не так.

— Не важно, не отвечай. Просто сыграй еще раз.

Но я думал, тебе не нравится. Не нравится? С чего ты взял?

Мы еще немного поспорили.

— Просто сыграй еще раз!

— То же самое?

— То же самое.

Я встал и пошел в гостиную, оставив французские окна* распахнутыми — так, чтобы он слышал, как я играю ту же мелодию на пианино. Он проследовал за мной половину пути и, остановившись у окон, облокотился на деревянную раму.

— Ты что-то поменял. Раньше звучало по-другому. Что ты сделал?

— Всего лишь сыграл так, как сыграл бы Лист**, если б захотел подурачиться.

— *Пожалуйста,* просто сыграй заново!

Мне нравилась его притворная досада. Я вновь начал играть.

Спустя еще несколько минут:

---

* Панорамное окно от пола до потолка.

** Ференц Лист (1811–1886) — венгерский композитор, пианист-виртуоз, педагог, дирижер, публицист, один из ярчайших представителей музыкального романтизма.

— Поверить не могу: ты опять все поменял!

— Ну, не так уж и много. Так сыграл бы ее Бузони*, если б немного подредактировал версию Листа.

— Ты не можешь просто сыграть Баха** так, как написал сам Бах?

— Но Бах никогда не писал для гитары! А может, не писал и для клавесина. Вообще, мы даже не можем быть уверены, был ли то в самом деле Бах...

— Все, забудь, что я просил.

— Ладно, ладно, не заводись, — сказал я. Пришла моя очередь притворяться недовольным. — Это Бах в моем переложении, без участия Бузони и Листа. Совсем ранний Бах, посвятивший музыку своему брату.

Я точно знал, какой конкретно отрывок взволновал Оливера изначально, и теперь каждый раз, когда играл его снова, я словно отправлял ему небольшой подарок; он в самом деле был посвящен Оливеру — в знак прекрасного чувства, проснувшегося во мне. Разгадать это чувство было вовсе не трудно; оно побудило меня сыграть удлиненную версию каденции***. Специально для него.

---

* Данте Микеланджело Бенвенуто Ферруччо Бузони (1866–1924) — итальянский композитор, пианист, дирижер и музыкальный педагог.

** Иоганн Себастьян Бах (1685–1750) — немецкий композитор, органист-виртуоз.

*** Каденция (*ит. cadenza*, от *лат. cadere* — «падать») — вставка виртуозного характера, дающая исполнителю возможность блеснуть своей техникой.

Мы — и все признаки этого он наверняка распознал задолго до меня — флиртовали.

Позже в тот вечер я записал в своем дневнике: «*Когда я сказал, что тебе не понравилась моя музыка, я преувеличивал. На самом деле я хотел сказать: "Я думал, тебе не нравлюсь я". Надеялся, ты начнешь убеждать меня в обратном, — и ты даже делал это какое-то время. Но почему-то мне кажется, что завтра утром я уже не буду в этом так уверен*».

Что ж, значит, таким он тоже бывает, — заметил я про себя, увидев его превращение из глыбы льда в теплый солнечный луч. Может, стоило задуматься и о себе: перехожу ли я так же стремительно, как и он, из одного состояния в другое?

«*P. S. Мы не предназначены для одного лишь инструмента — ни я, ни ты*».

Я был полностью готов признать поражение, оклеймив его сложным и недоступным, и прекратить дальнейшие попытки сблизиться. Но стоило ему произнести пару слов, как моя обида и апатия сменялись чем-то вроде: *я буду играть для тебя все, что ты захочешь, пока не попросишь остановиться, пока не подойдет время обеда, пока кожа на моих пальцах не сойдет слой за слоем, — потому что мне нравится делать для тебя что угодно, я сделаю для тебя что угодно, ты нравишься мне с самого первого дня, и даже если на мои новые предложения дружбы ты вновь ответишь ледяным взглядом, я никогда не забуду этот разговор между нами — и то, что всегда можно вернуться в теплое лето из холодной зимы.*

В этом обещании я, правда, забыл отметить, что апатия и ледяное равнодушие обнуляют любые соглашения о перемирии, подписанные в солнечные мгновения.

А потом наступил полдень того июльского воскресенья, когда наш дом внезапно опустел, и остались только он и я, и все мое нутро будто пронзил огонь; просто потому, что «огонь» — первое и самое простое слово, пришедшее мне на ум вечером того же дня, когда я писал в дневнике, пытаясь хоть немного разобраться в происшедшем.

Я ждал и ждал, сидя в своей комнате, не в силах пошевелиться, словно в трансе, — прикованный к постели надеждой и ужасом. То был не огонь страсти или безудержного желания, а нечто парализующее, похожее на сброс бомбовой кассеты*, сжигающей весь кислород вокруг, пока ты задыхаешься, точно тебя ударили под дых, точно вакуум разорвал всю живую ткань легких, иссушил рот изнутри, и ты надеешься, что никто не заговорит с тобой, — потому что сам говорить не в силах — и молишься, чтобы никто не попросил пошевелиться, потому что сердце бьется так быстро, словно закупорено, начинено осколками стекла и скорее разорвется, чем позволит еще хоть капле крови попасть в свои узкие камеры...

---

* Авиационный боевой снаряд, содержащий большое количество мелких противопехотных мин или бомб.

Огонь как страх, как паника, как мысль — еще минута этого мучения, и, если он не постучит в мою дверь, я просто умру... Но пусть лучше он не стучит никогда, чем постучит сейчас.

Я привык распахивать настежь свои французские окна и неподвижно лежать на кровати в одних плавках, пока все тело пылает огнем. Огнем, похожим на мольбу: *пожалуйста, пожалуйста, скажи, что я не прав, скажи, что я все выдумал, ведь не можешь ты испытывать то же; а если испытываешь — то ты самый жестокий человек во Вселенной.*

В тот день в конце концов он все же зашел ко мне в комнату — без стука, словно призванный моими молитвами, — и спросил, почему я не пошел на пляж с остальными; но все, что я мог придумать в ответ, хотя, конечно, не осмелился сказать вслух, было: *чтобы быть с тобой. Чтобы быть с тобой, Оливер. В плавках, без них ли, не важно. Лежать с тобой на моей постели. Или на твоей (в другое время года она тоже моя). Делай со мной что захочешь. Возьми меня. Просто спроси, хочу ли я, и узнаешь — только не позволяй мне ответить «нет».*

И скажи мне, что это был не сон, когда в ту ночь я услышал шум на лестнице за дверью и вдруг понял, что кто-то в комнате — кто-то сидит в ногах моей кровати и думает, думает и сомневается, и наконец двигается ближе, и вот уже ложится, но не рядом, а прямо на меня, а я лежу на животе, и мне так нравится, что я боюсь пошевелиться, боюсь, *что он поймет, что я проснулся, что передумает, уйдет; вместо этого я притворяюсь спящим, и одна мысль бьется в голове: это не сон, это не может быть сном, это не должно быть сном! И, сжимая со всей силы веки, я думаю: это словно возвращение домой, возвращение после многих лет среди троянцев и лестригонов*, возвращение туда, где все такие же, как ты, где все всё знают — просто знают; возвращение домой, когда все наконец встает на свои места и ты вдруг понимаешь, что почти два десятка лет занимался лишь тем, что шел по неверному пути.*

И тогда я решил, без малейшего движения, не шевеля ни единым мускулом, дать тебе понять, что уступлю — уступлю, только попроси; что я уже уступил, уже сдался, и теперь я твой, весь твой, — вот только ты уже исчез. И хотя все это казалось слишком реальным для сна, с того дня моим единственным желанием было, чтобы ты снова сделал то, что сделал тогда — в моем сне.

На следующий день мы играли в парный теннис, и в перерыве, когда все пили приготовленный Мафальдой лимонад, он положил свободную руку мне на плечо и слегка сжал его большим и указательным пальцами, словно в дружеском полуобъятии-полумассаже — очень просто

---

* Великаны-людоеды из греческой мифологии. К ним попал Одиссей, возвращаясь домой с Троянской войны в «Одиссее» древнегреческого поэта-сказителя Гомера (VIII век до н. э.).

и ненавязчиво. Но я был настолько ошеломлен, что тут же высвободился из-под его руки, иначе — еще миг, и обмяк бы под ней, как деревянная игрушка, которая складывает хлипкие ручки и ножки, стоит только спустить пружину.

Удивленный, он извинился и спросил, не задел ли случайно нерв, заверив, что не хотел причинить мне боль. Он явно был в ужасе от мысли, что сделал мне больно или прикоснулся ко мне недолжным образом.

Последнее, чего я хотел, это оттолкнуть его, поэтому пробормотал что-то вроде «все в порядке» — и на том мог закончить, но вдруг подумал: если мне не было больно, то как объяснить резкость, с которой я сбросил его руку на глазах у всех своих друзей?

И тогда я изобразил на лице гримасу якобы тщательно скрываемой боли.

В тот миг я не понял, что паника, охватившая меня от его прикосновения, сродни волнению невинной девы от первого прикосновения того, кого она так долго вожделела, — от ощущений, прежде не знакомых, и наслаждения, гораздо более волнующего, чем все, что было известно ей раньше.

Он все еще выглядел удивленным моей странной выходкой, но так же, как я усиленно изображал плохо скрываемую боль, он старательно демонстрировал, что в эту боль поверил. Таким образом он позволял мне сорваться с крючка — притворяясь, что не имеет ни малейшего понятия об иных возможных причинах моего поведения.

Позже я узнал, что он невероятно проницателен и умеет трактовать противоречивые сигналы, поэтому не сомневаюсь: он что-то заподозрил уже тогда.

— Погоди, я помогу.

Он вновь начал массировать мое плечо; он проверял меня.

— Расслабься, — сказал он при всех, ничуть не смущаясь.

— Я расслаблен.

— Да эта скамейка расслаблена больше, чем ты. Только пощупай. — Он обратился к Марции, стоявшей неподалеку среди других девушек. — Как камень.

И я почувствовал ее руки у себя на спине.

— Вот здесь, — почти приказал Оливер, с силой вдавливая ее ладонь мне в спину. — Чувствуешь? Ему нужно расслабиться.

— Тебе нужно расслабиться, — эхом отозвалась Марция.

Возможно, оттого, что я не умел говорить шифрами, в тот момент (как, впрочем, и во все остальные) я был не в силах произнести ни слова. Я чувствовал себя как глухонемой, который не может изъясняться даже жестами, и начал несвязно бормотать все, что приходит в голову, только бы не выдать себя и своих истинных мыслей.

Иначе шифроваться я не умел. Пока я дышал и произносил хоть какие-то слова, у меня это с горем пополам получалось. В противном случае образовавшаяся пауза почти наверняка выдала бы меня с головой — именно поэтому любая, даже самая идиотская глупость была лучше, чем ничего. Молчание разоблачило бы меня. Однако сильнее, чем молчание, меня, вероятно, разоблачали мои бессвязные попытки его преодолеть.

Должно быть, от отчаяния мое лицо приобрело сердитое и нетерпеливое выражение. Мне даже не пришло в голову, что Оливер вполне мог принять его на свой счет. Наверное, по схожим причинам я отводил взгляд каждый раз, когда он смотрел мне в глаза: стараясь скрыть напряжение и робость. Но то, что мое поведение его оскорбляет и в отместку он отплачивает мне враждебностью, на ум мне тоже не приходило.

Больше всего я боялся, что в моей излишне драматичной реакции на его прикосновение он заметит нечто другое: перед тем как высвободиться из-под его руки, я поддался ей; я почти позволил себе прильнуть к ней, будто прося: «*Не останавливайся*» — как это часто говорят взрослые, когда кто-то, проходя мимо, невзначай помассирует им плечо. Заметил ли он, что я был готов не просто сдаться, но и полностью слиться с его телом?

В тот же вечер я описал это состояние в своем дневнике, назвав его «млением». Почему я обомлел? Неужели ему достаточно лишь прикоснуться ко мне, чтобы в ту же секунду я потерял себя, стал бессильным и безвольным? Про это люди говорят «таять как масло»?

И почему я не хотел, чтобы он узнал? Боялся того, что случится потом? Или боялся, что он посмеется надо мной, разболтает всем вокруг или вовсе проигнорирует под предлогом моей незрелости и неспособности осознавать свои поступки?

А может, потому, что подозрения побудили бы его перейти к действиям (ведь если заподозрил, значит, и сам думал о чем-то подобном)? Хотел ли я этого? Или предпочел бы испытывать жажду всю оставшуюся жизнь, но при условии, что мы продолжим играть в этот пинг-понг: *я не знаю, ты не знаешь, я притворяюсь, что не знаю, ты притворяешься...* Молчать, не произносить ни слова, а если не можешь сказать «да» — не отказывать, а говорить «давай потом».

Поэтому люди отвечают «может быть», когда хотят сказать «да»? Чтобы казалось, что это «нет», а на самом деле — «*пожалуйста, попроси меня еще раз... а потом еще один*»?

Вспоминая то лето, я с удивлением осознаю, что, несмотря на все мои попытки справиться со своим «огнем» и «млением», жизнь все же подарила нам множество восхитительных мгновений. Италия. Лето. Стрекот цикад по вечерам. Моя комната. Его комната. Балкон, ограждающий нас от остального мира. Мягкий ветер, несущий ароматы из сада вверх по лестнице в мою комнату. Лето, когда я полюбил рыбачить, потому что он рыбачил. Полюбил бегать, потому что он бегал. Полюбил осьминогов, Гераклита, «Тристана»*. Лето, когда я словно впервые услышал пение птицы, уловил аромат цветка, почувствовал, как туман

---

* Вероятно, речь идет об опере Рихарда Вагнера «Тристан и Изольда».

поднимается у меня из-под ног теплым солнечным утром, — все потому, что мои ощущения тогда вдруг обострились до предела и неотступно вели меня к нему.

Я мог отрицать многое: что умираю от желания прикоснуться к его коленям и запястьям, сияющим на солнце своим липким блеском, который я едва ли видел у кого-то еще; что мне нравятся его белые теннисные шорты, вечно в коричневых пятнах от глиняного корта (в такой же цвет со временем окрасится и его кожа); что его волосы, выгорающие с каждым днем, начинают блестеть под лучами солнца еще до того, как оно окончательно взойдет; что в ветреные дни, когда он сидит на шезлонге у бассейна и его синяя рубашка, вздымаясь все сильнее, пытается скрыть под собой аромат его кожи, — меня возбуждает одна мысль о его теле...

Я мог все это отрицать и даже верить собственным отрицаниям. Но благодаря золотой цепочке со звездой Давида и крошечной мезузой* у него на шее осознал: между нами существует связь, которая важнее всего, что я пытался от него добиться; и пускай мы не схожи ни в чем другом, она объединяет нас, делает наши различия ничтожными.

Звезду у него на шее я заметил почти сразу же, в день его приезда, и с тех пор знал: эта таинственная связь, которая заставляет меня жаждать и добиваться его дружбы,

---

* Помещенный в футляр свиток специального ритуального пергамента (духсустуса), содержащего каждодневную молитву Шма.

даже не оставляя места мысли, что мне может в нем что-то не понравиться, — важнее наших желаний, важнее — и потому лучше, — чем его душа, чем мое тело, чем сама Земля.

Я смотрел на его шею с обличительной подвеской и звездой Давида, но чувствовал, будто смотрю на что-то вневременное, родственное, бессмертное — во мне и в нем — в нас обоих, и оно молит вернуть его к жизни, пробудить от тысячелетнего сна.

Я не мог понять, почему он не замечает или не хочет замечать, что я ношу такую же звезду. Не замечает, как мой взгляд скользит по его плавкам, как я пытаюсь рассмотреть очертания того, что делает нас «братьями в пустыне».

За исключением моей семьи, он, вероятно, был единственным евреем, когда-либо ступавшим на землю города Б., и, в отличие от нас, всегда открыто это демонстрировал. Мы, напротив, никоим образом не показывали, что мы евреи, и, как и многие другие, словно носили свое происхождение под рубашкой — не пряча, но и не выставляя напоказ. Моя мать называла нас «предусмотрительными евреями». Поэтому столь смелая демонстрация собственной религии, которую мы видели в крошечной звезде Давида на шее у Оливера, мчавшегося в город на велосипеде в распахнутой рубашке, шокировала нас — и в то же время заставила осознать, что мы можем безнаказанно делать то же самое.

Несколько раз я пытался ему подражать, но чувствовал себя неловко; так голый человек, вальяжно разгуливающий по раздевалке, пытается выглядеть естественно, но добивается лишь одного — возбуждения от собственной наготы. Я пытался щеголять своим еврейством в городе, однако эта попытка показать свое превосходство была скорее результатом подавляемого стыда, чем высокомерия.

Но он был другим.

Не сказать, что он никогда не задумывался о своем происхождении или о том, каково евреям живется в католической стране, — нет. Иногда мы разговаривали на эту тему часами в те дни, когда остальные обитатели дома разбредались по спальням для дневного сна, а мы оба откладывали работу и просто наслаждались беседой.

Он достаточно долго прожил в Новой Англии и знал это ощущение — ощущение чуждости просто потому, что ты еврей. Но иудаизм никогда не беспокоил его так, как меня; для него он не был причиной постоянного, почти метафизического дисбаланса — с самим собой и с миром. Он не видел в нем никакого мистического, негласного обещания спасительного братства. И, возможно, именно по этой причине не испытывал неудобства от того, что он еврей; не чувствовал бесконечного беспокойства и желания как-нибудь избавиться от своего еврейства — не пытался отковырять его, как дети ковыряют болячки, когда хотят, чтобы те поскорей исчезли.

Он был евреем — и его это устраивало. Так же, как его устраивало собственное тело и то, как он выглядит, как выполняет подачу левой рукой; так же, как его устраивал собственный выбор книг, музыки, кино, друзей. Его не беспокоило, что он потерял свою дорогую перьевую ручку *Montblanc*: «Куплю новую». Не беспокоила критика.

Он показал моему отцу страницы из своей книги, которыми гордился. Отец похвалил его анализ Гераклита, но в конце отметил, что аргументов недостаточно, что необходимо сперва описать парадоксальное мышление философа, а не просто пересказать и объяснить его учение.

Его устраивали аргументы и парадоксы. И даже необходимость начать сначала его тоже устраивала.

Он пригласил мою молодую тетю на ночную прогулку — *gita* — на нашей моторной лодке. Тетя отказалась. Его это устраивало. Он предложил снова через несколько дней, снова был отвергнут и снова не придал этому большого значения. Ее это тоже устраивало, и, проведи она с нами еще неделю, уверен, ее устроила бы и прогулка с ним на лодке до рассвета.

Только однажды, в один из первых дней его пребывания, я почувствовал, что этот своенравный, но в то же время неконфликтный, спокойный и невозмутимый как скала двадцатичетырехлетний юноша, подчеркнуто вежливо ко всему безразличный, на самом деле является глубоким, расчетливым и весьма проницательным знатоком человеческих характеров и взаимоотношений. Ни одно его слово или действие не было случайным. Он видел всех насквозь, и в первую очередь потому, что искал в людях черты, которые присутствовали в нем самом — и которые он тщательно скрывал.

(Так, как-то раз моя мать была шокирована, узнав, что он заядлый игрок в покер и по меньшей мере дважды в неделю сбегает по ночам в город «сыграть партейку-другую». Именно по этой причине в день своего приезда он, к нашему немалому удивлению, настоял на том, чтобы немедленно открыть себе счет в банке, хотя никто из наших постояльцев никогда раньше такого не делал — большинству из них просто нечего было там хранить.)

О проницательности Оливера я узнал во время обеда, когда мой отец пригласил к нам одного журналиста, в молодости увлекавшегося философией; тот желал доказать, что способен вести спор на любые темы, даже несмотря на то что никогда не писал о Гераклите. Они с Оливером невзлюбили друг друга.

Позже отец сказал:

— Очень остроумный малый и чертовски смышленый.

— Вы правда так считаете, док? — перебил Оливер.

Он еще не знал, что мой отец, обычно легкий в общении, не любит, когда с ним спорят, и еще меньше любит, когда его называют «док», хотя в тот раз ничего об этом не сказал.

— Да, я так считаю, — твердо ответил он.

— Что ж, боюсь, я не могу с вами согласиться. Как по мне, так он высокомерный, занудный, упрямый и вульгарный болван. Он без конца и не к месту пускает в ход юмор, и *голос*, — Оливер передразнил его интонацию, — и эти безумные жесты — так он пытается вынудить людей его слушать, просто потому, что не в состоянии вести конструктивный спор. Эта его манера — она ведь совсем ни к чему, док. Люди смеются над его шутками не потому, что они в самом деле смешные, а лишь потому, что он всем своим видом показывает, как *хочет быть* смешным. Его шутки — не что иное, как способ завоевать внимание тех, кого он не может убедить. Понаблюдайте за ним во время беседы: он постоянно смотрит в сторону, не слушает и только и ждет возможности поскорее выдать фразу, которую заранее придумал и отрепетировал в уме!

Разве может один человек столь точно угадывать ход мыслей другого, если когда-то сам не думал так же? И как он умудряется видеть столько потаенных ходов в чужом поведении, если никогда не поступал подобным образом?

Но особенно поразила меня даже не его удивительная способность анализировать людей, словно он заглядывал им в самую душу и выуживал оттуда детали, максимально точно их характеризующие, — а то, как схожи его ощущения и трактовки с моими собственными. Именно поэтому я испытывал влечение невероятной силы, которое одержало победу над стремлением завязать дружбу и таинственным очарованием принадлежности к одной религии.

— Как насчет кино? — бросил он как-то раз, когда мы все были в гостиной, будто наконец нашел способ занять скучный вечер.

Мы только что отужинали, и за трапезой отец, уже по обыкновению, настоятельно призывал меня чаще гулять с друзьями, особенно по вечерам, — в общем, читал нотации. Оливер еще был «новеньким» в нашем доме и не знал никого в городе, так что я, по всей вероятности, представлялся не самой плохой кандидатурой для похода в кино. Но интонация, с которой он задал вопрос, была, пожалуй, излишне расслабленной и непринужденной, будто он хотел, чтобы все знали: ему по большому счету все равно, идти в кино или нет, — он с тем же успехом может остаться дома и заняться рукописью.

Однако беспечность, с которой он озвучил свое предложение, была еще и своеобразным «кивком» в сторону моего отца: Оливер лишь притворялся, будто эта идея только что пришла ему в голову; на самом же деле его беззаботность была не чем иным, как способом сообщить моему отцу — причем так, чтобы я ничего не заподозрил, — что все задумано в первую очередь ради меня и в связи со словами отца за столом.

Я улыбнулся; не столько предложению, сколько изящному трюку. Оливер мгновенно поймал мою улыбку — и улыбнулся в ответ, как будто передразнивая самого себя. Он прекрасно осознавал: если хоть как-то покажет, что заметил, как я минутой ранее разгадал его хитрость, — то тем самым выдаст себя. Однако отрицать свой трюк, уже раскрытый мною, он тоже не мог: это скомпрометировало бы его еще больше.

Поэтому он просто улыбнулся — подтверждая, что пойман, но также показывая, что принимает поражение с достоинством и признает свой промах, а в кино в любом случае сходит с удовольствием. Эта сцена привела меня в неописуемый восторг.

Хотя, быть может, его улыбка была попыткой оспорить мое видение ситуации и объяснить: пускай я и заметил фальшь в его предложении, сам он улыбнулся чему-то, что заметил *во мне*, а именно — моему проницательному, коварному и в то же время стыдливому наслаждению от каждого найденного между нами сходства.

Возможно, все это было лишь плодом моего воображения. Но каждый из нас знал, что увидел второй. В тот вечер, когда мы ехали на велосипедах в кино, я был на седьмом небе от счастья — и не собирался этого скрывать.

Так неужели, обладая столь глубокой проницательностью, он мог не понять смысл, скрытый за тем резким движением, с которым я высвободился из-под его руки? Мог ли не заметить, как я прильнул к ней? Как не хотел, чтобы он ее убирал? Мог ли не почувствовать, что, когда он начал массировать мое плечо, физическая неспособность расслабиться стала моим последним спасением, последним укрытием, последней отговоркой?.. Что я вовсе не сопротивлялся, что сопротивление было притворным и что я никогда бы не захотел и не смог ему сопротивляться — что бы он ни сделал сам и о чем бы ни попросил меня?

А когда я сидел на своей кровати в тот воскресный вечер, и дома не было никого, кроме нас двоих, и он зашел в мою комнату и спросил, почему я не пошел на пляж с остальными... Мог ли не понять, что я молча пожал плечами в ответ исключительно потому, что был не в силах сделать и вдоха — не в силах вымолвить ни единого слова? И что, позволь я тогда хоть звуку слететь с моих губ, этим звуком было бы либо отчаянное признание, либо мучительный всхлип?..

Никто и никогда еще не доводил меня до такого состояния.

Я сказал, что у меня сильная аллергия.

У меня тоже, ответил он, наверное, такая же, как у тебя.

Я снова пожал плечами.

Он взял моего старого плюшевого медведя, повернул мордой к себе и что-то прошептал ему на ухо. Затем развернул игрушку ко мне и измененным, «медвежьим» голосом спросил:

— Что случилось? Почему ты грустный?

Тут он, видимо, заметил, что я в плавках. Кажется, я спустил их ниже, чем следовало.

— Хочешь искупаться? — спросил он.

— Давай потом, — ответил я, подражая ему и одновременно пытаясь свести к минимуму количество произносимых слов — чтобы отсрочить тот миг, когда он наконец заметит: я едва дышу.

— Пойдем сейчас. — Он протянул руку, помогая мне подняться с кровати.

Я схватил ее, отвернулся к стене и, пряча лицо, бросил:

— А обязательно?

Тем самым я просил его — *останься*; вряд ли когда-нибудь я решился бы озвучить эту просьбу более прямолинейно.

Просто останься со мной. Позволь своей руке следовать туда, куда она пожелает; стяни с меня плавки, возьми меня — я не издам ни звука, не расскажу ни единой душе; я горю от желания, и ты знаешь об этом, а если не начнешь действовать — я сам затяну эту руку к себе в плавки и позволю твоим пальцам проникнуть в меня.

Неужели он ничего не заметил?

Он сказал, что пойдет переодеться, и вышел из комнаты.

— Встретимся внизу.

Я опустил глаза и посмотрел на свой пах: к моему ужасу, плавки были влажными. Заметил ли это он? Конечно — не мог не заметить. Вот почему он предложил пойти на пляж. Вот почему вышел из комнаты. Я ударил себя кулаком по голове. Как мог я быть таким неосторожным, таким невнимательным и глупым?

Конечно, он все видел.

Мне следовало научиться вести себя так, как вел себя он. Пожать плечами и забыть: едва не кончил — кому какое дело. Но это не про меня. Мне никогда не пришло бы в голову просто сказать себе: «Ну видел и видел. Зато теперь знает».

Никогда раньше я не допускал мысли, что тот, кто живет с нами под одной крышей, играет в карты с моей матерью, ест с нами за одним столом, забавы ради декламирует еврейские молитвы по пятницам, спит в одной из наших кроватей, вытирается нашими полотенцами, общается с нашими друзьями, смотрит с нами телевизор в дождливые дни, когда мы собираемся в гостиной и укутываемся в одеяла, потому что вдруг похолодало и так уютно сидеть всем вместе и слушать, как в окна барабанит дождь... Что этот кто-то в моем ближайшем окружении может любить то, что люблю я, хотеть того же, чего хочу я, быть таким же, как я.

Я не мог и представить ничего подобного, потому что никто из моих ровесников — книги, слухи и грязные разговоры не в счет — никогда не хотел быть одновременно и мужчиной, и женщиной, равно как быть и с мужчинами, и с женщинами.

Я и раньше испытывал влечение к парням — и спал с девушками. Но до той секунды, пока *он* не вышел из такси и не вошел в наш дом, я никогда не допускал даже малейшей вероятности, что кто-то настолько молодой и настолько в ладах с самим собой и с миром может столь же сильно хотеть поделиться со мной своим телом, сколь я жажду уступить свое.

И тем не менее спустя две недели после его приезда я мечтал лишь об одном: как однажды он выйдет из своей комнаты не через дверь, а через большое французское окно, ведущее на наш общий балкон... Я хотел услышать, как открывается его окно, когда все уже легли спать, как эспадрильи ступают по балкону, а затем — он толкает мое окно, которое я так и не запер, заходит в мою комнату, проскальзывает ко мне под одеяло, раздевает меня, не спрашивая, и, пробуждая желание такой силы, которое я в своей жизни не испытывал еще ни к кому, *осторожно, медленно* и с той особенной нежностью, которую один еврей способен проявить к другому, прокладывает свой путь в мое тело, *осторожно и медленно,* прислушиваясь к словам, которые я репетировал в своей голове уже много дней: «*Пожалуйста, не делай мне больно*», что означало «*Пожалуйста, делай со мной все, что захочешь*».

Днем я редко оставался в своей комнате и в последние несколько лет дневные часы проводил за круглым столом с зонтом у бассейна на заднем дворе.

Павел, наш прошлогодний постоялец, напротив, любил работать в своей комнате и лишь изредка выходил на балкон посмотреть на море или выкурить сигарету. Мэйнард, гостивший до него, тоже работал в комнате. Но Оливеру нужна была компания.

Сначала он работал со мной за одним столом, но постепенно повадился расстилать на траве большую простыню и лежать на ней, окружив себя страницами рукописи и тем, что называл своим «набором». В набор входили: лимонад, лосьон для загара, книги, эспадрильи, солнечные очки, цветные ручки и плеер. Музыку он слушал через наушники, поэтому разговаривать с ним не представлялось возможным, только если первым не заговаривал он сам. Иногда по утрам я спускался во двор с нотами или книгами, а он, покрытый испариной, уже лежал на солнце в желтых или красных плавках. Мы шли бегать или плавать, а потом возвращались уже к завтраку.

Со временем Оливер обзавелся привычкой оставлять свой набор на траве и ложиться рядом, у вымощенной плиткой кромки бассейна; это у него называлось «рай» — сокращенное от «это просто рай какой-то». После обеда он часто говорил: «Ну, я — в рай». И добавлял — в качестве шутки, понятной только латинистам, — чтобы *apricate*, позагорать.

Он часами варился в лосьоне для загара, лежа всегда на одном и том же месте у бассейна, а мы подтрунивали над ним.

— Ну что, долго сегодня был в раю? — спрашивала его моя мать.

— Ровно два часа. Но днем планирую продолжить и позагорать подольше.

Отправиться «на границу рая» на его языке означало улечься на спину у самого краешка бассейна, опустив одну ногу в воду, — и все это в наушниках и с соломенной шляпой на лице. Вот же кого в жизни все устраивало! Мне было незнакомо это состояние. Я завидовал ему.

— Оливер, ты спишь? — спрашивал я, когда воздух вокруг бассейна становился невыносимо горячим, а тишина — неподвижной.

Молчание.

Спустя несколько секунд наконец звучал его ответ — едва слышный, словно вздох; ни одна мышца в его теле при этом не шевелилась:

— Спал.

— Извини.

Его нога, опущенная в воду... Я мечтал расцеловать каждый палец на ней. А затем двинуться выше — к щиколоткам и коленям. Сколько раз я таращился на его плавки, пока на лице у него лежала шляпа... Но нет, он никак не мог знать, на что я смотрю.

А бывало так:

— Оливер, ты спишь?

И после продолжительной паузы:

— Нет. Думаю.

— О чем?

Дотрагивается до воды пальцами ноги.

— О трактовке Хайдеггером* фрагмента из Гераклита.

А иногда, когда я не играл на гитаре и Оливер не слушал в наушниках музыку, но по обыкновению лежал со шляпой на лице, он говорил:

— Элио?

— Да?

---

* Мартин Хайдеггер (1889–1976) — немецкий философ, давший новое направление немецкой и общемировой философии, является одним из крупнейших философов XX века.

— Что делаешь?

— Читаю.

— Нет, не читаешь.

— Ладно, тогда думаю.

— О чем?

Я умирал от желания сказать правду.

— Это личное, — отвечал я.

— Значит, ты мне не скажешь?

— Значит, не скажу.

— Значит, он не скажет, — задумчиво повторял Оливер, точно объясняя кому-то мое поведение.

Как же я любил, когда он повторял за мной то, что я только что повторил за ним. Эта привычка напоминала мне случайный ласковый жест, который во второй и тем более в третий раз делается уже осознанно. Так Мафальда каждое утро застилала мою кровать: сначала отворачивала край одеяла и верхней простыни на подушки, потом складывала его еще раз — в другую сторону; и еще раз в противоположную — уже когда стелила покрывало — туда-сюда. И я знал, что в этих бесконечных складках она оставляет свои прилежание и терпимость, походившие на покорность, проявляемую в мгновения страсти.

В эти вечера тишина всегда была легкой и ненавязчивой.

— Я ничего не скажу, — говорил я.

— Ну что ж, тогда я посплю еще немного, — отвечал он.

Мое сердце колотилось. Должно быть, он все понял.

Снова абсолютная тишина.

Спустя секунду:

— Все-таки это рай.

И еще около часа я не слышал от него ни слова.

Ничто в жизни я не любил больше, чем сидеть за своим круглым столом и обдумывать музыкальные переложения, пока он лежит на животе и делает пометки на страницах, которые каждое утро забирал в городе у своей переводчицы, синьоры Милани.

— Послушай-ка, — иногда говорил он, вынимая наушники и нарушая тягостную тишину бесконечного знойного утра. — Ты только вслушайся, какая чушь.

И он начинал читать вслух отрывок, который написал — и сам теперь не мог в это поверить — всего несколькими месяцами ранее.

— Ты что-нибудь из этого понял? Я — нет.

— Может, ты понимал, когда писал, — сказал я.

Он ненадолго задумался, как будто взвешивая услышанное.

— Это, пожалуй, самые добрые слова, которые мне говорили за последние месяцы.

Он произнес это так серьезно, словно был ошеломлен своим внезапным открытием и словно мои слова значат для него гораздо больше, чем я думал. Мне стало не по себе; я отвернулся и, наконец, пробормотал единственное, что смог придумать:

— Добрые?

— Да, добрые.

Я не понимал, при чем тут доброта. А может, не понимал, к чему он клонит, и поэтому предпочитал оставить все как есть. И снова тишина, пока он сам не решит заговорить.

Я был счастлив, когда он нарушал молчание и спрашивал о чем-нибудь — о чем угодно: что я думаю об X и слышал ли когда-нибудь об Y. В нашем доме мое мнение никого не интересовало, и если он до сих пор не понял почему, то наверняка скоро поймет и перейдет на сторону тех, кто считает меня малышом; это лишь вопрос времени.

Но шла уже его третья неделя с нами, а он спрашивал меня, слышал ли я об Афанасии Кирхере*, Джузеппе Белли**, Пауле Целане***...

— Слышал.

— Я почти на десятилетие старше тебя и впервые узнал об их существовании несколько дней назад... Не понимаю.

— Что тут непонятного? Мой отец — университетский профессор. Я вырос без телевизора. Теперь смекаешь?

— Иди-ка бренчи дальше! — воскликнул он так, точно скомкал полотенце и швырнул мне в лицо.

---

* Афанасий Кирхер (1602–1680) — немецкий ученый, изобретатель, автор многочисленных трактатов.

** Джузеппе Джоакино Белли (1791–1863) — итальянский поэт, прославившийся своими сонетами, написанными на римском наречии.

*** Пауль Целан (1920–1970) — немецкоязычный поэт и переводчик.

Мне нравилось даже то, как он меня отчитывал.

Однажды, подвинув на столе записную книжку, я случайно задел свой стакан; он упал на траву, но не разбился. Оливер, лежавший поблизости, встал, поднял его и не просто вернул мне, но поставил точно рядом с моими нотами.

Я не мог найти слов благодарности.

— Не стоило, — наконец выдавил я.

Он выждал ровно столько, сколько мне требовалось, чтобы понять: его ответ не будет ни шутливым, ни легкомысленным.

— Мне захотелось.

Ему захотелось, повторил я про себя.

«Мне захотелось» — я представил, как он повторяет эту фразу: мягкий, заботливый, эмоциональный, каким бывает, когда вдруг поддается своему особому настроению.

Часы, проведенные за круглым деревянным столом под большим зонтом, бросающим неровную тень на мои бумаги, и звон льда в наших стаканах с лимонадом, и шум недалеких волн, омывающих утесы внизу, и на фоне — приглушенное жужжание песен какого-то хит-парада на бесконечном повторе, доносящееся из соседского дома, — все это навеки запечатлелось в воспоминаниях о тех днях, когда я молился, чтобы время остановилось. *Пусть лето никогда не кончается, пусть он никогда не уезжает, пусть эта музыка играет на повторе вечно, я ведь прошу совсем о малом — и, клянусь, больше не попрошу ни о чем.*

Чего же я хотел? И почему не мог понять, чего хочу, — даже несмотря на готовность к самым неожиданным откровениям?

Возможно, я хотел, чтобы он по меньшей мере убедил меня, что со мной все в порядке и я такой же, как любой другой юноша моего возраста. Этого было бы вполне достаточно, я не просил бы ничего больше — пусть только наклонится и поднимет с земли мое достоинство, которое я с такой легкостью готов был бросить к его ногам.

Я был Главком*, а он — Диомедом**. Во имя какого-то неясного человеческого культа я отдавал ему свой золотой доспех в обмен на его медный***. Справедливый обмен. Ни один из нас не думал торговаться, ни один не говорил о бережливости или расточительности.

Слово «дружба» пришло мне на ум. Но дружба в обычном смысле — так, как ее понимали другие, — казалась мне чем-то чуждым, ненастоящим и совершенно безынтересным. С момента, когда он вышел из такси в свой первый день, и до нашего с ним прощания в Риме я хотел от него лишь одного — того, чего все люди до единого ждут друг от друга, того, что делает жизнь сносной... Он должен был

---

* Главк — в древнегреческой мифологии сын критского царя Миноса и Пасифаи.

** Диомед — в древнегреческой мифологии сын этолийского героя Тидея и дочери Адраста Деифилы, царь Аргоса.

*** В «Илиаде» Гомера Главк и Диомед должны были вступить в поединок под стенами Трои, однако отказались от боя и обменялись доспехами.

предложить это первым. Потом — возможно — предложил бы и я.

Где-то наверняка есть закон, гласящий, что если один без ума от другого, то другой должен неминуемо отвечать взаимностью. *Amor ch'a null'amato amar perdona.* «Любовь, любить велящая любимым»* — слова Франчески из «Ада» Данте**. Просто жди и надейся. Я надеялся, хотя, возможно, именно этого всегда и хотел — ждать. Ждать вечно.

По утрам я сидел и сочинял аранжировки за своим круглым столом, и мне не нужна была ни его дружба, ни что-либо еще; только бы, подняв глаза, увидеть его — соломенная шляпа, лосьон для загара, красные плавки, стакан лимонада. *Поднимать взгляд и видеть тебя, Оливер. Потому что скоро настанет день, когда я подниму взгляд вновь — и тебя уже не будет.*

Друзья и знакомые из соседних домов часто заходили к нам после завтрака. Все собирались в саду и затем вместе спускались к морю. Наш дом был ближе всего к воде: нужно было лишь открыть крошечную калитку, спуститься по узкой лестнице вниз по скале — и ты у моря. Кьяра, одна из девчонок, которая три года назад была ниже меня и еще прошлым летом не оставляла меня в покое, теперь

---

* Перевод М. Лозинского.

** Данте Алигьери (1265–1321) — итальянский поэт, мыслитель, богослов, один из основоположников литературного итальянского языка.

расцвела и превратилась в женщину, постигшую наконец искусство не приветствовать меня по сто раз на дню.

Однажды они с сестрой зашли к нам вместе с остальными; она подняла с травы рубашку Оливера, швырнула ее ему и сказала:

— Хватит. Мы идем на пляж, и ты идешь с нами.

Он не стал сопротивляться.

— Дай только уберу бумаги... Иначе его отец, — он указал на меня подбородком, так как в руках держал рукопись, — с меня шкуру спустит.

— Кстати о шкуре... Подойди-ка сюда, — сказала она и медленно потянула кусочек облезающей кожи на его загорелых плечах, которые приобрели золотистый оттенок пшеничного поля в позднем июне.

Как я мечтал сделать это сам.

— И скажи его отцу, что это *я* помяла бумаги. Посмотрим, что он ответит на это.

Просматривая страницы рукописи, которую Оливер оставил на большом обеденном столе по пути наверх, Кьяра крикнула ему, что перевела бы их куда лучше, чем его переводчица из Б. Кьяра, как и я, выросла в семье экспатов: ее отец был американцем, а мать — итальянкой, и дома у них говорили на обоих языках.

— А печатаешь ты хорошо? — послышался голос Оливера сверху, где в поисках очередных плавок он сначала обошел спальню, потом зашел в ванную; хлопали двери, стучали ящики, грохотали шаги.

— А то! — крикнула она, глядя вверх на пустую лестницу.

— Неужто так же хорошо, как говоришь?

— Поди, даже покруче. Я и цену тебе назначу покруче.

— Мне нужно, чтобы каждое утро были готовы пять страниц перевода.

— Тогда перебьешься, — рявкнула Кьяра. — Найди себе кого другого.

— Что ж, синьоре Милани нужны деньги, — ответил он, спускаясь вниз: снова вздымающаяся синяя рубашка, эспадрильи, красные плавки, солнечные очки — и томик Лукреция из серии *Loeb**, с которым он никогда не расставался. — Она меня вполне устраивает, — добавил он, втирая в плечи лосьон.

— «Она меня вполне устраивает», — захихикала Кьяра. — Ты устраиваешь меня, я устраиваю тебя, он устраивает ее...

— Перестань кривляться и пойдем плавать, — прервала ее сестра.

Каждому цвету его плавок (и это я понял не сразу) соответствовало определенное настроение. И, вооружившись этим знанием, я получил небольшое преимущество — или, во всяком случае, иллюзию оного: теперь я знал, чего от него можно ожидать. Красный: решительный, упрямый,

* *Loeb Classical Library* (так называемая Лёбовская серия) — книжная серия, на сегодняшний день выходящая в издательстве Гарвардского университета, в которой представлены наиболее известные произведения древнегреческой и латинской литературы.

невероятно взрослый, почти грубый и раздражительный — держись от него подальше. Желтый: задиристый, бодрый, жизнерадостный, но не без когтей — не сдавайся ему без боя; может превратиться в красный в считанные секунды. Зеленый — их он надевал редко: уступчивый, любознательный, разговорчивый, солнечный — почему он такой не всегда? Синий: тот вечер, когда он зашел в мою комнату через балкон; день, когда массировал мне плечо; утро, когда поднял с травы стакан и поставил рядом.

Сегодня цвет был красный, а Оливер — резкий, решительный, неусидчивый.

Уходя, он взял из большой вазы для фруктов яблоко, весело бросил «Давайте, миссис Пи» моей матери, сидящей в тени с двумя подругами (все три — в купальниках), и вместо того, чтобы открыть дверцу калитки, ведущей вниз к скалам, вдруг лихо перепрыгнул через нее. Никто из наших прежних летних постояльцев не вел себя так раскованно, но все любили его за это — так же, как в конце концов полюбили его «Давай!».

— Да, Оливер, давай, — пытаясь подражать его сленгу, ответила моя мать, уже смирившаяся со своим новым прозвищем «миссис Пи».

Что-то резкое, отрывистое всегда звучало в этом «Давай!». Не «Давай, до скорого», не «Береги себя» и даже не «Чао». «Давай!» — обдающее морозом и окончательное, пренебрегающее всеми привычными нам вкрадчивыми европейскими любезностями. Разговору, который казался сердечным и теплым, это жестокое, сказанное в конце «Давай!» придавало горькое послевкусие. Вместо вежливого и осторожного окончания — безжалостное «Давай!», которое звучало как захлопнутая дверь.

Но, кроме того, это «Давай!» было способом избежать прощания, не придавать ему большого значения. «Давай!» не в смысле «До свидания»; скорее — «Я вернусь — не успеете моргнуть». Оно напоминало мне другую его фразу — «Секунду»: так он ответил моей матери, когда она попросила его передать хлеб, а он был занят потрошением рыбы на своей тарелке. *«Секунду»*.

Моя мать, ненавидевшая «его американизмы» — так она их называла, — в конечном счете стала звать его *Il cauboi* — ковбой. Поначалу скорее насмешка, это слово постепенно превратилось в ласковое прозвище — наряду с другим, которым она наделила его, когда в один из первых дней он спустился к ужину сразу после душа с мокрыми, блестящими зачесанными назад волосами.

— *La star*, — сказала тогда мать, что было сокращением от *la muvi star* — кинозвезда.

Мой отец, всегда самый снисходительный из нас троих, но также самый наблюдательный, «раскусил» ковбоя.

— *É un timido* — он застенчивый — вот и все, — ответил он на вопрос о том, что он думает по поводу столь неоднозначного «*Давай!*».

Оливер — *timido*? Это что-то новенькое. Неужели все его грубые американизмы — просто экстравагантный способ скрыть неумение — или страх неумения? — грациозно уходить?

Я вспомнил, как поначалу за завтраком он отказывался есть яйца всмятку. К концу четвертого или пятого дня Мафальда заявила, что никуда его не отпустит, пока он не попробует яйца местных фермеров. Наконец он поддался уговорам, но вынужден был признать — с каплей вполне искреннего и неприкрытого смущения, — что разбивать яйца всмятку просто-напросто не умеет.

— *Lasci fare a me*, синьор *Уллива,* давайте я, — сказала Мафальда.

С этого дня она всегда приносила Улливе два яйца и первым делом разбивала для него скорлупу, а уже потом принималась обслуживать всех остальных.

Хочет ли он третье? — спрашивала она. Некоторые съедают больше двух яиц. Нет, двух достаточно, — отвечал он и, повернувшись к моим родителям, добавлял:

— Уж я-то себя знаю: если съем третье, то захочу и четвертое, и пятое.

Я никогда не слышал, чтобы люди в его возрасте говорили «*Уж я-то себя знаю*». От этих слов мне становилось не по себе.

Но сердце Мафальды он завоевал гораздо раньше, на третий день своего пребывания; тогда она спросила, любит ли он свежевыжатый сок по утрам, — и он ответил «да». Наверняка сок он ждал апельсиновый или грейпфрутовый, но вместо этого получил огромный стакан, до самых краев наполненный густым абрикосовым соком, — а его он ни разу в жизни не пробовал.

Пока Оливер пил, Мафальда стояла напротив, пытаясь понять реакцию по его лицу и прижимая к фартуку поднос. Допив, Оливер не произнес ни слова, но через несколько мгновений — вероятно, неосознанно — смачно причмокнул губами. Мафальда была на седьмом небе от счастья. Моя мать, в свою очередь, отказывалась верить, что люди, которые читают лекции во всемирно известных университетах, причмокивают губами, когда пьют. С того дня стакан сока ждал его каждое утро.

Оливер был сильно удивлен, когда обнаружил, что абрикосовые деревья растут прямо у него под носом — в нашем саду. По вечерам, закончив домашние дела, Мафальда просила его залезть с корзиной на стремянку и нарвать абрикосов, «румяных от стыда». Он шутил на итальянском, срывал абрикосы по одному и спрашивал: а этот тоже румяный от стыда? Нет, отвечала она, этот еще слишком молод, в молодости стыда нет — стыд приходит с возрастом.

Я никогда не забуду, как наблюдал за ним из-за стола, пока он залезал на стремянку в своих красных плавках и целую вечность выбирал спелые абрикосы. По пути на кухню — плетеная корзина, эспадрильи, вздымающаяся синяя рубашка, лосьон для загара — он кидает мне один из самых крупных: «Тебе», — так же, как отправлял через сетку теннисный мяч, говоря: «Твоя подача». Конечно, он понятия не имел, о чем я думал минутами ранее, но крепкие, округлые половинки абрикоса с ложбинкой посередине снова вызвали в памяти его образ: растянувшееся вдоль ветвей тело и крепкие, округлые ягодицы, по цвету и форме напоминающие этот фрукт. Прикасаться к абрикосу было все равно что прикасаться к Оливеру. Он никогда ничего не узнает; как тот, у кого мы покупаем газету, не подозревает, что потом является нам в ночных грезах и что одна из черт его лица или загар на оголенном плече могут стать для нас источником бесконечного наслаждения.

В его не слишком любезном «Тебе» — точно так же, как и в «Давай!» — звучала какая-то внезапность, бесцеремонность, что-то вроде «На, лови». Вся эта его легкость и спонтанность заставила меня задуматься о том, насколько извращенными и потаенными были мои собственные желания. Вряд ли бы ему пришло в голову, что, вкладывая мне в ладонь спелый абрикос, он отдавал мне свой зад; что, вгрызаясь в сочную фруктовую мякоть, я кусал ту часть его тела, которая, должно быть, была светлее прочих, потому что никогда не *apricated,* не загорала, — и другую, совсем рядом, но только если осмелюсь, — его *apricock*, абрикосовый член.

Выяснилось, что об абрикосах он знает больше нашего: об их гибридах, происхождении, ареалах произрастания по всему Средиземноморью и этимологии. В то утро за завтраком мой отец взялся объяснять, что название этого фрукта пришло из арабского языка, поскольку итальянское *albicocca*, французское *abricot* и немецкое *Aprikose*, так же как «алгебра», «алхимия» и «алкоголь», произошли от арабского существительного, сросшегося с арабским же артиклем *al-*. Таким образом, слово *albicocca* произошло от *al-birquq*. Отец крайне редко находил в себе силы вовремя остановиться и непременно должен был закончить выступление каким-нибудь оригинальным фактом из своего последнего «урожая»: он добавил, что особенно удивительно, пожалуй, то, что в Израиле и во многих арабских странах абрикос в наши дни называют совсем иначе: *mishmish*.

Моя мать замерла в замешательстве. Я и мои двоюродные сестры, гостившие у нас в ту неделю, еле сдерживались, чтобы не зааплодировать. Однако Оливер, как выяснилось, по вопросу этимологии с отцом согласен не был.

— А?! — только и смог выдавить отец.

— На самом деле это не арабское слово, — ответил Оливер.

— Неужели?

Отец явно следовал методу сократовой иронии*, начиная диалог с невинного и добродушно-удивленного «Да что вы говорите!», а затем заводя собеседника в дебри, из которых тот уже был не в состоянии выбраться.

---

* Сократова ирония — часть метода Сократа (469–399 гг. до н.э.), названная в честь него. Прикидываясь простаком, древнегреческий философ обращался к человеку с вопросом по той теме, в которой был сведущ, и задавал вопросы, постепенно заводившие собеседника в тупик. Метод Сократа основывается на проведении диалога между двумя индивидуумами, для которых истина и знания представляют собой проблему и предполагают поиск.

— Это долгая история, так что потерпите немного, док. — Оливер внезапно посерьезнел. — Многие латинские слова произошли от греческих. Но в случае со словом «абрикос» все было наоборот: греки заимствовали его из латыни. Латинским было слово *praecoquum* — от *precoquere*, то есть *pre-cook*, «рано поспевать», то есть «скороспелый», «преждевременный». Византийцы позаимствовали слово *praecox*, и оно затем превратилось в *prekokkia* или *berikokki* — а отсюда наконец пришло и в арабский язык, трансформировавшись в *al-birquq*.

Моя мать, не в состоянии сопротивляться его шарму, протянула руку и потрепала его за волосы, приговаривая:

— *Che muvi star* — ну что за звезда!

— Он прав, спорить тут не с чем, — едва слышно проговорил мой отец, словно Галилей*, загнанный в угол и вынужденный признать правду, в которую не верил.

— Спасибо факультету филологии, — ответил Оливер. — Первый курс.

А я думал лишь об *apricock precock, precock apricock,* его абрикосовом члене.

В один из дней я увидел Оливера на одной стремянке с нашим садовником; он пытался узнать все, что только можно, о способе Анкизе прививать растения — благодаря ему наши абрикосы были одними из самых крупных,

* Галилео Галилей (1564–1642) — итальянский физик, механик, астроном, философ, математик.

мясистых и сочных в регионе. Оливера поразила техника прививания, особенно когда он понял, что Анкизе может говорить об этом часами — только бы слушатель нашелся.

Очень скоро выяснилось, что о всякого рода еде, сырах и вине Оливер знает больше нас вместе взятых. Сама Мафальда была сражена его знаниями и умениями и даже стала то и дело спрашивать у него совета на кухне: «Как думаете, обжарить соус с луком или шалфеем?», «Не слишком ли много лимона?», «Я все испортила, да?», «Нужно было добавить еще одно яйцо — ничего не запекается!», «Воспользоваться новым измельчителем или не изменять ступке с пестиком?» Правда, моя мать все-таки не смогла удержаться от парочки колкостей.

— Как все ковбои... — говорила она. — Они знают о еде так много, но не умеют правильно держать в руках вилку с ножом. Гурманы-аристократы с сельскими манерами. Покормите его на кухне.

— С удовольствием, — отвечала Мафальда.

И в самом деле, в один из дней, сильно опоздав к обеду после затянувшейся встречи с переводчицей, синьор *Уллива* сидел на кухне, ел спагетти и пил темное красное вино с Мафальдой, Манфреди — ее мужем и нашим водителем — и Анкизе; все они дружно пытались научить Оливера неаполитанской песне. Это был не только гимн их южноитальянской молодости, но и лучшее развлечение для почетных гостей в их арсенале.

Оливер завоевал сердца всех и каждого.

Я видел, что Кьяра тоже очарована. Как, впрочем, и ее сестра. Даже любители сразиться в теннис, много лет подряд заглядывавшие к нам после обеда, чтобы затем отправиться на вечернее купание, теперь оставались гораздо дольше обычного, надеясь сыграть с ним хотя бы один гейм.

Подобное внимание к любому из наших предыдущих летних постояльцев меня бы страшно разозлило. Но в том, как все обожали Оливера, я нашел неожиданное успокоение. Что плохого в симпатии к тому, кто так сильно нравится всем остальным? Никто не мог устоять перед ним, включая моих двоюродных и троюродных братьев и сестер, а также прочих родственников, которые приезжали к нам на выходные — и иногда задерживались чуть дольше. Известный своим пристрастием к выявлению чужих недостатков, я испытывал определенное удовлетворение, скрывая чувства за привычным безразличием, враждебностью или злобой в адрес каждого, кто потенциально мог бы затмить меня в нашем доме. Но оттого, что Оливера все любили, я вынужден был говорить, что тоже его люблю. Я был подобен мужчинам, которые открыто заявляют, что находят других мужчин привлекательными, — и за этой правдой скрывают свое истинное желание заключить их в объятия. Идти наперекор всеобщей симпатии к нему означало бы признать перед всеми, что я пытаюсь скрыть мотивы, по которым вынужден ему сопротивляться.

«Он мне ужасно нравится», — сказал я в первую неделю его пребывания, когда отец спросил, что я о нем думаю. Я нарочно выразился так недвусмысленно, зная, что никто не заподозрит фальшь в невидимой палитре оттенков, которой я пользовался каждый раз, когда речь шла о нем.

«Он — лучший из всех, кого я встречал в жизни», — сказал я однажды вечером, когда мы никак не могли дождаться возвращения крошечной рыбацкой лодки, на которой Анкизе и Оливер вышли в море сразу после обеда; тогда мы судорожно пытались найти номер телефона его родителей в Штатах на случай, если придется сообщать им страшные вести.

В тот день я даже решился оставить свои запреты и выразить тревогу так же открыто, как выражали ее остальные. Но сделал я это еще и для того, чтобы никто не заподозрил, что в душе я испытываю гораздо более глубокое отчаяние; а потом вдруг понял, почти устыдившись, что часть меня не возражает против его смерти, что есть даже что-то почти захватывающее в мысли о его раздутом, безглазом теле, которое в конце концов прибьет волной к нашему берегу.

Но я не пытался себя обманывать. Я в самом деле был убежден, что никто в мире не испытывает к нему такого плотского влечения, как я; что никто не хочет преодолевать ради него расстояния, которые готов преодолеть я. Никто не знает каждую косточку в его теле так, как я, — его щиколотки, колени, запястья, пальцы на руках и ногах; никто не вспыхивает таким желанием от рельефа его мускулов;

никто не грезит о нем каждую ночь, а следующим утром, снова увидев у бассейна в *раю*, не улыбается ему и, видя, как ответная улыбка расцветает у него на губах, не думает: «Ты знаешь, что прошлой ночью я кончил тебе в рот?»

Возможно, и другие питали к нему нечто большее, чем просто симпатию, но каждый скрывал и показывал это по-своему. Однако, в отличие от них, я всегда первым замечал, как он появляется в саду по возвращении с пляжа, замечал размытый вечерней дымкой силуэт его велосипеда, выезжающего из сосновой аллеи к нашему дому.

Я первым узнал его шаги, когда однажды, опоздав в кинотеатр, он вошел в зал и растерянно встал у стены. Он принялся искать нас взглядом и стоял так до тех пор, пока я не обернулся, уже зная, как он обрадуется, что я его заметил.

Я узнавал его по звуку шагов, когда он поднимался по лестнице и шел на балкон или проходил мимо двери в мою спальню. Знал, когда он на несколько мгновений останавливался у моих французских окон, будто сомневаясь, постучать ли, но потом раздумывал и шел дальше. Знал, что это он едет на велосипеде, потому что только он с таким озорством проносился вниз по гравийной дорожке, останавливаясь в самый последний миг — резко, непоколебимо, — и спрыгивал на землю, всем своим видом словно восклицая: *voilà!**

---

* Вот; вуаля (*фр.*).

Я старался никогда не выпускать его из поля зрения и, если мы были вместе, не позволял уйти далеко. А когда он проводил время с другими — мне по большому счету было все равно, *что* он делает, лишь бы вел себя так же, как со мной. Только бы не становился кем-то другим, когда далеко. Только бы не становился таким, каким я никогда его не видел. Только бы не имел иной жизни, кроме той, которую проживает с нами, *со мной*.

Только бы не потерять его.

Я знал, что не в силах его удержать, что мне нечего ему предложить, нечем искусить.

Я — никто.

Просто ребенок.

Он отмерял каждому порцию своего внимания, когда ему это было удобно. Как-то он помогал мне разобраться с отрывком из Гераклита (я был одержим чтением «его» автора) — и тогда словами, пришедшими мне на ум, были вовсе не «доброта» или «щедрость», а скорее «терпеливость» и «великодушие», которые для меня были ценнее. Потом он спросил, нравится ли мне книга, которую я читал, — однако задал этот вопрос едва ли из любопытства — лишь потому, что выдалась возможность для простой и ненавязчивой болтовни. Он все делал именно так: просто и ненавязчиво — и эта манера его устраивала.

Ты почему не на пляже с остальными?

Иди-ка бренчи дальше.

Давай!

Твой.

Он просто поддерживал беседу.

Ненавязчиво болтал.

И больше ничего.

Оливера постоянно приглашали в гости. Это стало традицией и для других наших летних постояльцев: отец всегда хотел, чтобы они свободно обсуждали со всеми свои книги и исследования. Он также придерживался мнения, что ученые должны уметь говорить с людьми из других сфер, и поэтому у нас за столом часто оказывались юристы, врачи, бизнесмены.

Все в Италии читали Данте, Гомера и Вергилия*, говорил он. Не важно, с кем заводишь беседу, главное — сначала задобрить их данте-гомеровским разговором. Вергилий — обязательный пункт, затем — Леопарди**, ну а дальше выдавай все что есть: Целан, сельдерей, салями — без разницы. Еще одним преимуществом этих бесед было то, что они помогали нашим гостям совершенствоваться в итальянском, знание которого было одним из обязательных условий пребывания на вилле. Кроме того, когда они ужинали в других домах города Б., мы освобождались от необходимости проводить с ними каждый вечер.

---

* Публий Вергилий Марон (70–19 гг. до н.э.) — древнеримский поэт.

** Джакомо Леопарди (1798–1837) — итальянский поэт и мыслитель.

Однако количество желающих пригласить в гости Оливера в какой-то момент превысило все разумные пределы. Кьяра с сестрой желали видеть его минимум дважды в неделю. Карикатурист из Брюсселя, арендовавший летом виллу неподалеку, звал его на свои эксклюзивные воскресные *soupers**, куда из окрестностей съезжались писатели и ученые. Кроме того, Оливер был приглашен к семье Морески, жившей через две виллы от нас вниз по побережью, Маласпинам — из города Н., а также в дом к новым друзьям, с которыми он только что познакомился на *piazzetta,* небольшой городской площади, или в *Le Danzing*... и это еще если не брать в расчет ночные вылазки в город, где он играл в покер и бридж, — та часть его жизни существовала отдельно от нас, и о ней мы ничего не знали.

Казалось, жизнь Оливера, как и его бумаги, находилась в постоянном беспорядке — однако на самом деле она была тщательно организована.

Иногда он пропускал ужин и просто сообщал Мафальде: «*Esco* — ухожу». Это *esco* — как я довольно скоро осознал — было не чем иным, как очередной вариацией его «Давай!». Краткое и безапелляционное прощание, произносимое не перед уходом, а уже из-за дверей — спиной к тем, кого оставляешь позади. Мне было жаль всех тех, кому оно было адресовано, — готовых просить, умолять...

---

* Обеды (*фр.*).

Неведение — появится ли он к ужину? — было мукой, но терпимой. Настоящей пыткой стало другое: не сметь спросить заранее, придет ли он.

Бывало, я терял всякую надежду увидеть его вечером, и вдруг раздавался его голос или он садился на свое место за столом — и сердце подскакивало, а чувство неожиданной благодарности расцветало, словно ядовитый цветок. А бывало, я видел его днем и пребывал в полной уверенности, что он останется с нами на ужин, однако вечером слышал его высокомерное *esco*. В конце концов я усвоил, что определенные желания нужно пресекать — точно обрезая крылья бабочке.

Я хотел, чтобы он исчез из нашего дома и все наконец закончилось. Хотел, чтобы он умер. Рассчитывал, что если сам не могу перестать о нем думать — гадать, когда увижу вновь, — то его смерть мне в этом точно поможет.

Я хотел убить его собственноручно — чтобы он понял, как меня мучит само его существование; как невыносима его непринужденность со всеми вокруг, его беспечность и это вечное «меня устраивает то и се»; его привычка перепрыгивать через калитку, ведущую к пляжу, хотя все остальные сначала открывают щеколду; не говоря уже о плавках, *раю* у бассейна, нахальном «Давай!» и причмокивающей любви к абрикосовому соку. А если не убью, рассуждал я, то хотя бы покалечу — так, чтобы он на всю жизнь остался с нами в инвалидном кресле и никогда не уехал в Штаты. Если он окажется прикован к коляске, я всегда буду знать, где он, смогу в любую минуту его найти. Я стану его покровителем и буду чувствовать свое превосходство над ним — беспомощным инвалидом.

Но потом меня осенило: вместо этого я могу покончить с собой, а может, просто себя изувечить и сообщить ему, *почему* это сделал. Я изуродую себе лицо, чтобы он посмотрел на меня и подумал: зачем, зачем кому-либо творить с собой такое? И годы спустя он вдруг поймет, сложив кусочки мозаики воедино, и расшибет себе голову об стену.

Порой мне казалось, что устранить нужно Кьяру. Я знал, что у нее на уме. Мы были ровесниками, ее тело уже созрело и было готово его принять. Созрело ли оно больше, чем мое? — гадал я. Она строила на него планы — это было ясно как день, мне же была нужна с ним всего одна ночь, одна лишь ночь (а может, даже час!) — только бы понять, хочу ли я провести с ним еще одну ночь после. Тогда я еще не понял, что «проверка» собственных желаний — на самом деле лишь уловка в попытке получить желаемое, при этом не признавая всю глубину своей нужды.

Я испытывал ужас при одной мысли о том, насколько он, должно быть, опытен. Если он так легко и быстро завязывает знакомства здесь, то остается только гадать, как он ведет себя дома. Дай ему полную свободу в каком-нибудь студенческом городке, вроде Колумбии*, где он преподает... Страшно представить.

---

* Колумбия — университет в Нью-Йорке.

История с Кьярой произошла так стремительно, что не поддавалась логическому объяснению. Оливер любил выходить с ней в море на прогулку — *gita* — на нашей двухместной лодке; он греб, а Кьяра загорала, откинувшись на бортик, и, когда они заплывали достаточно далеко от берега, всегда снимала верхнюю часть купальника.

Я наблюдал за ними. Сгорал от страха потерять его. И ее тоже. Однако при мысли о том, что они вместе, не испытывал смятения. Напротив — я ощущал возбуждение, при этом не зная точно, было ли тому причиной ее обнаженное тело в солнечных лучах, его тело рядом или они оба.

Стоя у садовой балюстрады с видом на скалы и напрягая зрение, я всегда находил их глазами: они лежали на солнце и чаще всего обнимались; она то и дело закидывала на него ногу, а он минутой позже за ней повторял. Они не раздевались. Поначалу это меня успокаивало, но однажды ночью я увидел их на танцах и чутье подсказало мне, что двигаются они как люди, зашедшие дальше объятий и поцелуев. Вообще-то мне нравилось смотреть, как они танцуют. Наверное, увидев, что Оливер танцует так с кем-то другим, я осознал, что он уже занят и нет больше смысла надеяться. Оно и к лучшему. Поможет моему выздоровлению. Вероятно, даже сами эти мысли — уже признак, что выздоровление началось. Я ступил на запретную территорию — но еще легко отделался.

Однако следующим утром, когда я увидел его на нашем обычном месте в саду, мое сердце снова подскочило; я понял: мои добрые пожелания счастливой паре и надежды на выздоровление не имеют ничего общего с тем, что я на самом деле чувствую. Подскакивает ли его сердце, когда он видит меня? Вряд ли.

И потому ли тем утром он не обратил на меня внимания, почему я не обратил на него? Чтобы заставить меня сделать первый шаг, защититься самому и показать, что я ничего для него не значу? Или он и правда ни о чем не догадывается — как порой весьма проницательные люди упускают из виду самые очевидные знаки и сигналы просто потому, что им нет до них никакого дела?

Когда он танцевал с Кьярой, я заметил, как ее нога скользнула у него между ног. А еще я видел, как они в шутку дерутся на песке. Когда все это началось? И почему в тот миг меня не было рядом? Почему меня никто не предупредил? Почему я упустил то мгновение, когда с точки *x* они передвинулись в *y*? Знаки наверняка были повсюду. Почему же я их не заметил?

Я не мог ни о чем думать — все гадал, чем они заняты в ту или иную секунду. Я готов был на что угодно, лишь бы помешать им остаться наедине. Готов был бессовестно клеветать на обоих, а потом в подробностях рассказывать каждому о реакции другого. Но еще я хотел помочь им сойтись, хотел, чтобы они были мне обязаны, хотел стать их незаменимым сообщником, посредником и пешкой, которая столь жизненно необходима королю и королеве, что становится главной фигурой на доске.

Каждому из них я начал говорить что-то лестное о друге, делая вид, что не догадываюсь об их связи. Он решил, что я лукавлю. Она сказала, что позаботится о себе сама.

— Ты что, пытаешься нас свести? — фыркнула она.

— А тебе-то какое дело? — нахмурился он.

Я описал ее обнаженное тело, которое видел два года назад. Я хотел возбудить его. Не важно, кого он хочет, главное — чтобы был возбужден. Затем рассказал о нем ей, пытаясь понять, насколько ее возбуждение схоже с моим; хотел сравнить и выяснить, чье наиболее подлинно.

— Ты что, пытаешься меня в нее влюбить?

— А что в этом плохого?

— Ничего. Но, с твоего позволения, я справлюсь сам.

Мне потребовалось время, чтобы понять свои истинные стремления. Я хотел, чтобы Оливер не просто возбудился в моем присутствии, не просто нуждался во мне, но чтобы говорил о Кьяре за ее спиной и помог мне превратить ее в объект наших мужских сплетен. Это сблизило бы нас *через нее*, через обоюдное негласное признание, что мы оба увлечены одной и той же женщиной. А может, я просто хотел убедить его, что мне нравятся девушки.

— Слушай, это очень мило с твоей стороны — правда, я ценю. Но все же не стоит.

По его упреку я понял, что он не собирается играть по моим правилам. Он поставил меня на место.

Нет, все же он благородный парень, думал я. В отличие от меня — коварного, низкого, жестокого. От этой мысли мои терзания и стыд только усилились. Теперь, переступив через смущение от желания обладать им так же, как Кьяра, я начал уважать его, и бояться, и ненавидеть за то, что возненавидел себя.

Наутро после увиденного на танцах я не стал заводить разговор о пробежке. Оливер тоже ничего не сказал. Когда я наконец коснулся этой темы, не в силах больше выносить затянувшуюся тишину, то оказалось, что он уже бегал.

— Ты поздно встаешь в последнее время.

Что ж, умно. И правда, за последние несколько дней я настолько привык выходить из комнаты и видеть его — уже одетого, ожидающего моего пробуждения, — что совсем перестал думать о том, во сколько встаю. Пусть это будет мне уроком.

Следующим утром я хотел пойти с ним плавать — но, если бы пришел прямиком из спальни, это выглядело бы как попытка угодить в ответ на вчерашний упрек. Поэтому я остался в комнате. Просто чтобы обозначить свою позицию. Я слышал, как он вышел на балкон — тихо, почти на цыпочках. Он меня избегал.

Спустился в гостиную я гораздо позже. Оливера уже не было дома — он поехал к синьоре Милани, чтобы отвезти правки и забрать очередные страницы перевода.

Мы перестали общаться.

Даже когда по утрам мы оказывались рядом, на нашем привычном месте, то в лучшем случае перекидывались бессмысленными дежурными фразами. И болтовней-то не назовешь. Его это не расстраивало. Скорее всего, он просто ничего не заметил.

Отчего же выходит так, что один человек проходит через все муки ада, пытаясь сблизиться с другим, а тот не имеет об этом ни малейшего представления и даже не замечает, что прошло две недели — а они не перекинулись ни единым словом? Может, он просто не догадывается? Может, пора ему намекнуть?

Их роман с Кьярой начался на пляже. Вскоре он забросил теннис и после обеда стал ездить с ней и ее друзьями дальше на запад — в городки, рассыпанные по холмам вдоль побережья. Однажды, когда набралась довольно большая компания, Оливер подошел ко мне и спросил, не возражаю ли я, если Марио одолжит мой велосипед, раз уж я все равно им не пользуюсь.

Меня отбросило в прошлое; мне снова шесть.

Я пожал плечами: да пусть берет, мне все равно. Но как только они уехали, взлетел к себе в комнату и принялся рыдать в подушку.

Временами мы сталкивались по ночам в *Le Danzing*. Но никогда нельзя было угадать заранее, будет ли там Оливер. Он всегда появлялся словно из ниоткуда и так же внезапно исчезал — иногда один, иногда с кем-то еще.

Кьяра часто заходила к нам в гости (так повелось еще с детства) — но теперь просто садилась в саду и смотрела в одну точку, дожидаясь Оливера. Спустя несколько минут, когда нам было уже не о чем говорить, она наконец спрашивала: «*C'è Oliver?*»* Нет, пошел к своей переводчице. Или — в библиотеке с отцом. Или — где-то на пляже.

— Ладно, тогда я пошла. Передай ему, что я заходила.

Все кончено, подумал я. Мафальда покачала головой с сочувственным укором в глазах.

— Она еще ребенок, а он — профессор в университете. Неужели нельзя было найти себе ровесника?

— Вас никто не спрашивал, — огрызнулась Кьяра, услышав ее слова и не желая выслушивать критику от кухарки.

— Не говори со мной в таком тоне, а то сейчас у меня получишь, — ответила наша неаполитанская домработница, вскидывая ладонь в воздух. — Еще и семнадцати нет, а она уже трясет перед мужчинами своей голой грудью! Что, думаешь, я ничего не вижу?

Я живо представил себе, как Мафальда каждое утро проверяет простыни Оливера или сверяет показания с горничной Кьяры. Ни один секрет не проходил мимо сети осведомителей *perpetue* — домашней прислуги.

Я посмотрел на Кьяру. Я видел: ей больно.

Все подозревали, что между ними что-то есть. Иногда после обеда Оливер сообщал, что возьмет велосипед в сарае за гаражом и поедет в город. Спустя полтора часа он возвращался. «Был у переводчицы», — пояснял он.

— У переводчицы, — задумчиво повторял мой отец, наслаждаясь своим вечерним бокалом коньяка.

---

* Оливер тут? (*ит.*)

— *Traduttrice*, у переводчицы — еще чего! — фыркала Мафальда.

Иногда мы сталкивались в городе. Как-то раз, сидя в кафе, где наша компания собиралась вечерами после кино или перед дискотекой, я увидел, как Кьяра и Оливер выходят из переулка. Он ел мороженое, а она шла, повиснув у него на руке. Когда они успели так сблизиться? Казалось, они разговаривают о чем-то серьезном.

— А ты что здесь делаешь? — спросил Оливер, заметив меня. Насмешка была его способом защиты и попыткой сделать вид, что мы вовсе не переставали разговаривать. Дешевая уловка, подумал я.

— Да так, сижу.

— А разве у вас еще не время отбоя?

— Время отбоя? Отец его не признает, — парировал я.

Кьяра выглядела глубоко задумчивой; она избегала моего взгляда. Рассказал ли он ей про все хорошее, что я о ней говорил? Она казалась расстроенной. Ей что, не понравилось мое внезапное вторжение в их маленький мир? Я помнил ее голос тем утром, когда она сорвалась на Мафальду...

Самодовольная улыбка появилась у нее на губах, сейчас она скажет что-то жестокое:

— У них дома нет времени отбоя — никаких правил, никакого контроля, ничего. Поэтому он такой послушный мальчик. Разве непонятно? Не из-за чего бунтовать.

— Это правда?

— Наверное, — ответил я, пытаясь обернуть все в шутку, пока они еще не слишком увлеклись. — У каждого из нас свои способы бунтовать.

— Неужели? — полюбопытствовал Оливер.

— Назови хоть один, — поддержала его Кьяра.

— Ты не поймешь.

— Он читает Пауля Целана, — перебил Оливер в попытке сменить тему и, возможно, прийти мне на помощь, а заодно дать понять, что не забыл о нашем разговоре. Неужели он пытается реабилитировать меня после колкости о позднем подъеме? Или это вступление к очередной шутке?

На лице его застыло холодное нейтральное выражение.

— *E chi è?** — Кьяра никогда не слышала о Пауле Целане.

Я многозначительно посмотрел на Оливера. Он перехватил мой взгляд, но в его ответном взгляде не было и тени озорства. На чьей он стороне?

— Поэт, — шепнул он ей, а потом они побрели прочь, в глубь пьяццетты, и на прощание он бросил мне небрежное «*Давай!*».

Я наблюдал, как они ищут столик в кафе неподалеку.

Мои друзья спросили, приударил ли он за ней. Понятия не имею, ответил я. Значит, они уже переспали? Этого я тоже не знал. Хотел бы я быть на его месте. А кто нет?

Но я был на седьмом небе от счастья. Он не забыл наш разговор о Целане — такого прилива блаженства я не испы-

---

* И кто это? (*ит.*)

тывал многие, многие дни. Оно распространялось на все, к чему я прикасался. Одно слово, один взгляд — и я в раю. Может, это не так уж и трудно — чувствовать себя *таким* счастливым. Всего только и нужно — найти источник радости в себе самом и не рассчитывать, что в следующий раз им послужит кто-то другой.

Я вспомнил сцену из Библии, где Иаков просит воды у Рахили и, слыша, как она произносит слова, предреченные ему, возводит руки к небесам и целует землю у колодца. Я еврей, Целан еврей, Оливер еврей — мы втроем в полугетто-полуоазисе; в мире, который за пределами этого оазиса жесток и холоден; здесь не нужно впустую томиться среди незнакомцев, здесь невозможно неверно что-то истолковать или кого-то понять, здесь все просто знают друг друга и знают настолько хорошо, что отними у них эту близость — и *galut,* на иврите «изгнание», «рассредоточение». Значит, он — мой дом, мое возвращение домой?..

Ты — мой дом. Когда ты со мной и у нас все хорошо — мне не нужно больше ничего. С тобой, Оливер, — благодаря тебе — я нравлюсь сам себе. Если в мире есть хоть что-то настоящее — оно там, где мы вместе, и, если когда-нибудь я найду в себе мужество рассказать тебе свою правду, напомни мне зажечь по благодарственной свече в каждой церкви Рима.

Мне никогда не приходило в голову, что если одно его слово способно принести мне столько счастья, то другое так же легко может меня уничтожить, и если я не хочу быть несчастным, то этой радости стоит остерегаться.

Но в ту же ночь, воспользовавшись приятным опьянением, я заговорил с Марцией. Мы танцевали за полночь, а потом я повел ее домой по побережью. У моря мы остановились, и я сказал, что хочу искупаться, ожидая, что она станет меня отговаривать. Однако она заявила, что любит купаться по ночам. Вскоре наши вещи оказались на земле.

— Ты же со мной не потому, что злишься на Кьяру?

— С чего бы мне злиться на Кьяру?

— Из-за *него*.

Я покачал головой, изображая недоумение, означающее, что я понятия не имею, как такое пришло ей в голову.

Марция попросила меня отвернуться и не пялиться, пока она вытирается свитером. Я притворился, что украдкой поглядываю в ее сторону, но не решаюсь ослушаться. Одеваясь, я не осмелился попросить ее не смотреть и был рад, что она отвернулась сама. Одевшись, я взял ее руку и поцеловал сначала в ладонь, затем между пальцами, а следом — в губы. Она не сразу откликнулась на поцелуй — но, ответив, не желала прекращать.

Мы условились встретиться на том же месте следующим вечером. Я сказал, что буду раньше нее.

— Только никому не говори, — сказала она.

Я жестом изобразил, будто запираю рот на замок.

— Мы почти сделали *это*, — сказал я на следующее утро отцу и Оливеру за завтраком.

— Почему же «почти»? — спросил отец.

— Не знаю.

— Лучше попробовать и ошибиться... — начал Оливер, отчасти поддразнивая меня, отчасти подбадривая этой старой поговоркой, которую каждый произносит на свой лад.

— Она, не думая, сказала бы «да»... найди я в себе смелость к ней прикоснуться, — ответил я, не только предвосхищая дальнейшие укоры, но и желая показать, что, когда дело касается самоиронии, я в состоянии отмерить нужную дозу — а помощь мне, спасибо, не нужна. Я рисовался.

— Попробуй снова как-нибудь потом, — сказал Оливер. Конечно, ведь так поступают те, кого все в себе устраивает...

Еще я почувствовал: он что-то понял, но говорить не хочет — в его дурацком, хотя и доброжелательном «попробуй снова как-нибудь потом» прозвучало едва различимое волнение. Он то ли критиковал меня, то ли насмехался надо мной, то ли просто-напросто видел насквозь. Но потом он все-таки продолжил, и его слова больно ужалили. Только тот, кто хорошо меня знает, мог такое сказать:

— Если не потом — то когда?

Моему отцу фраза пришлась по вкусу. «Если не потом — то когда?» — точно отзвук знаменитого предписания раввина Гиллеля*: «Если не сейчас, то когда?» Оливер тут же попытался сгладить свои язвительные слова.

---

* Гиллель (Хиллел Вавилонянин, или Хиллел ха-Закен) — законоучитель эпохи Второго Храма; основатель фарисейской школы, называвшейся по его имени «Бет-Гиллель» («Дом Гиллеля»).

— Я бы совершенно точно попробовал снова. А потом — еще разок, — сказал он мягче. Но его «*Попробуй снова как-нибудь потом*» было лишь вуалью, за которой скрывалось «*Если не потом — то когда?*».

«Попробуй снова как-нибудь потом» — я повторял эти слова, точно они были пророческой мантрой, отражающей то, как Оливер живет свою жизнь и как я однажды буду жить свою. Повторяя эту мантру, сошедшую с самых его уст, я надеялся наткнуться на секретный тоннель, который ведет к истине, до сих пор от меня ускользавшей, — обо мне, о жизни, о других людях и моих отношениях с ними.

И в те дни, когда я клялся себе, что сделаю шаг навстречу Оливеру, эти слова, *«Попробуй снова как-нибудь потом»*, были последним, что я произносил перед сном.

«*Попробуй снова как-нибудь потом*» означало, что сейчас мне не хватает смелости. Время еще не пришло. Где найти волю и смелость, чтобы *попробовать снова как-нибудь потом*, я, конечно, не знал. Однако само намерение хоть что-то предпринять и не сидеть сложа руки создавало иллюзию, будто я *уже* что-то делаю; это как считать доход от денег, которые еще не вложили — и даже не заработали.

Но я также прекрасно осознавал, что со всеми этими «попробуй снова как-нибудь потом» просто ищу себе оправдания и тяну время; что месяцы, сезоны, целые годы и вся жизнь могут пройти под флагом святого «Попробуй-снова-как-нибудь-потом», который я собственноручно поднимал над каждым новым днем. «Попробуй-снова-как-нибудь-потом» работает только для таких, как Оливер...

А «*Если не потом — то когда?*» стало моим шибболетом*.

«*Если не потом — то когда?*»: вдруг эти пять насквозь пронзающих слов — доказательство того, что он окончательно раскрыл меня и все мои секреты?.. Я должен был дать ему понять: он мне совершенно безразличен.

Я окончательно потерял равновесие, когда спустя несколько дней разговаривал с ним в саду и неожиданно для себя выяснил, что, во-первых, он пропустил мимо ушей все мои льстивые речи от имени Кьяры, а во-вторых, что сам я все это время шел по ложному следу.

— В смысле — по ложному следу?

— Мне это неинтересно.

Я не понял, что именно ему неинтересно: этот разговор или сама Кьяра.

— Это интересно всем.

— Всем — может быть. Но не мне.

По-прежнему непонятно. В его голосе сквозили досада, холодность и беспокойство.

— Но я вас видел.

---

* Шибболет (*др.-евр.* «колос; поток») — опознавательный пароль, содержащий характерное слово или звук, по произношению которого можно опознать чужеземца или неприятеля, так как он не способен его правильно произнести.

— То, что ты видел, тебя не касается. В любом случае я не собираюсь ввязываться в эту игру — ни с тобой, ни с ней.

Он затянулся сигаретой и, обернувшись, смерил меня своим фирменным взглядом — грозным, леденящим сердце, способным вырезать и высверлить свой путь в самую твою душу с хирургической точностью. Я пожал плечами:

— Ладно, извини, — и снова уткнулся в книгу.

Я вновь перешел границы дозволенного, и иного способа выйти из положения, кроме как признать свою опрометчивость, у меня не было.

— Может, сам попробуешь? — вдруг обронил он.

Я никогда раньше не слышал у него такого игривого тона. Обычно на грани дозволенного балансировал я.

— Ей до меня нет дела.

— А ты хочешь, чтобы было?

Я не понимал, к чему он клонит, и меня не покидало ощущение, что это ловушка.

— Нет?.. — осторожно ответил я, и из-за чрезмерной неуверенности мое «нет» прозвучало почти как вопрос.

— Уверен?

Неужели я, против своей воли, убедил его, что все это время желал Кьяру? Я поднял на него взгляд, отвечая вызовом на вызов.

— На что это ты намекаешь?

— Я знаю, что она тебе нравится.

— Ты понятия не имеешь, что мне нравится, — огрызнулся я. — *Понятия не имеешь.*

Я надеялся, что мои слова прозвучат таинственно и многозначительно, точно говорю я о целой вселенной человеческих переживаний, неведомых таким, как он. Однако прозвучали они как истеричное оправдание обиженного юнца. Менее проницательный знаток человеческих душ увидел бы в моем упорном отрицании отчаянные попытки скрыть трепетные чувства к Кьяре. Однако более тонкий наблюдатель разглядел бы в нем намек на кое-что совсем иное: *открывай дверь на свой страх и риск — поверь, ты не обрадуешься услышанному. Лучше уходи сейчас, пока есть время.*

Но еще я понимал: если вдруг он даст понять, что раскрыл мой секрет, я сделаю все, чтобы мгновенно от него отгородиться. Если же он до сих пор ничего не заподозрил, мой взволнованный ответ оттолкнет его в любом случае. В конце концов, я был бы даже рад, поверь он, что я увлечен Кьярой, — уж лучше так, чем ждать, пока он станет докапываться до истины, а я запутаюсь в собственных показаниях. Застигнутый врасплох, я признался бы в том, в чем еще толком не разобрался сам или о существовании чего даже не подозревал. Застигнутый врасплох, я сразу бросился бы туда, куда стремится тело и куда никакое бонмо*, заготовленное заранее, не приведет столь быстро. Я бы непременно покраснел, а осознав, что покраснел, покраснел бы еще сильнее, начал бы растерянно что-нибудь

---

* Бонмо (от *фр. bon mot* — острота, шутка) — остроумное выражение.

бормотать и потерял бы самообладание. И что тогда? Что бы он сказал на это?

Уж лучше сорваться сейчас, подумал я, чем прожить еще хоть день, жонглируя наивными обещаниями *попробовать снова как-нибудь потом*.

Нет, еще лучше — пусть он никогда и не узнает. С этим я смогу смириться. Смогу прожить оставшуюся жизнь.

Я даже не был удивлен тому, насколько просто мне было принять эту участь.

И все равно — в минуты нежности, неожиданно вспыхивавшей между нами, я едва сдерживал слова, которые давно хотел сказать ему. *Мгновения зеленых плавок* — так я их называл, хотя моя колористическая теория была уже многократно опровергнута и я больше не был уверен, стоит ли ждать доброты в «синие» дни и нужно ли опасаться «красных».

Нам легко было говорить о музыке, в особенности когда я сидел за пианино или когда он просил меня сыграть что-нибудь в стиле того-то и того-то. Ему нравилось, когда я брал произведение и «смешивал» в нем двух, трех или даже четырех композиторов, а потом еще и играл все это в собственной аранжировке.

Как-то раз Кьяра запела популярную мелодию из хит-парада тех времен, и внезапно — оттого, что в тот день было ветрено и никто не пошел на пляж или даже в сад, — наши друзья собрались в гостиной у пианино, где я заиграл эту мелодию так, как если бы она была брамсовской* вариацией на интерпретацию Моцарта**.

— Как ты это делаешь? — однажды утром спросил у меня Оливер, лежа в *раю*.

— Иногда единственный способ понять человека искусства — это побывать в его шкуре, заглянуть к нему в душу. Тогда остальное получается само собой.

Мы снова говорили о книгах. (Я редко обсуждал книги с кем-либо, кроме отца.) Или о музыке, о досократиках, об американских университетах.

Иногда появлялась Вимини. Она впервые нарушила нашу утреннюю рутину, когда я играл переложение брамсовских вариаций на тему Генделя***. Раздался ее голос в густом, почти осязаемом утреннем зное.

— Что делаешь?

— Работаю, — ответил я.

Оливер, лежавший на животе у кромки бассейна, открыл глаза и приподнял голову; капли пота покатились между его лопаток.

— Я тоже, — сказал он, когда Вимини обернулась и задала ему тот же вопрос.

---

* Иоганнес Брамс (1833–1897) — немецкий композитор и пианист, один из главных представителей периода романтизма.

** Вольфганг Амадей Моцарт (1756–1791) — австрийский композитор и музыкант-виртуоз.

*** Георг Фридрих Гендель (1685–1759) — немецкий и английский композитор эпохи барокко, известный операми, ораториями и концертами.

— Вы болтали, а не работали.

— Без разницы.

— Я тоже хочу работать, но мне никто не дает.

Оливер, впервые видевший Вимини, растерянно покосился на меня, словно прося разъяснить ему правила этой странной беседы.

— Оливер, познакомься с Вимини — нашей самой ближайшей соседкой.

Она протянула руку, и он пожал ее.

— Мы с Вимини родились в один день, только ей десять. А еще Вимини — гений. Ты ведь гений, правда, Вимини?

— Все так говорят. Но мне кажется, что, может, и нет.

— Почему же? — осведомился Оливер, стараясь не выглядеть уж слишком снисходительным.

— Если природа в самом деле создала меня гением — это лишь значит, что у нее дурное чувство юмора.

— Что-что? — Оливер окончательно растерялся.

— Он не знает, так ведь? — стоя напротив него, спросила у меня Вимини.

Я покачал головой.

— Говорят, я проживу не очень долго.

— Это еще почему? — Он выглядел ошарашенным. — С чего ты взяла?

— Все знают. Потому что у меня лейкемия.

— Но ты такая красивая, такая умная и выглядишь такой здоровой! — возмутился он.

— Я и говорю: неудачная шутка природы.

К этому моменту Оливер, уже стоявший на коленях в траве, буквально выронил книгу из рук.

— Может, вы как-нибудь к нам зайдете и почитаете мне, — обратилась к нему Вимини. — Я правда очень хорошая — и вы, мне кажется, тоже очень хороший. Ну ладно, до свидания.

Она перелезла через ограду между нашими домами.

— И простите, если напугала вас, как призрак... То есть...

Я видел: ее саму смутила эта неловкая метафора.

Если к тому времени музыка еще не сблизила нас с Оливером, то появление Вимини — совершенно точно.

Мы разговаривали о ней весь вечер. Мне не приходилось подбирать слова. Говорил в основном Оливер — и задавал вопросы тоже. Он был очарован. А я в кои-то веки не болтал о себе.

Вскоре они подружились. Вимини взяла в привычку вставать чуть свет и дожидаться его с утренней пробежки или купания; потом они вместе шли к калитке, спускались по ступенькам и направлялись к одному из камней, где садились и разговаривали до самого завтрака. Никогда еще мне не доводилось быть свидетелем столь красивой и крепкой дружбы. Я никогда им не завидовал, и никто — уж тем более я — не смел встревать между ними или подслушивать их беседы. Никогда не забуду, как она неизменно протягивала ему ладошку, стоило только открыть калитку, ведущую вниз по скале к камням. Вимини редко уходила так далеко, если только ее не сопровождал кто-нибудь из взрослых.

Вспоминая то лето, я не могу четко восстановить последовательность событий. Есть несколько ключевых сцен, а все остальное — лишь повторение нашей рутины. Утренний ритуал — перед завтраком и после: Оливер — на траве или у кромки бассейна, я — за своим столом. Затем — купание или пробежка. После он берет велосипед и едет в город на встречу с переводчицей. Обед за огромным столом в тени деревьев или в доме, всегда — один или два гостя на «обеденной каторге». И восхитительные послеобеденные часы, напоенные солнцем и тишиной.

Следом идут остальные сцены: отец со своими неизменными вопросами — чем я занят целыми днями, почему всегда один; мать, призывающая найти новых друзей, коль скоро старые уже не интересны, и, самое главное, начать наконец выходить из дома — а то вечно эти книги, книги, книги, сплошные книги и нотные тетради; оба умоляли чаще играть в теннис, ходить на танцы, знакомиться с людьми и понять в конце концов, почему так важно иметь в жизни других людей, а не только льнуть к иностранцам. Сделай что-нибудь безумное, говорили они, непрерывно стараясь отыскать во мне завуалированные, обличительные признаки разбитого сердца, которые — увенчайся их поиск успехом — они бы сразу попытались исцелить в своей неуклюжей, назойливой, но преданной манере, словно я смертельно раненный солдат, забредший в их сад и молящий о помощи.

«Ты всегда можешь со мной поговорить», «Я тоже когда-то был в твоем возрасте», — говаривал отец. «Ты думаешь, никто никогда не чувствовал того, что чувствуешь ты, но, поверь, я сам все это пережил и выстрадал, причем не раз; с чем-то так и не смирился, что-то до сих пор понимаю столь же плохо, сколь ты сейчас, но тем не менее мне знаком каждый изгиб, каждый проход, каждый закоулок человеческого сердца».

Есть и другие, случайные воспоминания: послеобеденная тишина — кто-то дремлет, кто-то работает, кто-то читает, — и весь мир погружен в приглушенные полутона. Блаженные часы, когда голоса из внешнего мира так мягко, так осторожно пробиваются в наш, точно я сплю. Затем — теннис. Душ и коктейли. Ожидание ужина. Снова гости. Ужин. Его вторая за день поездка к переводчице. Прогулка до города и возвращение поздней ночью, иногда в одиночестве, иногда с друзьями.

И есть исключения: тот день, когда поднялась буря, а мы сидели в гостиной, слушая музыку под град, барабанивший во все окна в доме. Выключается свет, глохнет музыка, и все, что у нас остается, — это лица друг друга. Тетя тараторит что-то про свои ужасные годы в Сент-Луисе, Миссури, который она произносит как «Сан Луи»; мать источает аромат чая с бергамотом, а фоном — снизу, с кухни, до нас долетают голоса Манфреди и Мафальды, которые громким шепотом вступили в супружескую перебранку. За окном — сухощавая фигура нашего садовника в плаще и капюшоне: он сражается со стихией и, несмотря на непогоду, по обыкновению пропалывает грядки — а у окна в гостиной отец подает ему знаки руками: «Скорее, Анкизе, возвращайся внутрь!»

— От этого типа мурашки по коже, — сказала тогда тетя.

— У этого типа золотое сердце, — ответил мой отец.

Но те часы были омрачены страхом, и страх этот нависал надо мной, словно темный дух или заточенная в нашем крошечном городке неведомая птица, чье обугленное крыло бросает несмываемую тень на все живое. Я не знал ни что именно меня пугает, ни почему я так взволнован, ни отчего то, что вызывает смятение, порой видится надеждой и в темные времена приносит столько неописуемой радости — радости с петлей на шее.

То, как громыхало мое сердце, когда я вдруг встречался с Оливером, одновременно пугало и волновало меня. Я боялся его появления, боялся отсутствия, боялся взгляда, но больше — безразличия.

Эти мучения в конце концов стали так меня изнурять, что после обеда, в часы беспощадной жары, я, обессилев, засыпал на диване в гостиной; однако даже во сне всегда точно знал, кто был в комнате и кто в ней сейчас, кто на цыпочках входил и выходил, кто на меня смотрел и как долго, кто искал сегодняшнюю газету, стараясь не шуметь, но в конечном счете бросал эту затею и принимался искать программу передач на вечер, уже не тревожась о том, проснусь я или нет.

Страх меня не покидал. С ним я просыпался, а когда, заслышав шум воды в ванной, понимал, что Оливер присоединится к нам за завтраком, страх этот оборачивался радостью, которая мгновенно рассеивалась, стоило ему предпочесть работу в саду утреннему кофе. К полудню желание услышать от него хоть слово становилось невыносимым. Я знал, что через час с лишним диван в гостиной примет меня в свои объятия, и ненавидел себя — за свою неудачливость, посредственность, влюбленность и неопытность. *Просто вымолви хоть слово, Оливер, просто прикоснись ко мне. Посмотри на меня — и не отрывай взгляда, пока глаза мои не подернут слезы. Постучи в мою дверь ночью — и узнаешь, оставил ли я ее открытой. Зайди в комнату. В моей постели для тебя всегда есть место.*

Больше всего я страшился дней, когда он исчезал на несколько часов кряду, — весь день и весь вечер я проводил, томясь незнанием, где он и с кем. Иногда я видел, как он пересекает пьяццетту или разговаривает с людьми, которых я там никогда не встречал. Но то было не важно: на крошечной площади, где вечерами собирались люди, он редко одаривал меня взглядом — в лучшем случае быстрым кивком, предназначенным скорее не мне, а моему отцу, чьим сыном я по воле случая являлся.

Мои родители, особенно отец, не могли на него нарадоваться. Оливер был самым способным из наших летних постояльцев: он помогал отцу разбираться с бумагами, отвечал на большинство его писем и, кроме того, неплохо справлялся с собственной рукописью. Чем он занимался в свое личное время, было только его делом.

«Если принудить молодых бежать рысью — кто же побежит галопом?» — говаривал отец, вольно цитируя какую-то пословицу. В нашем доме Оливер просто не мог оступиться.

Поскольку мои родители никогда не обращали внимания на его отлучки, я решил, что надежнее будет утаить свое беспокойство. Я говорил об Оливере, только если меня о нем спрашивали, и притворно поражался тому, что его, оказывается, еще нет дома: «Да, и правда, давно его не видно», «Нет, понятия не имею».

Главное было не перестараться — услышав фальшь в моем голосе, родители могли догадаться, что меня что-то гложет. Обман они чуяли за версту — даже удивительно, что они до сих пор ничего не заподозрили.

Они всегда любили повторять, что я *слишком быстро привязываюсь к людям*, однако тем летом я наконец понял, что значат эти слова на самом деле. Должно быть, такое случалось и прежде, и родители распознали во мне эту склонность, в то время как сам я, вероятно, был слишком юн и не отдавал себе в этом отчета. Их сердца с тех пор были не на месте. Они волновались обо мне, и я знал, что волнения их не беспочвенны. Я лишь надеялся, что они никогда не узнают, насколько далеко все зашло в этот раз — дальше, чем в их самых тревожных опасениях. Я видел: сейчас они ровным счетом ничего не подозревают, и это мучило меня — хоть я и не хотел, чтоб они знали правду. Кажется, они больше не видят меня насквозь и я могу скрыть почти все, что захочу; наконец я в безопасности от них — и от него, — но какой ценой? И хочу ли я этой безопасности?

Мне не с кем было поговорить. Кому я мог рассказать? Мафальде? Она просто уйдет из дома. Тете? Наверняка растрезвонит всем вокруг. Марция, Кьяра, мои друзья? Они отвернутся от меня в ту же секунду. Кузены и кузины, приезжавшие погостить? Да никогда. У моего отца были, пожалуй, самые либеральные взгляды — но по этому ли вопросу?.. Кто еще? Написать одному из преподавателей? Сходить к врачу? Сказать, что мне нужен психиатр? Рассказать Оливеру?

Рассказать Оливеру.

Больше рассказать некому, Оливер, — боюсь, это должен быть ты...

Как-то днем, когда дом был совершенно пуст, я поднялся к Оливеру в комнату, открыл дверцы шкафа и, поскольку комната большую часть года принадлежала мне, сделал вид, что ищу в нижнем ящике забытые вещи. Я собирался бегло просмотреть его записи, но, только открыв шкаф, увидел *их*. На крючке висели красные плавки, в которых Оливер был утром, но не плавал, — именно поэтому они висели здесь, а не на балконе. Я взял их в руки; никогда в своей жизни я не копался в чужих вещах. Поднеся плавки ближе, я зарылся в них лицом, будто хотел навеки потеряться в их многочисленных складках… Значит, вот как он пахнет, когда с ног до головы не покрыт лосьоном для загара, вот как он пахнет, вот как он пахнет, — повторял я про себя, разглядывая плавки в поисках чего-то еще более личного, чем этот запах, целуя каждую складку и умирая от желания найти хотя бы волосок, что угодно, облизать их, целиком засунуть в рот… Если бы только можно было их украсть, оставить себе навсегда и никогда не позволять Мафальде их стирать. И дома, зимними вечерами, доставать их, вдыхать запах и возвращать к жизни его образ — его тело, такое же обнаженное, как сейчас, со мной, в эту самую секунду.

В порыве чувств я стянул свои плавки и принялся надевать его. Я точно знал, чего хотел, и хотел я этого с таким пьянящим восторгом, который заставляет людей рисковать всем — даже тем, чем они никогда бы не рискнули в состоянии самого сильного опьянения. Я хотел кончить в его плавки и оставить для него улики.

Тут меня посетила еще более безумная идея. Я подошел к постели, снял его плавки и, совершенно голый, залез с ними под одеяло. Пусть он найдет меня — я переживу, так или иначе.

Знакомая кровать…

Моя кровать.

Но хранящая его запах — целительный и всепрощающий, походивший на незнакомый аромат, которым меня окатило с ног до головы, когда пожилой мужчина, стоявший рядом со мной в храме на Йом-Киппур*, накрыл мою голову своим талитом**, так что я практически исчез и в тот миг словно слился с уже навеки разделенным народом, время от времени снова объединявшимся, когда два существа оказывались вместе под одним куском ткани.

Я прижал к лицу подушку Оливера, принялся яростно целовать ее, а затем, обхватив ногами, рассказал ей то, в чем не осмеливался признаться никому на свете. Потом я рассказал все, что хотел, *ему*. Это заняло меньше минуты.

Секрет наконец вырвался из моего тела. Ну и что, если он заметит. Ну и что, если поймает с поличным. Ну и что, ну и что, ну и что.

По дороге из его комнаты в свою я задумался: настолько ли я безумен, чтобы повторить подобное?

В тот вечер я с пристальным вниманием следил за передвижениями обитателей дома. Постыдное желание повторить содеянное настигло меня раньше, чем я предполагал. Ничего не стоило снова вернуться наверх...

Как-то вечером, читая в отцовской библиотеке, я наткнулся на историю о благородном рыцаре, без памяти влюбленном в принцессу. Она тоже его любила, но, похо-

---

* Йом-Киппур — в иудаизме самый важный из праздников, день поста, покаяния и отпущения грехов.

** Талит — молитвенное облачение в иудаизме, представляющее собой особым образом изготовленное прямоугольное покрывало.

же, не до конца осознавала это, и, вопреки дружбе, которая расцвела между ними, — а может быть, как раз *благодаря* ей — рыцарь, замечая неприступность возлюбленной, скромно молчал, не в силах заговорить о своих чувствах. Однажды он все же спросил напрямую: «Что лучше — правду молвить иль погибнуть?»

Мне никогда не хватило бы смелости даже задать этот вопрос. Но то, что я произнес в его подушку, помогло мне по меньшей мере на секунду понять, что я *могу* признать правду, пускай то была лишь репетиция, — что я могу *насладиться* ею; а случись ему проходить мимо в ту секунду, когда я шептал признания, которыми не осмелился бы поделиться даже с собственным отражением, — мне было бы безразлично: пусть знает, пусть видит, пусть осуждает, если хочет.

Только не рассказывай всему остальному миру, Оливер, — хоть сейчас ты и есть для меня весь мир, хоть весь мир — испуганный и презрительный — застыл в твоих глазах. Твой холодный взгляд, Оливер... Я лучше умру, чем, признавшись тебе, снова его встречу.

ЧАСТЬ II

Откос Моне

К концу июля положение дел приняло серьезный оборот. По всей видимости, за Кьярой последовала череда *cotte*, увлечений, мини-увлечений, подружек на одну ночь, интрижек и бог знает чего еще. Для меня это означало лишь одно: член Оливера побывал в каждой женщине города Б. Все они до единой прикасались к нему, его члену. Черт знает, в скольких вагинах он побывал, в скольких ртах. Но меня это нисколько не беспокоило — даже забавляло — воображать Оливера между женских ног: она лицом к нему, его широкие, загорелые, блестящие плечи двигаются вверх и вниз... Таким я представлял его в тот день, когда лежал, обхватив ногами его подушку.

Бросив беглый взгляд ему через плечо, пока он редактировал рукопись в своем *раю,* я задумался: где эти плечи побывали накануне? Как легко и свободно двигаются его лопатки, когда он поворачивается на траве, как непринужденно поблескивают на солнце. Ощутила ли та, кто впивалась в них прошлой ночью, вкус моря? Или лосьон для загара? Или запах его постели, который я почувствовал, забравшись к нему под одеяло?

Как же я мечтал иметь его плечи... Кто знает — может, будь у меня самого такие же, я не жаждал бы их так сильно?

Muvi star. Кинозвезда.

Хотел ли я быть на него похожим? Хотел ли быть им? Или просто им обладать? А может, «быть» и «обладать» — слишком простые глаголы для столь запутанного клубка желаний, где *обладать* чьим-то телом, прикасаться к нему и *быть* тем, к чьему телу мечтаешь прикоснуться, — одно и то же; как противоположные берега реки, которая движется от нас к ним, снова к нам и обратно к ним, в непрерывном движении; в этом движении и камеры наших сердец, точно потайные ходы, ведущие к нашим желаниям, и временные дыры, и ящик с двойным дном, называемый индивидуальностью, — и все подчиняется одной и той же обманчивой логике, согласно которой кратчайшее расстояние между настоящей жизнью и мечтой, между тем, кто мы есть, и тем, чего хотим, — это витиеватая лестница, спроектированная с жестокой изобретательностью М. К. Эшера*.

Когда они разделили нас, Оливер, тебя и меня? И почему я это заметил, а ты — нет? Чего же я хочу, когда каждую

* Мауриц Корнелис Эшер (1898–1972) — нидерландский художник-график.

ночь представляю, как мы лежим рядом, — твое тело? А может, я хочу проскользнуть в него и обладать им, как своим собственным? Как в тот день, когда я надел твои плавки, а потом снял, мечтая лишь об одном — так, как никогда ни о чем не мечтал, — чтобы и ты проскользнул в меня, словно мое тело и есть твои плавки, твой дом. Ты во мне, я в тебе...

А потом настал *тот* день. Мы были в саду, я рассказывал ему о новелле, которую только что дочитал.

— Да, про рыцаря, который не знал — сказать или погибнуть. Ты уже упоминал ее.

Значит, я уже рассказывал ему и позабыл.

— Да.

— Ну так что же он делает в конечном счете?

— Принцесса советует ему сказать. Но она настороженa, чувствует где-то подвох.

— Так что, он признается?

— Нет, уходит от ответа.

— Так и думал.

Мы только что позавтракали. Ни одному из нас не хотелось в тот день работать.

— Слушай, мне нужно кое-что забрать в городе.

Кое-что всегда означало одно — очередную порцию перевода от синьоры Милани.

— Я съезжу, если хочешь.

Несколько секунд он сидел молча.

— Нет, поехали вместе.

— Сейчас? — на самом деле я имел в виду «Правда?».

— А что, у тебя есть дела поинтереснее?

— Нет.

— Так поехали.

Он положил несколько листов в свой видавший виды зеленый рюкзак и надел его на плечи.

Со дня нашей последней поездки в Б. на велосипедах он никуда меня с собой не звал.

Я отложил перьевую ручку, закрыл партитуру, поставил наполовину пустой стакан лимонада поверх страниц — и был готов ехать.

По пути к сараю мы прошли гараж. Там Манфреди, муж Мафальды, как обычно, спорил о чем-то с Анкизе. В этот раз первый обвинял второго в том, что тот чересчур обильно поливает помидоры, отчего те слишком быстро растут.

— Они будут рыхлыми! — сердился Манфреди.

— Слушай. Давай я буду заниматься помидорами, а ты води машину — и все будут счастливы.

— Да ты ничего не понимаешь! — продолжал Манфреди. — В мои годы помидоры обязательно пересаживали — с одного места на другое, из другого в третье, а рядом высаживали базилик. Но вы, армейские, конечно, всегда лучше всех все знаете.

— Ага, ты прав, — не слушал его Анкизе.

— Конечно, прав. Неудивительно, что тебя выгнали из армии.

— Ага, меня выгнали из армии.

Увидев нас, оба помахали. Садовник передал Оливеру его велосипед.

— Я вчера выпрямил колесо, пришлось прилично попыхтеть. И шины подкачал.

Манфреди выглядел невероятно раздосадованным.

— Отныне я чиню колеса, а ты — выращиваешь помидоры, — сказал он уязвленно.

Анкизе криво улыбнулся. Оливер улыбнулся в ответ.

Когда мы оказались на кипарисовой аллее, которая вела к главной дороге в город, я спросил:

— Он тебя не пугает?

— Кто?

— Анкизе.

— Нет, с чего бы? Пару дней назад я упал с велосипеда по дороге домой и здорово поранился. Он заставил меня помазать рану каким-то ведьмовским зельем. А еще починил велосипед.

Одной рукой держа руль, второй он задрал футболку и показал огромную ссадину и синяк на левом боку.

— Все равно у меня от него мурашки по коже, — сказал я, повторяя вердикт своей тети.

— Просто потерянная душа, вот и все.

Я хотел прикоснуться к этой ссадине, хотел ласкать и боготворить ее.

По дороге я заметил, что Оливер сбавил скорость. Он не спешил так, как обычно, не гнал на полную, не брал штурмом холмы со своим привычным спортивным рвением. Не спешил он и возвращаться к работе над рукописью, не спешил к друзьям на пляж, не спешил — как часто бывало — бросить меня. Возможно, ему просто нечего было делать.

То были мои мгновения в *раю*, но, несмотря на свой возраст, я знал, что им придет конец; что нужно наслаждаться настоящим — таким, какое оно есть, — и оставить изощренные попытки укрепить нашу дружбу или поднять ее на новый уровень...

Дружбы между нами не будет никогда, думал я, а то, что происходит сейчас — ничего не значит, всего лишь миг благодати. *Zwischen Immer und Nie. Zwischen Immer und Nie*. Между «всегда» и «никогда». Целан.

Когда мы доехали до пьяццетты, откуда открывался вид на море, Оливер остановился купить сигарет. Он начал курить *Gauloises*. Я никогда их не пробовал и спросил у него, могу ли. Он достал из пачки *cerino* — восковую спичку, сложил ладони у моего лица и прикурил мне сигарету.

— Неплохо, да?

— Совсем неплохо.

Они будут напоминать мне о нем, об этом дне, подумал я, понимая, что меньше чем через месяц его здесь не будет — он исчезнет без следа.

Тогда я, пожалуй, впервые позволил себе сосчитать дни до его отъезда из Б.

— Ты только посмотри, — сказал он, когда под жарким солнцем последних утренних часов мы на велосипедах пересекли пьяццетту и оказались на другой ее стороне, откуда открывался вид на холмы внизу.

А ниже и дальше — захватывающей красоты море с редкими полосками пены, рассекавшими бухту, словно огромные дельфины, плещущиеся в волнах.

Вдалеке крошечный автобус медленно взбирался в гору, а три велосипедиста ползли позади, наверняка жалуясь на выхлопы.

— Ты, конечно, знаешь, кто, по преданию, здесь утонул? — спросил Оливер.

— Шелли*.

— А знаешь ли ты, что сделала его жена Мэри с друзьями, когда они нашли его тело?

— *Cor cordium*, сердце сердец, — ответил я, ссылаясь на легенду, согласно которой друг Шелли вытащил из костра сердце поэта за мгновение до того, как огонь полностью охватил его мертвое вздувшееся тело.

Зачем он меня проверяет?

— Есть хоть что-то, чего ты не знаешь?

Я посмотрел на него. Вот он, мой шанс. Я мог воспользоваться им — или упустить его, но при любом раскладе последствия останутся со мной навсегда. А еще я мог позлорадствовать над комплиментом — и жить дальше, сожалея о несодеянном.

---

* Перси Биши Шелли (1792–1822) — английский поэт, муж писательницы Мэри Шелли (1797–1851).

Кажется, я впервые сказал что-то взрослому человеку, не продумывая ответ заранее. Я был слишком взволнован и не в силах думать.

— Я ничего не знаю, Оливер... Ничего, совсем ничего.

— Ты знаешь больше, чем кто бы то ни было в округе.

Почему на мой почти трагичный тон он ответил такой обыденной, незамысловатой лестью?

— Знал бы ты, как мало я знаю о том, что в самом деле важно.

Я топтался вокруг да около: не пытаясь ни потонуть, ни доплыть до берега; я просто держался на плаву, потому что здесь была правда: хоть я и не смел произнести ее вслух или даже намекнуть на нее, но зато мог поклясться, что она — вокруг нас, рядом с нами; так, потеряв в воде цепочку, мы уверены: она точно где-то здесь. Если бы он знал, если бы он только знал, что я каждую секунду даю ему возможность сложить два и два — и получить в результате число больше, чем сама бесконечность...

Но если он поймет — значит, он уже что-то подозревает, а если подозревает — значит, сам обо всем догадается и начнет сверлить меня своим бесцветным, холодным, колким и враждебным всезнающим взглядом.

Он наверняка что-то заметил, хотя одному богу известно, что именно. Возможно, он просто пытался скрыть то, что я застал его врасплох.

— И что же в самом деле важно?

Он что, лукавит?

— Ты сам знаешь что. Уж *ты-то* должен был догадаться.

Молчание.

— Почему ты мне все это говоришь?

— Потому что подумал, что ты должен знать.

— Подумал, что я должен знать, — эхом отозвался он, пытаясь вобрать в себя весь смысл сказанного, разобрать его по частям и, повторяя, выиграть время. Воздух между нами накалился до предела.

— Потому что я хочу, чтобы *ты* знал, — выпалил я. — Потому что мне больше некому сказать, кроме тебя.

Вот и всё, я признался.

Был ли в моих словах какой-нибудь смысл?

Я уже собрался сменить тему и заговорить о море, погоде на завтра и о том, какая отличная мысль — отправиться на лодке в город Э. (эта идея прельщала моего отца каждый год примерно в одно и то же время). Но Оливер, стоит отдать ему должное, не позволил мне спустить все на тормозах.

— Ты вообще понимаешь, что говоришь?

В этот раз я отвернулся к морю и утомленным, бесстрастным голосом, который был моей последней уловкой, моим последним отвлекающим маневром, последним шансом к побегу, — произнес:

— Да, я понимаю, что говорю, — тебе *не показалось*. Я просто не умею изъясняться. Но ты имеешь полное право никогда больше не разговаривать со мной.

— Погоди. Ты сейчас о том, о чем я думаю?

— Да-а.

Теперь, раскрыв карты, я мог наконец принять расслабленный, слегка раздосадованный вид, с каким преступник, уже сдавшийся полиции, в очередной раз вынужден детально рассказывать новоприбывшему офицеру о совершенном ограблении.

— Подожди меня здесь, мне нужно сбегать наверх и забрать бумаги. Никуда не уходи.

Я взглянул на него с доверительной улыбкой.

— Ты прекрасно знаешь, что я никуда не уйду.

Если это не очередное признание, то что же? — думал я.

Пока его не было, я взял наши велосипеды и дошел с ними к военному мемориалу, посвященному молодым бойцам города Б., погибшим в битве при Пьяве* во время Первой мировой войны. Подобный монумент есть в каждом небольшом городке Италии.

Два маленьких автобуса остановились неподалеку и начали высаживать пассажиров — пожилых женщин, которые приехали в город за покупками из близлежащих деревень. Вокруг пьяцетты на парковых лавочках и на крошечных шатких стульях с плетеными спинками сидели пожилые люди — в основном мужчины в старых, выцветших ко-

---

* Битва при Пьяве — сражение между итальянскими и австро-венгерскими войсками, состоявшееся 15–23 июня 1918 года у реки Пьяве во время Первой мировой войны.

стюмах палевого цвета. Я задался вопросом, сколько еще людей здесь помнят молодых солдат, отдавших жизни на Пьяве. Тем, кто знал их, должно быть не меньше восьмидесяти; а тем, кто был старше, сейчас по меньшей мере сто. Наверняка к ста годам люди научены переживать утраты и горе, так ведь? Не преследуют же они нас до конца дней? В сто лет забывают братья и сестры, забывают сыновья, забывают любимые — забывают все, и даже самые безутешные уже не помнят. Матерей и отцов давно уже нет. Помнит ли хоть кто-нибудь?

В голове пронеслась мысль: узнают ли мои потомки о том, что было сказано сегодня на этой пьяццетте? Узнает ли хоть кто-нибудь? Или мои слова просто растают в воздухе — как мне, признаться, отчасти того хотелось? Узнают ли когда-нибудь мои дети, что в этот день, на этой пьяццетте, их судьба висела на волоске? Эта мысль позабавила меня, помогла отстраниться, взглянуть на происходящее со стороны и взять себя в руки.

Через тридцать-сорок лет я вернусь сюда, и в памяти оживет этот разговор — я знал уже тогда, что никогда его не забуду, как бы мне того ни хотелось. Я приеду сюда с женой и детьми, покажу им достопримечательности, бухту, местные кафе, *Le Danzing*, Гранд Отель. А потом встану на этом самом месте и попрошу памятник, стулья с плетеными спинками и шаткие деревянные столы напомнить мне о человеке по имени Оливер.

Вернувшись, он сразу же выпалил:

— Эта идиотка Милани что-то напутала и теперь должна перепечатывать все заново, а значит, сегодня мне не над чем работать и я теряю целый день.

Настал его черед искать отговорки в попытке уклониться от темы. Я мог бы легко спустить ему это с рук — если бы он захотел. Мы могли бы поговорить о море, Пьяве или об отрывках из Гераклита, например: «Природа любит прятаться» или «Я отправился на поиски себя». А если не об этом — так о поездке в город Э., которую все обсуждали уже несколько дней, или о приезде камерного оркестра, ожидавшемся со дня на день.

По дороге мы прошли мимо лавки, где моя мать всегда заказывала цветы. В детстве я любил смотреть, как по большой витрине бесконечным тонким занавесом струится вода, придававшая лавке загадочный и волшебный вид, а ее расплывчатое под гладью воды стекло напоминало мне то, как размывается картинка в кадре, предшествующем воспоминаниям киногероя.

— Лучше бы я ничего не говорил, — наконец сказал я.

Едва произнеся эти слова, я понял: чары между нами разрушены.

— Я притворюсь, что так и было.

Что ж, неожиданный ответ от того, кого всегда все *устраивает*. В нашем доме я ни разу не слышал ничего подобного.

— Это что, значит, что мы можем говорить об этом вслух? Или все-таки нет?

Он задумался.

— Слушай, о таком говорить нельзя. Правда нельзя.

Он накинул на плечи рюкзак, и мы покатили вниз по холму.

Четвертью часа ранее я был в агонии: все нервные окончания, все чувства — разбиты, смяты, раздавлены, словно в ступке у Мафальды, и стерты в порошок — так, что страх не отличишь от злости, а злость — от искры страсти. Но в то же время мне было чего с нетерпением ждать. Теперь же, когда наши карты были раскрыты, исчезли не только скрытность и стыд, но и та крупица негласной надежды, которая подбадривала меня все эти недели.

Только пейзаж вокруг и безоблачное небо помогли мне не поникнуть духом окончательно. Как и наша поездка домой — по пустой проселочной дороге, принадлежавшей нам двоим и осыпанной солнечными пятнами.

Я велел Оливеру ехать за мной — сказал, что покажу ему место, о котором не знают туристы и приезжие.

— Если у тебя есть время, — добавил я, пытаясь в этот раз не быть навязчивым.

— У меня есть время, — ответил он уклончиво, будто моя наигранная вежливость показалась ему слегка комичной. Но быть может, он просто решил уступить, пытаясь загладить вину за то, что ушел от темы?

Мы съехали с главной дороги и двинулись к краю скалы.

— Вот здесь, — начал я, пытаясь удержать его интерес, — на этом самом месте, когда-то писал Моне.

Рощица была усеяна маленькими низкорослыми пальмами и причудливо искривленными оливковыми деревьями. А дальше за ними, к самому краю скалы вел откос, тут и там затененный высокими приморскими соснами. Я прислонил велосипед к одному из деревьев и, когда Оливер последовал моему примеру, повел его по откосу.

— А теперь взгляни, — велел я, невероятно довольный собой, будто собирался показать ему нечто гораздо более красноречивое, чем все, что я мог сам о себе рассказать.

Прямо под нами расположилась укромная, безмолвная бухта. Вокруг — ни намека на цивилизацию, ни домов, ни пристани, ни рыбацких лодок.

Вдалеке здесь, как и всюду, виднелась колокольня Сан-Джакомо, а дальше, присмотревшись, можно было разглядеть очертания города Н., и еще дальше — почти размытые пятна, напоминавшие наш дом и прилегающие виллы: ту, в которой жила Вимини, и ту, что принадлежала семье Морески; у Морески было две дочери, с каждой из которых Оливер, вероятно, уже переспал: одновременно ли, по отдельности — кто знает... Да теперь и вовсе не важно.

— Это мое место. Только мое. Я прихожу сюда читать. Уже и не вспомнить, сколько книг здесь было мною прочитано.

— Любишь одиночество?

— Нет. Никто не любит одиночество. Я просто с ним ужился.

— А ты всегда такой бесконечно мудрый? — спросил он.

Неужели сейчас он перейдет на снисходительно-назидательный тон и займет сторону всех тех, кто считает своим долгом неустанно повторять, что я должен чаще выходить из дома и заводить новых друзей, а со старыми не быть таким эгоистичным? Или это его прелюдия к роли друга семьи и мозгоправа по совместительству? А может быть, я снова все не так понял?

— И вовсе я не мудрый. Я же сказал, что ровным счетом ничего не знаю. Просто знаю, как читать книги, и знаю, как соединять слова в предложения, — но это вовсе не значит, что я умею говорить о том, что для меня в самом деле важно.

— Но ты делаешь это прямо сейчас — в каком-то смысле.

— Да, в каком-то смысле. Я всегда говорю именно так: *в каком-то смысле*.

Уставившись на взморье, лишь бы не смотреть на Оливера, я сел на траву и вдруг заметил, что он сидит на корточках, привстав на цыпочки, — будто готов в любой миг вскочить на ноги и рвануть туда, где мы оставили велосипеды.

Мне и в голову не приходило, что я привел его на откос не только чтобы показать свой маленький мир, но и чтобы познакомить свой маленький мир с ним, попросить принять его; чтобы место, где летними вечерами я искал уединения, узнало его, оценило, вынесло вердикт и пустило к себе; тогда я смогу возвращаться и вспоминать.

Я приходил сюда, сбегая из реального мира в другой — изобретенный мной самим, а теперь, по сути, знакомил его с мастерской, где зарождался этот мир. Оставалось лишь перечислить книги, которые я здесь прочел, — и тогда он узнает обо всех местах, где я побывал.

— Мне нравится, как ты говоришь. Только почему ты всегда принижаешь себя?

Я пожал плечами. Он что, порицает меня за то, что я порицаю себя?

— Не знаю. Наверное, чтобы ты этого не делал.

— Так боишься того, что о тебе подумают другие?

Я покачал головой, но ответа не знал. А может, ответ был столь очевиден, что озвучивать его просто не было необходимости. В подобные мгновения я чувствовал себя таким уязвимым, таким обнаженным. *Надави на меня, взволнуй меня, и если я не дам отпор, значит, ты меня раскрыл.* Нет, мне нечего было сказать ему в ответ. Но я и не шевелился. Мне захотелось отправить его домой в одиночестве, а самому вернуться к обеду.

Он ждал, пока я заговорю. Он не сводил с меня взгляда.

Кажется, тогда я впервые осмелился так пристально посмотреть на него в ответ. Обычно я бросал взгляд в его сторону и сразу отводил глаза — отводил, потому что не желал без приглашения окунаться в чистое, прекрасное озеро его глаз, — пускай и никогда не выяснял, ждут ли там меня; отводил, потому что боялся вызовом ответить на вызов; отводил, потому что не хотел выдавать себя, не хотел признавать, как много он для меня значит. А еще потому, что его холодный взгляд постоянно напоминал мне, сколь значима его фигура и сколь ничтожна моя собственная.

Теперь, в тишине того мгновения, я пристально на него посмотрел, но больше не пытался противостоять ему или показать, что не робею, — а сдавался. Говорил: вот он я, и вот он ты, и вот то, чего я хочу; теперь между нами одна лишь правда, а там, где правда, — нет преград, нет бегающих взглядов; и даже если ничего из этого не выйдет, по крайней мере никто из нас не сможет сказать, что ни о чем не догадывался.

У меня не осталось ни проблеска надежды. Я смотрел на него многозначительным взглядом, говорящим «поцелуй меня, если осмелишься»; взглядом того, кто бросает вызов и в то же время — сбегает сам.

— Ты ставишь меня в очень затруднительное положение.

О чем это он? Неужели о том, как мы смотрим друг на друга?

Я не отступал. Он тоже. Да, он говорил о наших взглядах.

— Почему в затруднительное? — Мое сердце билось так неистово, что я был не в силах говорить связно. Мне даже не было стыдно за то, как я покраснел. Пусть знает, пусть.

— Потому что это было бы неправильно.

— *Было бы*? — переспросил я.

Значит, луч надежды все-таки есть?

Он сел на траву, потом лег на спину, сложил руки за головой и устремил глаза в небо.

— Да, *было бы*. Не стану притворяться, что не думал об этом.

— Я бы не догадался.

— Да, думал. Доволен? А что, по-твоему, происходило все это время?

— Происходило? — с удивлением пробормотал я. — Ничего... — я еще немного поразмыслил. — Ничего, — повторил я, будто то, о чем я лишь сейчас начинал догадываться, было столь эфемерно, что мое многократное «ничего» могло его развеять, заполнив невыносимую тишину. — Ничего.

— Ясно, — произнес он наконец. — Ты все понял неправильно, мой друг. — В его голосе звучал снисходительный укор. Затем он продолжил: — Если тебе от этого полегчает, мне приходится держать себя в руках. Пора и тебе научиться.

— Я хорошо умею изображать безразличие.

— Ну, это мы уже давно поняли, — парировал он.

Я был повержен. Все это время, намеренно не замечая его в саду, на балконе и на пляже, я думал, что задеваю его, однако он видел меня насквозь и распознавал в моем поведении жалкие банальные уловки, коими они и являлись.

Его признание, которое, казалось, открыло между нами шлюзы, теперь затопило все мои едва зародившиеся надежды. Куда нам двигаться дальше? Что тут добавишь?

И что случится, если мы вновь перестанем разговаривать, но больше не будем уверены, что холод между нами притворен?

Мы еще некоторое время говорили, а потом наша беседа почти сошла на нет. Теперь, когда все карты были раскрыты, нам оставалась лишь пустая болтовня.

— Значит, Моне приходил сюда писать...

— У нас есть книга с замечательными репродукциями этого места — я тебе покажу, когда придем домой.

— Да, покажи обязательно.

Теперь он играл роль благосклонного подмастерья. Мне это не нравилось.

Мы оба лежали приподнявшись на одной руке и смотрели вдаль.

— Ты самый счастливый парень во вселенной, — сказал он.

— Ты не представляешь насколько.

Я позволил ему обдумать мое заявление. Потом — видимо, просто чтобы заполнить гнетущую тишину — я выпалил:

— Но не все так хорошо.

— Ты о чем? О семье?

— И о ней тоже.

— Ну да: живешь здесь все лето, читаешь себе книги, каждый вечер за ужином развлекаешься «каторгой», для которой у твоего отца всегда припасена новая жертва... — Он снова дразнил меня.

Я ухмыльнулся. Нет, снова не то.

Он помолчал.

— Значит, ты о нас.

Я не ответил.

— Что ж, давай посмотрим... — И, прежде чем я успел собраться с мыслями, он подсел ко мне.

Мы слишком близко, думал я, никогда я не был к нему так близко, только во сне или когда он сложил ладони у моего лица, прикуривая мне сигарету. Придвинься он чуть ближе — и услышал бы биение моего сердца. Я читал о подобном в романах, но не верил, что такое бывает по-настоящему. Он смотрел мне прямо в лицо, будто оно ему нравилось и он хотел изучить его, задержать на нем взгляд; затем прикоснулся пальцем к моей нижней губе и провел им влево и вправо, вправо и влево, снова и снова, пока я лежал, наблюдая, как он улыбается; его улыбка пугала меня, пугала скрытой в ней возможностью, что сейчас случится что угодно и пути назад не будет, что так он спрашивает разрешения — и вот он, мой шанс сказать «нет» или что-нибудь еще, чтобы выиграть время и обдумать происходящее...

Но времени уже не было, потому что Оливер поднес свои губы к моим и подарил мне теплый, примирительный поцелуй, шептавший: «*Встретимся на полпути, но я не сделаю ни шага дальше*», — который длился до тех пор, пока он наконец не ощутил мой жадный ответ. Я жалел, что не могу управлять поцелуем так же, как это делал Оливер. Но страсть позволяет многое скрыть, и в тот миг, на откосе Моне, я не только хотел спрятать в этом поцелуе всю правду о себе, но и, растворившись в нем, мечтал его позабыть.

— Так лучше? — спросил наконец Оливер.

Я ничего не ответил, лишь приблизил свое лицо к его лицу и снова поцеловал, почти грубо, но не из-за избытка страсти и даже не потому, что его поцелую не хватило пылкости, а просто потому, что не был уверен — убедил ли он меня хоть в чем-нибудь. Я даже не был уверен, что он понравился мне так сильно, как я ожидал, — и просто обязан был испытать его еще раз — испытать само испытание. Мои мысли блуждали где-то среди самых неожиданных, бытовых вещей. «Сколько отрицания!» — заключил бы второсортный последователь Фрейда.

Я заглушил свои сомнения еще более неистовым поцелуем. Я не желал страсти, не желал удовольствия. Возможно, даже не желал никаких доводов. Я не желал слов, пустых разговоров, серьезных разговоров, разговоров на велосипедах и разговоров о книгах — никаких. Пусть будет так, как сейчас: солнце, трава, редкие дуновения морского ветра и настоящий аромат его тела — аромат его шеи, груди и подмышек.

Просто возьми меня, распотроши и выверни наизнанку, пока, как один из героев Овидия, я не стану един с твоей по-*

---

* Публий Овидий Назон (43–17 гг. до н. э.) — древнеримский поэт, автор поэм и элегий.

хотью. Завяжи мне глаза, держи меня за руку и не проси думать ни о чем; готов ли ты сделать это для меня?

Я не знал, к чему все идет, но сдавался ему с каждой секундой, сантиметр за сантиметром, и он наверняка это знал, ведь я чувствовал, что он все еще держит меня на расстоянии. Наши лица соприкасались, но тела лежали порознь, и я знал, что любое мое действие, любое движение может разрушить наше единение. Поэтому, почувствовав, что у нашего поцелуя, скорее всего, не будет продолжения, я предпринял попытку разъединить наши губы — однако мгновенно понял, что не хочу прекращать поцелуй, а хочу запустить свой язык ему в рот и чувствовать его язык у себя во рту; потому что после всех этих недель, и всей этой борьбы, и схваток, и споров, каждый раз обдававших нас холодом, остались лишь два влажных языка: мой — у него во рту, его — у меня. Лишь два языка, а остальное ничтожно. Когда наконец я поднял одну ногу и подвинул ее к Оливеру, пытаясь повернуться к нему телом, чары между нами — и я мгновенно это понял — разрушились.

— Думаю, нам пора, — сказал он.

— Еще рано.

— Нельзя — я себя знаю. Пока мы вели себя хорошо и не сделали ничего постыдного. Пусть все так и останется. Я хочу быть хорошим.

— Не надо. Мне все равно. Да кто узнает?

В отчаянном порыве, который, я знал, никогда не сойдет мне с рук, если он не уступит, я потянулся к нему и положил ладонь ему на пах. Оливер не пошевелился. Нужно было запустить руку ему в шорты. Он, по всей видимости, уловил мое намерение, потому что с бесстрастным выражением — мягко, но настойчиво — положил свою руку поверх моей, подождал секунду, а затем, вплетя свои пальцы в мои, убрал мою руку.

Между нами повисла мучительная тишина.

— Я тебя обидел?

— Не надо.

Это напомнило мне его *«Давай!»* — такое, каким я впервые услышал его несколько недель назад: язвительное, прямолинейное и вовсе не веселое, без намеков на радость или страсть, которые мы только что разделили. Он протянул мне руку и помог подняться.

А потом вдруг поморщился.

Я вспомнил ссадину у него на боку.

— Нужно ее продезинфицировать, — сказал он.

— На обратном пути заедем в аптеку.

Он не ответил. Но то были, пожалуй, самые отрезвляющие слова, которые можно было произнести. Они снова впустили в нашу жизнь дыхание назойливого внешнего мира: Анкизе, починенный им велосипед, споры о помидорах, ноты, второпях оставленные на столе под стаканом лимонада, — как же *давно* все это было.

И правда: покинув мой укромный уголок, мы увидели два туристических микроавтобуса, направлявшихся на юг к городу Н. Должно быть, близился полдень.

— Мы никогда больше не будем разговаривать, — сказал я, пока мы скользили вниз по бесконечному склону и ветер трепал наши волосы.

— Не говори так.

— Я же знаю. Мы будем *болтать*. Болтать о том, болтать о сем. Но ничего. Я переживу — вот что забавнее всего.

— Я смотрю, ты заговорил стихами, — сказал Оливер.

Мне нравилось, когда он, соскочив с темы, ставил меня в тупик.

Спустя два часа, за обедом, я убедился наверняка, что никогда ничего не «переживу».

Наступило время десерта, и Мафальда стала собирать тарелки, а остальные увлеклись разговором о Якопоне да Тоди*. Тут я почувствовал, как чья-то теплая босая ступня легко скользнула по моей.

Я понял, что еще там, на откосе, мог улучить секунду и проверить, такая ли гладкая кожа у него на пятках, как я себе представлял. Оставалось лишь не упустить свой шанс теперь.

Возможно, это моя нога, блуждая, случайно коснулась его. Ногу он убрал — не сразу, но быстро, будто сознательно выждав ровно столько, сколько необходимо, дабы его движение не показалось трусливым отступлением. Я тоже чуть подождал и, не продумывая ничего заранее, позволил

* Якопоне да Тоди, Якопоне из Тоди (1230–1306) — итальянский религиозный поэт, монах-францисканец.

своей ноге отправиться на поиски его. Уже в первые секунды поисков мой большой палец наткнулся на его стопу; та оказалась совсем рядом — словно пиратское судно, которое, на первый взгляд, ретировалось с места битвы, но на самом деле скрывается в тумане не далее чем в пятидесяти метрах, дожидаясь подходящего момента для атаки.

Не успел я решить, что делать дальше, как вдруг, безо всякого предупреждения и не дав мне ни придвинуть свою ногу ближе, ни убрать на безопасное расстояние, — его нога оказалась рядом с моей и принялась гладить ее, ласкать, ни на миг не останавливаясь; круглый гладкий мячик его пятки прижимал мою ногу к полу, иногда — с силой, но тут же отпуская, поглаживая пальцами и таким образом давая понять, что все это делается на волне игривого, задорного настроения; что подобной забавой он пытается отвлечь мое внимание от «обеденных каторжников», сидящих прямо напротив, и в то же время — что никакого отношения к другим она не имеет и останется строго между нами, потому что касается только нас двоих; однако и придавать ей большого значения тоже не следует.

От непринужденной напористости его ласк по спине у меня побежали мурашки, голова вдруг закружилась. Нет, я не собирался плакать; то не были ни паническая атака, ни «мление», — и кончать себе в шорты я тоже не собирался, пускай мне и нравилось, ужасно нравилось то, что он делал, в особенности когда сводом своей стопы он накрывал мою.

Опустив взгляд в свою десертную тарелку и увидев шоколадный торт, политый малиновым сиропом, я сперва решил, что кто-то продолжает неустанно подливать мне сироп, причем откуда-то сверху, словно с потолка, — пока вдруг не сообразил, что течет у меня из носа. Ахнув, я поспешно скомкал салфетку и прижал ее к лицу, запрокинув голову так сильно, как только мог.

— *Ghiaccio*, лед, Мафальда, *per favore, presto**, — произнес я мягко, пытаясь показать, что держу себя в руках. — Я ездил сегодня на холмы... Обычное дело, — добавил я, извиняясь перед гостями.

Волна шума, суеты, грохота; все принялись вставать из-за стола и ходить туда-сюда. Я закрыл глаза. Соберись, твердил я про себя, соберись. Только не позволяй телу тебя выдать.

— Это все из-за меня? — спросил Оливер, зайдя в мою спальню после обеда.

Я не ответил.

— Все ужасно, да?

Он улыбнулся и промолчал.

— Присядь на секунду, — попросил я.

Он сел в дальний угол моей кровати, точно навещая в больнице друга, раненного на охоте.

— У тебя же все будет в порядке?

---

* Пожалуйста, скорее (*ит.*).

— Думал, что будет. Но я переживу. — Я прочитал слишком много романов, где слишком много персонажей произносят подобные слова. Слова, которые помогают отпустить сбегающего любовника; которые позволяют всем сохранить лицо; которые восстанавливают достоинство и мужество тех, кто был разоблачен.

— Дам тебе поспать. — Сказано тоном учтивого медбрата.

Уже в дверях он добавил:

— Я буду рядом, — так говорят «я оставлю для тебя свет в прихожей». — Будь паинькой.

Пока я пытался уснуть, случай на пьяццетте, затерявшийся в сознании где-то между мемориалом Пьяве и нашим подъемом в гору на велосипедах, когда страх, стыд и бог знает что еще давили на меня с невыносимой силой, — вырисовывался в памяти, будто произошел много лет тому назад; казалось, на пьяццетту я поехал маленьким мальчиком еще перед началом Первой мировой войны, а вернулся оттуда покалеченным девяностолетним солдатом, который теперь заключен в спальне — причем не своей, так как она была отдана молодому человеку, ставшему светом его очей.

Свет моих очей, повторил я, *свет моих очей, свет всего мира, вот кто ты — свет моей жизни.* Я даже не знал, что именно значат эти слова, и часть меня задавалась вопросом, откуда я раскопал столь напыщенную чепуху, но сейчас именно она заставила меня заплакать — слезами, которыми я мечтал утопить его подушку, пропитать его плавки; я мечтал, чтобы эти слезы он слизнул самым кончиком языка и унял мою боль.

Я не понимал, зачем в тот день он прикоснулся к моей ноге. Был ли то флирт или просто доброжелательный жест в знак солидарности и товарищества вроде его ненавязчивого полумассажа-полуобъятия, — невинная шутка двух любовников, которые больше не спят вместе, но решили остаться друзьями и иногда ходить в кино? Означало ли это: «*Я ничего не забыл, и случившееся навсегда останется между нами, пусть даже не будет иметь продолжения*»?

Я хотел сбежать из дома. Хотел, чтобы наступила следующая осень, хотел убраться как можно дальше оттуда. Оставить наш городок с его дурацким *Le Danzing* и дурацкой молодежью, с которой никто в здравом уме не захочет водить компанию. Оставить родителей, кузенов и кузин, которые всегда со мной соревнуются, и этих ужасных летних постояльцев, которые пишут свои мудреные научные работы и вечно оккупируют все ванные комнаты в моей половине дома.

Что, если я опять его увижу? Вновь закровоточу, заплачу, кончу в шорты? А что, если увижу его с кем-то другим, прогуливающимся, как всегда, неподалеку от *Le Danzing*? И что, если с ним будет мужчина, а не женщина?

Я должен научиться избегать его, должен разорвать все связи между нами, одну за другой, отделить одно навязчивое желание от другого, как нейрохирурги отделяют нейроны; я должен перестать ходить за ним в сад, прекратить свою слежку и ночные походы в город; должен отучать себя понемногу, как наркоман, — каждый день, час, минуту, каждую кишащую мыслями о нем секунду. Я мог бы это сделать. Я знал, что будущего у нас нет.

Допустим, он все же придет сегодня ночью ко мне в спальню... Или даже так: допустим, я напьюсь и сам приду к нему — *приду и скажу всю правду прямо тебе в лицо, Оливер: Оливер, возьми меня. Кто-то должен — так пускай это будешь ты. Поправка: я хочу, чтобы это был ты. А я постараюсь быть не худшим твоим любовником. Просто сделай это со мной так, как сделал бы с тем, кого не захочешь видеть после. Знаю, звучит ничуть не романтично, но я завязан в несметное множество гордиевых узлов, и только ты можешь их разрубить. Так что приступай.*

Мы сделаем это, потом я вернусь в свою спальню и приму душ. И отныне *я* буду невзначай класть свою ногу на его — и наблюдать за реакцией.

Таков был мой план. Таков был мой способ выкинуть его из головы.

Я дождусь, пока все лягут спать и погаснет свет в его комнате, а потом проникну в нее с балкона.

Тук-тук. Нет, без стука. Я был уверен, что он спит без одежды. Что, если он не один? Я прислушаюсь с балкона, прежде чем войти. А если услышу, что там кто-то еще, но времени для поспешного отступления уже не будет, скажу:

«Ой, ошибся адресом». Именно так: *ой, ошибся адресом*. Немного легкомыслия, чтобы сохранить лицо.

А если он все-таки один? Войду. В пижаме. Нет, в одних пижамных штанах. Скажу: это я. Почему пришел? Не спится. Хочешь чего-нибудь выпить? Я здесь не за тем. Я уже достаточно выпил, чтобы набраться смелости и дойти из своей комнаты до твоей. Я пришел из-за тебя. Ясно. Не усложняй, не говори, не давай мне повода и не делай вид, будто в любой момент закричишь о помощи. Я гораздо младше тебя, и ты выставишь себя на посмешище, если поднимешь тревогу или будешь грозиться рассказать моей мамочке. И с этими словами я стяну штаны и скользну в его постель. Если он не прикоснется ко мне — прикоснусь к нему я, и если он не ответит, позволю своим губам смело отправиться туда, где они раньше не бывали. (Сами эти слова забавляли меня — какая невообразимая глупость!) Моя звезда Давида, его звезда Давида, две наши шеи, как одна, два обрезанных еврейских юноши воссоединились после сотен лет скитаний. А если не сработает — я наброшусь на него, он даст отпор, мы примемся бороться, и я попытаюсь соблазнить его; он прижмет меня к постели, а я по-женски обхвачу его ногами и, может, даже умышленно задену ссадину на боку; а если не подействует и это, я унижусь окончательно — и этим унижением покажу, что это лишь его стыд, а не мой, что я пришел к нему с искренностью и открытым сердцем, которые теперь оставлял на его простынях в качестве напоминания о том, как он ответил юноше отказом на мольбу о дружбе. Скажешь «нет» — и окажешься в аду, ногами вперед, долго ждать не придется.

Что, если ему со мной не понравится? Хотя в темноте, говорят, все кошки...

Что, если все это ему вовсе не по вкусу? Что ж, значит, тогда ему просто придется попробовать. Что, если он всерьез расстроится и оскорбится? «Выметайся отсюда, больной ты извращенец». Но поцелуй был вполне убедительным доказательством того, что его можно склонить в нужном мне направлении. Не говоря уже об истории со ступней... *Amor, ch'a nullo amato amar perdona*.

Ступня. Последний раз я испытал подобное даже не тогда, когда он целовал меня, а когда сдавил пальцами мое плечо.

Нет, был еще один случай, у меня во сне: он вошел в мою спальню и лег на меня сверху, а я притворился спящим. Еще одна поправка: во сне я едва заметно пошевелился, точно говоря ему — *прошу, останься и продолжай, просто не заставляй меня признавать, что я знал...*

В тот день, проснувшись ближе к вечеру, я страстно захотел йогурта. Вкус детства. В кухне Мафальда не спеша убирала в шкаф фарфор, вымытый часами ранее. Должно быть, она тоже ходила вздремнуть и только проснулась. Обнаружив в вазе с фруктами огромный персик, я собрался его порезать.

— *Faccio io**, — сказала Мафальда, пытаясь выхватить нож у меня из руки.

— *No, no, faccio da me***, — возразил я, стараясь ее не обидеть.

Я хотел порезать его на кусочки, а эти кусочки — порезать еще мельче, и еще, и еще — резать, пока они не превратятся в атомы. Своеобразная терапия.

Потом я взял банан, очистил его так медленно, как только возможно, и нарезал тончайшими ломтиками, которые разрезал поперек. Потом взял абрикос. Грушу. Финики. Затем — большую банку йогурта из холодильника — и, вылив ее содержимое в чашу измельчителя, смешал с нарезанными фруктами. Наконец, для цвета я добавил несколько свежих ягод клубники из сада. Измельчитель приятно замурлыкал.

Мой десерт не был похож на те, что привыкла готовить Мафальда, однако она позволила мне похозяйничать на ее кухне — точно шла на уступки тому, кто уже довольно настрадался. Эта стерва все знала. Наверное, она видела под столом наши ноги и теперь следила за каждым моим движением, будто готовилась в любой миг наброситься на мой нож, прежде чем я перережу себе вены.

Когда десерт был готов, я налил его в большой стакан, пульнул в него трубочку — словно дротик — и направился

* Я сделаю (*ит.*).

** Нет-нет, я сделаю сам (*ит.*).

на террасу. По пути я зашел в гостиную и достал огромную книгу с репродукциями Моне, которую положил на крошечный табурет у лестницы. Я не собирался сам показывать ему книгу — просто оставил ее там. Он сам все поймет.

На террасе моя мать пила чай с двумя своими сестрами, которые проделали долгий путь из города С., чтобы сыграть в бридж. Четвертого игрока ожидали с минуты на минуту.

С заднего двора, где находился гараж, доносились голоса Манфреди и водителя маминых сестер; они обсуждали футбол.

Я прошел со своим напитком в дальний конец террасы, вытащил шезлонг и, усевшись лицом к длинной балюстраде, попытался расслабиться и насладиться последними тридцатью минутами яркого солнца. Мне нравилось сидеть и смотреть, как убывающий день растворяется в предсумрачном свете. В такое время приятно искупаться или просто почитать.

Мне нравилось чувствовать себя отдохнувшим. Возможно, древние люди были правы: умеренное кровопускание никому еще не навредило. Если продолжу чувствовать себя так и дальше, то потом, возможно, даже попробую сыграть пару прелюдий, или фугу, или фантазию Брамса. Я сделал еще несколько глотков йогуртового коктейля и положил ногу на стоящий рядом стул.

Мне потребовалось какое-то время, чтобы осознать, что я позирую. Я хотел, чтобы он вернулся и застал меня таким — беспечным и расслабленным. Он и понятия не имел, что я запланировал на сегодняшний вечер.

— Оливер здесь? — спросил я, поворачиваясь к матери.

— Разве он не ушел?

Я не ответил. Что ж, значит, можно забыть его «я буду рядом».

Спустя некоторое время Мафальда пришла за пустым стаканом. *Vuoi un altro di questi*, хочу ли я еще стаканчик *этого*? Она произнесла это так, словно говорила о странном зелье, чужое и *не-итальянское* название которого — если оно вообще у него было — ее совершенно не интересовало.

— Нет, я, наверно, пойду прогуляюсь.

— Но куда ты пойдешь, да еще в такое время? — спросила она, подразумевая приближающийся ужин. — Особенно в состоянии, в котором ты был за обедом. *Mi preoccupo*, я волнуюсь.

— Со мной все хорошо.

— Я настоятельно не рекомендую этого делать.

— Не волнуйся.

— Синьора! — крикнула она, пытаясь найти поддержку у моей матери.

Мать согласилась с тем, что это плохая идея.

— Тогда пойду искупаюсь.

Все что угодно, только не считать часы до сегодняшней ночи.

Спускаясь по лестнице на пляж, я заметил нескольких друзей. Они играли в волейбол на песке. Хочу ли я сыграть?

Нет, спасибо, мне сегодня нездоровится. Я оставил их и отправился к большому камню; немного постоял, уставившись на него, а затем обратил взгляд на море, которое, казалось, целилось прямо в меня искрящейся солнечной дорожкой на воде, будто с картины Моне.

Я вошел в теплую воду.

Я не был несчастен. Я хотел быть с кем-то. Но то, что я был один, меня не беспокоило.

Вимини, которую, судя по всему, кто-то проводил до пляжа, сказала, что слышала о моем плохом самочувствии.

— Нам, больным... — начала было она.

— Ты не знаешь, где Оливер? — прервал ее я.

— Не знаю. Я думала, он пошел рыбачить с Анкизе.

— С Анкизе? Сумасшедший! Он же чуть не погиб в прошлый раз!

Ответа не последовало. Она отвернулась от заходящего солнца.

— Он тебе нравится, да?

— Да, — сказал я.

— Ты ему тоже нравишься — между прочим, даже больше, чем он тебе.

Это ей так кажется?

Нет, Оливеру.

Когда он ей сказал?

Недавно.

По моим подсчетам, это случилось тогда, когда мы с ним почти перестали разговаривать. Даже моя мать в ту неделю отозвала меня в сторону и попросила быть повежливее с нашим *каубоем*: все эти хождения туда-сюда даже без самого формального приветствия — так не годится.

— Думаю, он прав, — сказала Вимини.

Я пожал плечами. Но никогда прежде меня не терзали столь глубокие противоречия. Это была настоящая агония: что-то сродни ярости неистово бушевало во мне, переливаясь через край. Я пытался успокоить разум и отвлечься на закат — как люди, которым предстоит пройти через детектор лжи, представляют что-нибудь спокойное и безмятежное в попытке скрыть свое волнение. Но я заставлял себя думать о другом еще и потому, что не хотел зря тревожить или впустую растрачивать ни одну мысль о сегодняшней ночи. Возможно, он скажет «нет», возможно, решит от нас уехать и, если его принудят, может быть, даже объяснит почему. Ни о чем более я не позволял себе думать.

Меня охватила ужасная мысль. Что, если прямо сейчас он расскажет или даже просто намекнет кому-то из своих новых знакомых, с которыми подружился в городе или к кому ходил в гости на ужин, — на то, что случилось во время нашей велосипедной прогулки в город? Смог бы я сам умолчать о чем-то подобном, окажись я на его месте? Нет.

И все-таки он дал мне понять: то, чего я хотел, можно и получать, и отдавать так просто и естественно, что невольно задаешься вопросом — почему я испытывал столько мучений и стыда, когда на деле это не сложнее, чем купить пачку сигарет, затянуться косяком или поздно ночью подойти к девушке на пьяццетте и, договорившись о цене, ненадолго с ней уединиться.

Когда я вернулся с пляжа, Оливера по-прежнему нигде не было видно. Я снова о нем спросил. Нет, он не возвращался. Его велосипед стоял там же, где мы оставили его еще до полудня, а Анкизе уже давным-давно вернулся.

Я поднялся в свою комнату и попытался проникнуть в его комнату с балкона, через французские окна. Они были заперты. Через стекло я разглядел лишь его шорты, в которых он был за обедом.

Я попытался припомнить... Он был в плавках сегодня, когда зашел ко мне в спальню после обеда и пообещал «быть рядом». Я выглянул с балкона в надежде увидеть на воде лодку — вдруг он решил еще раз выйти в море? Но она была пришвартована.

Когда я спустился в гостиную, отец пил коктейли с репортером из Франции. Может, что-нибудь сыграешь? — спросил он.

— *Non mi va*, — сказал я, — что-то не хочется.

— *E perché non ti va?** — спросил отец, точно заметив мой тон.

— *Perché non mi va!*** — резко ответил я.

---

* Почему не хочется? (*ит.*)

** Потому что не хочется! (*ит.*)

Преодолев наконец самый главный барьер сегодня утром, теперь, казалось, я мог позволить себе выпустить наружу все пустяки, которые меня терзали.

Возможно, и мне не помешает глоток вина, заметил отец.

Мафальда позвала к ужину.

— А для ужина не слишком рано? — спросил я.

— Уже начало девятого.

Мать провожала одну из подруг, которая приехала на машине и теперь собиралась домой.

Я был рад, что француз замер на краю своего кресла, словно готов был в любую секунду подняться и пройти в столовую — однако пока продолжал сидеть не шевелясь. Обеими руками он держал пустой стакан и рассказывал отцу о предстоящем оперном сезоне, таким образом вынуждая его сидеть на месте, пока он не договорит до конца.

Ужин был отсрочен еще минут на десять. Если Оливер опоздает, то не станет есть с нами. Если он опаздывает — значит, ужинает где-то еще. В тот вечер я хотел, чтобы он ужинал только с нами и нигде больше.

— *Noi ci mettiamo a tavola*, давайте садиться, — сказала моя мать.

Она попросила меня сесть рядом с ней. Место Оливера пустовало. Предупредил бы хотя бы, что не придет на ужин, — посетовала мать. Возможно, что-то снова случилось с лодкой, — предположил отец, — ее уже давно пора разобрать на части. Но лодка внизу, заметил я.

— Тогда, наверное, он у переводчицы. Кто мне говорил, что он собирается зайти к ней сегодня вечером? — спросила мать.

Не показывать волнения. Не показывать, что мне не все равно. Спокойствие. Не то снова пойдет носом кровь.

Но те мгновения, когда мы шли с велосипедами по пьяццетте до и после нашего разговора, казались теперь истинным блаженством и словно принадлежали к иной эпохе, будто случились в жизни какого-то другого *меня;* эта жизнь не так уж сильно отличалась от моей теперешней, однако была достаточно удалена, отчего разделявшие нас несколько секунд ощущались как сотни световых лет. Я мог поставить ступню на пол и представить, что его ступня — тоже здесь, за ножкой стола; сможет ли его ступня, словно космический корабль, включивший механизм маскировки, или призрак, вызванный живыми, материализоваться из дыры в пространстве и просигналить: «Я знаю, ты звал. Попробуй дотянуться — и найдешь меня»?

Вскоре подруге моей матери, в последнюю минуту решившей остаться на ужин, предложили занять место, где я сидел за обедом. Тарелка и приборы, ранее приготовленные для Оливера, были убраны. Убраны без промедления — никакого сожаления или угрызений совести; так из плафона вынимают лампочку, которая перестала работать, потрошат зарезанную овцу, которая давно жила в хозяйстве, снимают простыни и пододеяльники с постели, в которой кто-то умер. На, возьми — и убери с глаз долой.

Я смотрел, как исчезают его столовые приборы, подставка под горячее, салфетка и вместе с ними — все его существо, словно предвещая то, что случится меньше чем через месяц. Я избегал смотреть на Мафальду. Она не выносила все эти перестановки за столом в последнюю минуту и теперь качала головой — из-за Оливера, из-за моей матери, из-за всего нашего мира. Из-за меня, полагаю, тоже. Даже не глядя на нее, я чувствовал, что она пристально изучает мое лицо, готовая поймать мой взгляд, — и поэтому не отрывал глаз от своего *semifreddo**; я обожал *semifreddo*, и она это знала — потому и поставила его передо мной. Несмотря на укор в ее глазах, ловящих каждый мой взгляд, она знала: я понимаю, что она меня жалеет.

Позднее тем же вечером, когда я играл на пианино, у меня дрогнуло сердце: мне послышалось, что у наших ворот остановился скутер. Кто-то подбросил Оливера до дома. Но, возможно, я ошибался. Я напряженно вслушивался: пытался расслышать его шаги, шорох гравия под ногами или почти беззвучное хлопанье эспадрилий по ступенькам лестницы, ведущей на наш балкон. Но в дом так никто и не зашел.

Гораздо позже, уже в постели, я различил звуки музыки — они доносились из машины, остановившейся у главной дороги, за сосновой аллеей. Дверь открылась. Дверь

---

* Семифреддо — традиционный итальянский десерт из мороженого с разными наполнителями: орехами, фруктами, ягодами, шоколадом.

захлопнулась. Машина отъехала. Музыка затихла, оставив в тишине лишь отзвуки прибоя и шуршащего под осторожными шагами гравия; шагами человека, который погружен в раздумья или просто слегка пьян.

Что, если по пути в свою комнату он зайдет ко мне в спальню и скажет: *Решил заглянуть к тебе перед сном, проверить, как ты. Все хорошо?*

Тишина в ответ.

Злишься?

Тишина.

Правда злишься?

Нет, ничуть. Просто ты сказал, что будешь рядом.

Значит, злишься.

Так почему ты исчез?

Он смотрит на меня. И — как взрослый взрослому:

Ты прекрасно знаешь почему.

Потому что я тебе не нравлюсь.

Нет.

Потому что я никогда тебе не нравился.

Нет. Потому что я плохо на тебя влияю.

Тишина.

Поверь мне, просто поверь мне.

Я приподнимаю уголок одеяла.

Он качает головой.

Всего на секунду?

Качает снова. Говорит:

Я слишком хорошо себя знаю.

Я уже слышал от него эти слова. Они означали: я до смерти хочу, но, начав, вряд ли смогу остановиться, поэтому лучше и вовсе не начинать. Ведь надо же — с таким апломбом отказывать кому-то, потому что «знаешь себя»!

Ну, раз ты не собираешься ничего со мной делать — может, хотя бы почитаешь?

Я готов был довольствоваться и этим. Я хотел, чтобы он почитал мне — что-нибудь из Чехова, или Гоголя, или Кэтрин Мэнсфилд*.

Разденься, Оливер, залезь в мою постель и дай мне прикоснуться к твоей коже; твои волосы — к моей плоти, твоя стопа — на моей, — даже если между нами ничего не будет; давай обнимемся, ты и я, пока ночь разливается по небу, и будем читать истории о беспокойных людях, которые всегда заканчивают в одиночестве, но ненавидят его, потому что не выносят самих себя...

«Предатель», — подумал я, услышав, как дверь его спальни со скрипом открылась — и закрылась вновь. Предатель. Как быстро мы все забываем. *Я буду рядом*. Конечно. Лжец.

Мне даже в голову не пришло, что и я — такой же предатель; что где-то на пляже возле своего дома меня в этот вечер ждет девушка, как ждала теперь каждую ночь, — и что я, точно так же, как Оливер, ничуть о ней не беспокоюсь.

---

* Кэтрин Мэнсфилд (1888–1923) — новозеландская и английская писательница-новеллистка.

Я услышал, как он вышел из комнаты. Я умышленно оставил дверь в свою спальню приоткрытой, надеясь, что свет из коридора проникнет внутрь и осветит мое тело. Я лежал лицом к стене. Все зависело только от него. Он прошел мимо моей комнаты, не остановился. Даже не замешкался. Ничего.

Я услышал, как его дверь захлопнулась.

Несколько минут спустя она снова открылась. Сердце подскочило. Меня бросило в жар, и я почувствовал, что подушка стала влажной от пота. Я услышал еще несколько шагов. Затем щелкнул замок в ванной комнате. Если он захочет принять душ, значит, занимался сексом. Я услышал, как включился кран в ванной, а затем — как полилась вода из душа. Предатель. *Предатель.*

Я ждал, пока он выйдет из душа. Но он был там целую вечность.

Когда я наконец повернулся, чтобы посмотреть в коридор, то заметил, что комната погрузилась во мрак. Дверь была закрыта; кто-то зашел в мою комнату?.. Я различил в воздухе аромат его шампуня *Roger & Gallet* — совсем рядом, — так, что, подняв руку, смог бы дотронуться до его лица. Он был в моей комнате — стоял в темноте, не шевелясь и словно размышляя, как поступить: разбудить меня или просто найти мою постель на ощупь. Боже, благослови эту ночь, думал я, благослови эту ночь.

Не издавая ни звука, я вытянулся, силясь различить очертания халата, который столько раз надевал после него;

махровый пояс свисал теперь так близко, едва ощутимо касаясь моей щеки, а Оливер был готов в любой миг сбросить халат на пол.

Он пришел босиком? Запер ли дверь? Возбужден ли так же, как и я? Так, что под напором его плоти полы халата приподнимаются и махровый пояс почти ласкает мое лицо... Умышленно ли он меня щекочет?.. *Не останавливайся, продолжай, никогда не останавливайся.*

Без всякого предупреждения дверь вдруг снова приоткрылась. Зачем он открывает ее сейчас?..

...Это был просто сквозняк. Сквозняк, захлопнувший дверь, — и сквозняк, ее открывший. Пояс халата, столь шаловливо меня щекотавший, оказался лишь москитной сеткой, которая касалась моего лица при каждом вздохе. Снаружи по-прежнему шумела вода; казалось, бесконечное множество часов прошло с тех пор, как он зашел в ванную...

...Но нет, это не душ, а бачок туалета. Он не всегда работает как надо и, переполнившись водой, то и дело самоопустошается, наполняясь и сливаясь всю ночь напролет. Выйдя на балкон и увидев голубоватые очертания моря, я понял, что уже светает.

Я снова проснулся час спустя.

За завтраком, уже по обыкновению, я делал вид, что не замечаю присутствия Оливера. Зато моя мать, взглянув на него, тут же воскликнула:

— *Ma guardi un po' quant'è pallido,* только посмотрите, какой вы уставший!

Несмотря на ее прямолинейные замечания, она продолжала обращаться к Оливеру формально. Отец на секунду поднял глаза и снова уткнулся в газету:

— Очень надеюсь, что прошлой ночью ты неплохо обогатился, иначе мне придется отвечать перед твоим отцом.

Оливер разбил скорлупу на верхушке яйца, постучав по ней плоской частью ложки. Он так и не научился.

— Я никогда не проигрываю, док. — Он обращался к яйцу в той же манере, в какой отец обращался к своей газете.

— Твой отец не возражает?

— Я плачу за себя сам. Всегда платил — начиная со средней школы, — поэтому и возражать ему незачем.

Я завидовал ему.

— Много вчера выпил?

— Да, и не только выпил. — Теперь он намазывал маслом кусок хлеба.

— Не уверен, что хочу знать подробности, — сказал отец.

— Вот и мой отец не хочет. Да и мне, если честно, самому неохота вспоминать.

Разыгрывался ли этот спектакль для меня? *Послушай, между нами ничего никогда не будет, и чем скорее ты вобьешь это себе в голову, тем лучше будет всем нам.*

Или это просто его жестокое позерство?

Как же я восхищался людьми, которые говорили о своих пороках так, будто это их дальние родственники, с которыми они научились мириться, за неимением возможности от них отречься. Эти его «*Да, и не только выпил*» и «*Самому неохота вспоминать*» — как и «*Я себя знаю*» — намекали на ту область человеческого опыта, к которой я доступа не имел, в отличие от всех остальных. Как бы я хотел однажды сказать что-нибудь подобное при свете дня: *я и сам не припомню, что делал вчера ночью*...

Интересно, что значит «не только выпил», если по возвращении ему пришлось принимать душ. *Для того ли ты принял душ, чтобы взбодриться, потому что не мог оставаться в сознании? Или для того, чтобы все забыть, смыв с себя грязь и низость прошлой ночи?*

Ах, как это здорово — объявить о своих пороках, укоризненно покачав головой, а затем смыть все свежим абрикосовым соком, только что приготовленным больными пальцами Мафальды, и причмокнуть напоследок губами!

— А выигрыш ты откладываешь?

— Откладываю и инвестирую, док.

— Жаль, у меня в твоем возрасте не было таких мозгов, — избежал бы многих глупых ошибок, — вздохнул отец.

— Вы — и глупые ошибки? Честно говоря, док, я с трудом представляю вас даже просто *воображающим* глупую ошибку.

— Это потому что ты воспринимаешь меня как образ, а не как живого человека. Даже хуже: как образ старика. Но всякое случалось, глупые ошибки в том числе. Каждый в жизни проходит через *traviamento* — время, когда мы, скажем так, сворачиваем на иную тропу, иную *via*. Даже сам Данте. Кто-то оправляется, кто-то — притворяется, что оправился, другие — никогда не возвращаются или, струсив, не смеют начать, а иногда из страха ступить не на ту тропу обнаруживают в конечном счете, что прожили совсем не свою жизнь.

Моя мать мягко вздохнула, как бы предупреждая присутствующих, что эта речь запросто может обернуться целой придуманной на ходу лекцией от самого господина профессора.

Оливер принялся за второе яйцо.

Я заметил темные мешки у него под глазами. Он в самом деле выглядел изможденным.

— Порой *traviamento* оказывается правильной дорогой, док. Или, по меньшей мере, ничем не хуже прочих.

Мой отец, который успел уже закурить, задумчиво кивнул, тем самым давая понять, что не считает себя экспертом в подобных вопросах и с готовностью уступит тому, кто таковым является.

— Я в твоем возрасте не знал ничего. Но теперь все всё знают — и бесконечно говорят, говорят, говорят.

— Пожалуй, Оливеру сейчас нужно одно: спать, спать, спать.

— Сегодня, синьора Пи, обещаю: никакого покера, никакого алкоголя. Надену чистую одежду, отредактирую рукопись, а после ужина мы все посмотрим телевизор и сыграем в канасту*, как пенсионеры в Маленькой Италии**. Но сначала, — добавил он с тенью ухмылки, — мне нужно ненадолго съездить к Милани. Вечером же — обещаю! — я буду самым послушным мальчиком на всей Ривьере.

Так и случилось. После короткой вылазки в Б. и обратно весь оставшийся день он был «зеленым» Оливером — ребенком не старше Вимини, со всей ее искренностью и чистотой, но без единого шипа. Он также заказал невообразимое множество цветов из местной цветочной лавки.

— Вы с ума сошли, — сказала мать.

Первый и последний раз за все время, что он гостил в нашем доме, он выразил желание подремать после обеда. И он в самом деле спал: проснувшись около пяти, он выглядел таким свежим, словно помолодел на десять лет: румянец на щеках, отдохнувший взгляд, ни следа от утренней изможденности. Он сошел бы за моего ровесника.

Как и было задумано, вечером мы все вместе расположились в гостиной (все свои!) — и смотрели мелодрамы. Больше всего мне нравилось, как все, включая случайно заглянувшую Вимини и Мафальду, занявшую свое любимое место у двери, бесконечно комментировали происходящее на экране и предсказывали исход каждой сцены, по-

---

* Канаста (от исп. *canasta* — корзинка) — карточная игра, зародившаяся в начале XX века в Южной Америке, предположительно в Уругвае.

** Маленькая Италия — район в Манхэттене, Нью-Йорк. Самый известный пример итальянского квартала в США.

очередно возмущаясь и издеваясь над нелепостью сюжета, актеров, персонажей.

— Это еще почему, а что бы ты сделала на ее месте?

— Я бы бросила его, вот что! А ты, Мафальда?

— Я считаю, ей следовало простить его с первого раза, а не тянуть так долго.

— С языка сняла! Поделом ей.

— Это точно!

Только один раз нас прервали. Раздался телефонный звонок: звонили из Америки. Оливер не любил растягивать разговоры и всегда завершал их почти по-грубому быстро. Мы слышали, как он бросил свое непременное «Давай!», повесил трубку и, не успели мы опомниться, уже сидел рядом и спрашивал, что пропустил. Он никогда не комментировал свои телефонные беседы, мы — никогда о них не спрашивали.

Все в один голос принялись пересказывать ему пропущенную часть сюжета — в том числе отец, чья версия случившегося была гораздо менее точной, чем предложенная Мафальдой. Было столько шуму, что в конечном счете мы пропустили больше, чем отходивший к телефону Оливер. Все хохотали.

Позднее, когда очередной драматический поворот сюжета полностью захватил наше внимание, в комнату вошел Анкизе и, развернув старую промокшую насквозь футболку, показал свою добычу — гигантского морского окуня, чья участь была мгновенно решена: подать завтра на обед и ужин, чтобы все желающие могли наесться вдоволь. Потом отец решил угостить всех граппой — и даже налил несколько капель для Вимини.

В тот вечер мы рано отправились спать. Усталость была закономерным исходом дня. Я, вероятно, спал особенно крепко, потому как, проснувшись следующим утром, обнаружил, что со стола уже убирают завтрак.

Оливера я обнаружил на траве в саду, со словарем по левую руку и желтым блокнотом прямо под грудью. Мне хотелось, чтобы он выглядел измученным или пребывал в том же настроении, что и весь вчерашний день, но он уже работал не покладая рук.

Было неловко нарушать тишину. Хотелось по старой привычке притвориться, что я его не замечаю, — но теперь провернуть это было бы не так-то просто, особенно учитывая, что пару дней назад он сообщил мне, что раскусил мой маленький трюк.

Изменится ли что-нибудь, когда мы снова перестанем разговаривать, — ведь теперь-то мы оба знаем, что все это лишь притворство?

Скорее всего, нет. Наверное, мы только сильнее запутаемся, ведь неужели мы глупы настолько, чтобы снова изображать то, что уже опровергли?

Нет, я был не в силах больше сдерживаться.

— Я ждал тебя позапрошлой ночью. — Я упрекал его, как моя мать упрекает отца за позднее возвращение домой. Никогда не думал, что могу быть таким капризным.

— Почему ты не приехал в город? — последовал его ответ.

— Не знаю.

— Мы неплохо провели время, тебе бы понравилось. Ты хоть отдохнул?

— Вроде того. Ворочался, но отдохнул.

Он снова уставился в свои записи и продолжил шевелить губами — должно быть, желая показать, что полностью сосредоточен.

— В город сегодня поедешь?

Я знал, что отвлекаю его, и ненавидел себя за это.

— Может, потом.

Я *должен* был понять его намек, и я его понял. Но часть меня отказывалась верить, что кто-то может измениться в одночасье.

— Я и сам туда собираюсь.

— Понятно.

— Книгу, которую я заказывал, наконец доставили. Мне нужно забрать ее из магазина.

— Какую книгу?

— «Арманс»*.

— Могу захватить ее, если хочешь.

Я посмотрел на него. Я ощущал себя ребенком, чьи родители, несмотря на все его намеки и уклончивые просьбы, не могут вспомнить, что обещали сводить его в магазин игрушек. Ни к чему ходить вокруг да около.

---

* «Арманс» — дебютный роман Стендаля (1783–1842).

— Просто я надеялся, что мы съездим вместе.

— В смысле как в прошлый раз? — уточнил он, будто пытаясь помочь мне сказать то, что сам я не в силах произнести, и в то же время нисколько не облегчая эту задачу, словно забыл, что именно тогда случилось.

— Не думаю, что мы когда-нибудь повторим подобное. — Я пытался предстать благородным и смиренным в своем поражении. — Но да, именно так. — И в то же время загадочным.

То, что я, чрезвычайно стеснительный юноша, нашел в себе смелость произнести эти слова вслух, было заслугой сна, который грезился мне уже две или три ночи кряду. В нем Оливер с мольбой в голосе говорил мне: «Ты убьешь меня, если остановишься». Я помнил сюжет этого сна, но так его стыдился, что отказывался признаваться в этом даже самому себе. Я накинул на сновидение плащ и лишь изредка приподнимал полу, бросая внутрь спешный взгляд.

— Тот день принадлежит другой вселенной. Нам не стоит ворошить...

Оливер внимательно слушал.

— Глас мудрости — твоя самая выигрышная черта. — Он оторвался от своего блокнота и уставился мне прямо в лицо, отчего мне стало не по себе. — Неужели я так сильно тебе нравлюсь, Элио?

— *Неужели нравишься*? — я хотел, чтобы мои слова прозвучали недоуменно, будто я не понимал, как вообще он может сомневаться в моей симпатии. Но потом, передумав и собравшись было смягчить свой ответ чем-нибудь вроде уклончивого «возможно», которое на самом деле значило бы «разумеется», — я вдруг выпалил: — Нравишься ли ты мне, Оливер? Да я боготворю тебя.

Вот, теперь я все сказал. Я хотел, чтобы это слово напугало его, ужалило, как пощечина, тогда я смог бы безнаказанно осыпать его самыми нежными ласками. Что такое «нравишься», когда речь о «боготворю»? Я хотел, чтобы глагол содержал в себе убедительный нокаутирующий удар; с чем-то подобным к тебе подходит близкий друг того, кому ты нравишься, отводит тебя в сторону и говорит: «Слушай, мне кажется, ты должен знать: тот-то и тот-то боготворит тебя». Слово «боготворить» заключало в себе больше, чем кто-либо осмелился бы произнести в похожих обстоятельствах; но из всего, что я смог придумать, оно было, пожалуй, самым безопасным и неопределенным. Я гордился тем, что наконец сбросил груз с сердца и в то же время оставил себе лазейку для отступления — на случай, если зашел слишком далеко.

— Я поеду с тобой в Б., — сказал он. — Но при одном условии: никаких лекций.

— Никаких лекций — ничего — ни слова.

— За велосипедами пойдем через полчаса, хорошо?

Ах, Оливер, — по пути на кухню сказал я себе, — ради тебя я готов на все. Я поеду с тобой по холмам, буду гнать наперегонки по дороге до города и не стану показывать на море, когда мы доедем до откоса; я подожду в баре на пьяццетте, пока ты закончишь дела с переводчицей, прикоснусь к памятнику неизвестному солдату, погибшему на Пьяве, и не вымолвлю ни слова, просто отведу тебя в книжный магазин, где у входа мы оставим велосипеды; потом мы вместе зайдем и вместе выйдем, и я обещаю, обещаю, обещаю тебе: не будет ни намека на Шелли или Моне и я не паду столь низко и не признаюсь, что две ночи назад из-за тебя на моей душе появилось еще одно годичное кольцо.

Я буду просто наслаждаться происходящим, твердил я себе. Мы — двое молодых мужчин на велосипедах, которые собрались съездить в город и обратно: искупаемся, сыграем в теннис, перекусим, выпьем и поздно вечером повстречаемся вновь на той самой пьяццетте, где всего два утра назад сказали друг другу так много — и в то же время почти ничего. Он будет с девушкой, я буду с девушкой, и мы даже будем счастливы. Если я ничего не испорчу, мы сможем ездить в город каждый день, и даже если это все, что он готов мне предложить, я соглашусь — соглашусь и на меньшее, на самые жалкие крошки.

В то утро мы отправились в город на велосипедах и совсем скоро закончили с переводчицей, но, даже выпив по чашке кофе в баре, обнаружили, что книжный магазин по-прежнему закрыт. Мы стали слоняться по пьяццетте; я разглядывал военный мемориал, он — пеструю бухту, и никто из нас не заговаривал о преследовавшем нас по пятам призраке Шелли, который манит сильнее, чем призрак отца Гамлета.

Без задней мысли Оливер вдруг спросил, как вообще можно утонуть в этом море. Я тут же улыбнулся, распознав в его вопросе желание пойти на попятную; через секунду заговорщицки улыбались уже мы оба — так посреди разговора двое вдруг сливаются во влажном поцелуе, потому что бездумно потянулись к губам друг друга через знойную красную пустыню, которую сами же и придумали — придумали для того, чтобы не наткнуться на обнаженные тела друг друга.

— Я думал, мы не должны упоминать... — начал я.

— Никаких лекций. Знаю.

Вернувшись к книжному магазину, мы оставили велосипеды у дверей и зашли внутрь.

Неповторимое ощущение. Будто показываешь кому-то свою личную молельню, свое тайное убежище, место, куда, как на мой откос, приходишь побыть наедине с собой и помечтать о других. *Место, где я мечтал о тебе еще до того, как ты появился в моей жизни.*

Мне нравилось, как он вел себя в книжном: смотрел с любопытством, но не слишком сосредоточенно; выглядел заинтересованным и в то же время равнодушным, лавируя между «Смотри, что я нашел!» и «Ну, само собой — в любом книжном должно быть то-то и то-то!»

Продавец заказал в магазин два экземпляра «Арманс» Стендаля: один — простой, в обложке, а другой — дорогой, в переплете. Не думая, я сказал, что возьму оба, и велел записать их на счет отца. Затем попросил у помощника продавца ручку, открыл издание в переплете и написал: «*Zwischen Immer und Nie*, для тебя — без слов; где-то в Италии, в середине восьмидесятых».

Я хотел, чтобы спустя много лет, если он сохранит эту книгу, ему стало больно. А еще лучше — чтобы однажды кто-нибудь, рассматривая его библиотеку, нашел томик «Арманс» и попросил: «Расскажи, кем был тот молчаливый некто из Италии в середине восьмидесятых?» и чтобы он ощутил нечто пронзительнее, чем печаль, и сокрушительнее, чем сожаление; возможно, даже жалость ко мне — потому что в то утро в книжной лавке я готов был принять и жалость, если он не способен был дать ничего более и если из жалости обнял бы меня; и чтобы он, охваченный волной жалости и сожаления, бурлящей, как неуловимый эротический поток, разраставшийся годами, — чтобы он вспомнил то утро на откосе Моне, когда я поцеловал его — не в первый, а во второй раз, делясь своей слюной, потому что мне так отчаянно хотелось, чтобы он поделился со мной своей.

Он сказал, что это лучший подарок из всех полученных им за год, — или что-то вроде того. Я пожал плечами, пытаясь не придавать большого значения его формальной благодарности. Возможно, я просто хотел, чтобы он поблагодарил меня снова.

— Что ж, я рад. Просто решил сказать тебе спасибо за сегодняшнее утро, — произнес я. И прежде чем он успел возразить, добавил: — Знаю-знаю — никаких лекций. Никогда.

На обратном пути, съезжая на велосипедах вниз по холму, мы миновали мое укромное местечко на откосе, и в этот раз в другую сторону глядел я, будто позабыв о случившемся. Уверен, посмотри я в тот миг на Оливера, мы бы вновь обменялись короткими лукавыми улыбками — как тогда, когда речь зашла о смерти Шелли. Быть может, это мгновение сблизило бы нас, тем самым напомнив, что сейчас нам следует держаться друг от друга подальше. Быть может, избегая смотреть на откос и зная, что причина тому — попытка не читать запретных лекций, мы нашли бы повод улыбнуться друг другу, потому как я был убежден: он знает, что я знаю, что он знает, что я избегаю любого упоминания откоса Моне и что это *избегание*, которое, казалось бы, должно увеличить пропасть между нами — напротив, послужило поводом для обоюдной близости, которую никто из нас не желал разрушать. Это тоже есть в книге репродукций Моне, хотел заметить я, однако вовремя прикусил язык. Никаких лекций.

Но примись он расспрашивать меня во время одной из наших следующих утренних поездок — я бы не устоял и выложил все.

Я рассказал бы ему, что, хоть мы и ездим вместе на велосипедах на нашу излюбленную пьяццетту, где я делаю все, лишь бы не сболтнуть какую-нибудь глупость, все равно каждую ночь, зная, что он сейчас лежит в своей постели, я открываю ставни и выхожу на балкон в надежде, что он услышит дребезжащие стекла моих французских окон и следом — предательский скрип их старых петель. И я жду его там в одних пижамных штанах, готовый объяснить, если он спросит, что я тут делаю, — что ночь слишком жаркая, а запах цитронеллы невыносим, — оттого я предпочел не ложиться и не спать, не читать, а просто глядеть в темноту, не в силах уснуть; а если он спросит, почему мне не спится, я отвечу — *тебе не стоит знать*, или, пойдя окольным путем, признаюсь, что пообещал себе никогда не ступать на его сторону балкона, отчасти потому, что боялся оскорбить его, но также потому, что не хотел испытывать невидимую «растяжку» между нами. *О какой еще растяжке ты говоришь? О растяжке, которую однажды, если мой сон будет слишком красочен и убедителен или если я выпью больше вина, чем обычно, — я захочу переступить; и тогда я открою твою стеклянную дверь и скажу: это я, Оливер, я не могу уснуть, позволь мне остаться с тобой. Вот о какой растяжке!*

...Она была натянута каждую ночь, каждую минуту. Крик совы, визг ставен на оживающих под летним ветром окнах Оливера, дискотечная музыка, доносящаяся со стороны соседнего городка на холме, потасовка кошек глубокой ночью или скрип деревянной перемычки над дверью моей спальни — любой шум мог меня разбудить. Каждый из них был знаком мне с детства, и, как сонный фавн отгоняет хвостом назойливых насекомых, я отгонял от себя эти звуки, чтобы несколько мгновений спустя снова провалиться в сон. Однако порой что-то совсем незначительное, вроде едва ощутимого чувства страха или стыда, выскальзывало из моего сна в реальный мир и нависало надо мной, спящим, будто наблюдая, и в конце концов оказывалось у меня над ухом и шептало: «*Я не пытаюсь тебя разбудить, правда, засыпай, Элио, спи крепко*»; а я в это время всеми силами пытался оживить прерванный сон, куда стремился попасть опять, и, приложи я чуть больше усилий, — смог бы восстановить его почти до последней детали.

Но сон не возвращался, и не одна, а сразу две тревожные мысли, словно призраки — сиамские близнецы, материализовавшиеся из дымки сна, стояли поодаль и следили за мной: желание и стыд. С одной стороны — стремление открыть окна нараспашку и, не медля ни секунды, вбежать в его комнату совершенно голым, с другой — моя многократно подтвержденная неспособность принять на себя даже малейший риск и осуществить желаемое. Так они и смотрели на меня с укором — два неизменных спутника молодости, два талисмана моей жизни — голод и страх, — смотрели и твердили: «*Столько человек до тебя рискнули и были вознаграждены — так почему не можешь ты?*» Нет ответа. «*Столько людей до тебя потерпели поражение — так зачем это тебе?*» Нет ответа. И наконец, главный вопрос, словно насмешка: «*Если не потом, Элио, то когда?*»

В ту ночь ответ пришел — хоть это и случилось во сне, который, в свою очередь, был сном в другом сне. Когда я проснулся, в голове моей застыл образ, поведавший больше, чем мне хотелось бы знать, — будто, даже несмотря на откровенные признания самому себе в том, чего именно я хочу и как хочу это получить, оставалось несколько укромных уголков, заглядывать в которые я по-прежнему боялся.

Во сне я наконец понял то, что было известно моему телу с самого первого дня. Мы были в его комнате, и, вопреки моим фантазиям, в постели на спине лежал Оливер, а не я; я был сверху и наблюдал за ним, готовым пойти на любые уступки, и за его лицом, мгновенно вспыхнувшим под моим взглядом. Даже во сне выражение его лица побуждало меня обнажить каждую эмоцию; оно же помогло мне понять кое-что, о чем я никогда бы не догадался сам: если я не дам ему то, что так стремился отдать любой ценой, это станет главным преступлением в моей жизни. Я отчаянно хотел *что-нибудь* ему дать. Брать, напротив, казалось чем-то примитивным, поверхностным, механическим.

А потом я услышал слова, которых ждал. «Ты убьешь меня, если остановишься», — задыхаясь, вымолвил он, зная, что уже произносил эти слова в моем сне несколько ночей назад и что имеет полное право повторять их каждый раз, когда навещает меня в сновидениях, пускай ни один из нас и не был уверен — его ли голос вырывался из глубины моего тела или мой собственный, вызванный воспоминаниями об этих словах.

Его лицо, казалось бы, терпевшее мою страсть — и тем самым поддерживавшее ее, — светилось добротой и огнем, которых я никогда прежде не видел и не мог даже представить на чужом лице. Именно этот образ станет чем-то вроде факела в моей жизни: он поможет мне не падать духом в минуты отчаяния, поможет возродить страсть к нему после того, как я попытаюсь ее уничтожить, разожжет затухающие угольки мужества — вопреки страху услышать отказ и потерять остатки видимой гордости.

Выражение его лица — как крошечный снимок любимой, который солдат берет с собой на поле битвы, не только чтобы знать, что в жизни осталось что-то хорошее и дома снова ждет счастье, но и чтобы помнить, что это лицо никогда не простит ему возвращения на родину в мешке для трупов.

Заветные слова из моих снов заставили меня желать и пробовать то, на что, как мне казалось, я не был способен.

Не важно, что он не хотел иметь со мной ничего общего, не важно, с кем водил дружбу и спал; но тот, кто в моем сне лежал подо мной обнаженным, открыв нараспашку сердце и душу, — не мог быть иным в реальной жизни. Именно это и был настоящий он, остальное несущественно.

Нет: тем другим человеком тоже был он — тем, в красных плавках. Я просто не позволял себе верить, что, возможно, в конце концов увижу его без плавок вовсе.

В то утро, спустя два дня после случая на пьяццетте, я нашел в себе смелость настоять на совместной поездке в город — вопреки его явному нежеланию со мной разговаривать, — но лишь потому, что заметил, как его губы беззвучно произносят только записанные в желтый блокнот слова, и вспомнил о других словах, которые он с мольбой в голосе шептал мне: «*Ты убьешь меня, если остановишься*».

Подарив Оливеру книгу в магазине, а позднее даже настояв, что заплачу за мороженое (ведь пойти за мороженым означало прогуляться по узким затененным улочкам Б. и, следовательно, провести вместе чуть больше времени), — я тем самым еще и благодарил его за «*Ты убьешь меня, если остановишься*». Поддразнивая Оливера и обещая не произносить никаких речей, сам я тайно лелеял в памяти его слова — слова, теперь гораздо более ценные, чем любое признание. Днем я записал их в своем дневнике, умолчав о том, что они мне приснились. Я хотел перечитать свои записи много лет спустя и поверить, хотя бы на мгновение, что он в самом деле произнес эту фразу — и с такой мольбой. Я хотел сохранить в памяти его отчаянный стон, еще долго не покидавший мои мысли, — благодаря которому я понял: если бы я мог видеть Оливера таким в своих снах каждую ночь, я бы не раздумывая обменял явь на сон и покончил бы с реальностью.

Мы на полной скорости пронеслись мимо моего местечка на откосе, мимо оливковых рощ и подсолнухов, обративших на нас свои испуганные лица; промчались мимо приморских сосен, мимо двух старых вагонов, много поколений назад потерявших свои колеса, но все еще гордо носивших королевскую эмблему Савойской династии; мимо вереницы цыган-торговцев, кричавших нам вслед проклятия за то, что мы чуть было не сбили их дочерей... а потом я развернулся к нему и прокричал:

— Убей меня, если я остановлюсь.

Я сделал это, потому что хотел произнести *его* слова, хотел посмаковать их подольше, прежде чем спрятать обратно в тайник, — как пастух выпускает овец на выгул в теплую погоду и загоняет обратно, когда погода портится. Выкрикивая его слова, я облекал их в плоть, тем самым продлевая им жизнь, будто теперь она была у них своя — отдельная, долгая и громкая, никем не сдерживаемая; как жизнь эха, которое, отразившись от скал города Б., отправлялось гулять куда-то далеко, к отмели, где однажды лодку Шелли встретил шквалистый ветер. Я отдавал Оливеру то, что и так принадлежало ему; возвращал его же слова, втайне мечтая, что он вновь произнесет их, как тогда, во сне, — потому что теперь был его черед говорить их мне.

За обедом — ни слова. После обеда — он сидел в тени сада, занимаясь — как всем было объявлено за кофе — работой, накопившейся за два дня. Нет, сегодня в город он не поедет. Может быть, завтра. Нет, в покер играть он тоже не пойдет. Затем он отправился наверх.

Несколько дней назад его ступня ласкала мою. Теперь он не удостоит меня даже взглядом.

Перед ужином он спустился чего-нибудь выпить.

— Я буду скучать по этому месту, миссис Пи, — сказал он. Волосы его блестели после вечернего душа, сияние «кинозвезды» — в каждой его черте. Моя мать улыбнулась: *la muvi star* может приезжать, когда захочет. Потом он отправился на короткую прогулку с Вимини — помогать искать ее домашнего хамелеона. Я никогда по-настоящему не понимал, что эти двое нашли друг в друге, но их связывало нечто гораздо более естественное и непосредственное, чем то, что связывало меня с ним. Они вернулись спустя полчаса. Вимини лазила на фиговое дерево, поэтому ее мать велела ей сходить помыться перед ужином.

За ужином — ни слова. После ужина — он снова исчез наверху.

Я готов был поклясться, что около десяти он неслышно покинет дом и отправится в город. Но на его стороне балкона все еще горел свет, бледно-оранжевой лентой падавший на пол у моей двери. Время от времени из его спальни слышались шаги.

Я решил позвонить приятелю и узнать, не собирается ли он в город. Его мать ответила, что он ушел и, скорее всего, давно уже в городе. Я позвонил еще одному приятелю. Его тоже не было дома. Отец спросил:

— Почему бы тебе не позвонить Марции? Ты избегаешь ее?

Не избегаю, но с ней непросто.

— Как будто с тобой просто! — добавил отец.

Я набрал номер, и Марция ответила, что сегодня никуда не собиралась. В ее голосе звучала мрачная холодность. Я позвонил, чтобы извиниться.

— Я слышала, ты болел.

Ничего серьезного, ответил я. Я могу заехать за ней на велосипеде, и мы вместе поедем в Б. Она согласилась.

Родители смотрели телевизор, когда я вышел из дома. Я слышал, как гравий шуршит под ногами, но звук не раздражал — скорее отвлекал от тоски. Тем более что *он* тоже услышит, подумал я.

Марция встретила меня в саду. Она сидела на старом стуле из кованого железа, вытянув ноги так, что земли касались одни лишь пятки. Ее велосипед стоял у другого стула, руль — почти на земле. Она была в свитере. Я долго тебя ждала, сказала она.

От ее дома в город вела отвесная тропа, которая заметно сократила наш путь. Огни и звуки суетливой ночной жизни пьяццетты разливались вокруг, заполняя переулки. Сегодня хозяева одного из ресторанчиков по обыкновению выставили на тротуар деревянные столики, потому что в оживленные часы на террасе не хватало места.

Когда мы ступили на площадь, шум и суматоха наполнили меня привычным чувством тревоги и неуместности.

Марция постоянно натыкалась на друзей, знакомые над нами подшучивали. Даже просто быть рядом с ней уже требовало от меня усилий, но прилагать их я не хотел.

Мы решили не подсаживаться к знакомым в кафе и вместо этого встали в очередь за мороженым. Марция попросила купить ей вдобавок сигарет.

Получив свои вафельные рожки, мы, прогуливаясь, пошли по многолюдной пьяццетте и вскоре свернули сначала на одну безлюдную улочку, затем на вторую и третью. Мне нравилось, как булыжная мостовая блестит в темноте и как мы оба, спешившись, вальяжно катим по улицам велосипеды, слушая приглушенное бормотание телевизоров, доносящееся из открытых окон.

Книжный магазин был еще открыт, и я спросил, не возражает ли она, если я заскочу. Нет, не возражает и зайдет вместе со мной.

Мы прислонили велосипеды к стене. За бисерной занавеской скрывалось прокуренное и затхлое помещение, уставленное переполненными пепельницами. Хозяин собирался уже закрываться, но квартет Шуберта* продолжал звучать, и туристы — парочка лет двадцати пяти — стояли у полок с литературой на английском, листая книги, вероятно, в поисках чего-нибудь с местным колоритом. Как это было непохоже на то утро, когда здесь не было ни души и слепящее солнце и запах свежего кофе наполняли магазин.

Я взял со стола книгу со стихами и принялся читать, и Марция ко мне присоединилась. Когда я собрался пере-

---

* Франц Петер Шуберт (1797–1828) — австрийский композитор.

вернуть страницу, она сказала, что еще не закончила. Мне это понравилось.

Увидев, что парочка рядом с нами собирается купить один из итальянских романов в переводе, я встрял в их разговор и посоветовал этого не делать.

— Вот, возьмите — в тысячу раз лучше. Хотя действие происходит на Сицилии, а не здесь, это, пожалуй, лучший итальянский роман нашего времени.

— Мы видели фильм, — заметила девушка. — Но неужели это лучше, чем Кальвино*?

Я пожал плечами.

— Кальвино и рядом не стоял, сплошной мусор и мишура. Хотя мне почем знать — я всего лишь ребенок.

Еще двое молодых людей в модных летних пиджаках, но без галстуков говорили о литературе с хозяином магазина; все трое курили. На столе рядом с кассой кое-как теснились бокалы, в основном пустые, и большая бутылка портвейна. Я заметил, что туристы тоже держат бокалы, — видимо, здесь была вечеринка в честь выхода какой-то книги и им предложили выпить.

Владелец лавки заметил нас и, почти извиняясь, что прерывает нашу беседу, одним взглядом спросил, не желаем ли мы пропустить по стаканчику. Я взглянул на Марцию и пожал плечами в ответ, как бы говоря: «Она, кажется, не хочет». Хозяин, по-прежнему молча, указал

---

* Итало Кальвино (1923–1985) — итальянский писатель и журналист.

на бутылку и с шутливым неодобрением покачал головой — мол, жалко выбрасывать такой вкусный портвейн, хорошо бы мы помогли прикончить его до закрытия. Я наконец согласился; не отказалась и Марция. Из вежливости я поинтересовался, в честь какой книги была вечеринка. Стоявший в углу человек с книгой, которого я прежде не замечал, ответил:

— *Se l'amore. «Если любовь»*.

— Хорошая? — спросил я.

— Полная чепуха, — ответил он. — Уж поверьте: я ее написал.

Я позавидовал ему. Позавидовал публичному чтению его книги, вечеринке, друзьям и поклонникам, съехавшимся со всех окрестностей, чтобы поздравить его в маленьком книжном магазине на углу маленькой площади в нашем маленьком городе, и оставившим после себя больше пятидесяти опустошенных бокалов. Позавидовал его привилегии принижать себя.

— Не подпишете и мне экземпляр?

— *Con piacere**, — ответил он и, прежде чем хозяин магазина успел вручить ему фломастер, вытащил свою перьевую ручку *Pelikan*. — Не уверен, что эта книга для вас, но... — он позволил словам потонуть в тишине — с абсолютной покорностью, оттененной едва заметным напускным хвастовством; это выражение можно было перевести примерно так: «*Вы попросили меня подписать книгу, поэто-*

---

* С удовольствием *(ит.)*.

му я более чем счастлив сыграть роль знаменитого поэта, которым, как мы оба знаем, я вовсе не являюсь».

Я решил купить вторую книгу для Марции и попросил его подписать еще один экземпляр; в этот раз он добавил пышный завиток к своему имени и снова заметил:

— Думаю, эта книга и не для вас, синьорина, но...

Я снова попросил записать обе книги на счет моего отца.

Пока мы ждали у кассы, наблюдая, как продавец сначала бесконечно долго заворачивает каждое издание в блестящую желтую бумагу, затем перевязывает лентой и на ленту приклеивает фирменную серебряную наклейку, я подкрался к Марции и — быть может, просто потому, что она стояла так близко, — поцеловал ее за ухом.

Мне показалось, она вздрогнула, но не пошевелилась. Я поцеловал ее вновь. Потом, замерев, прошептал:

— Неприятно?

— Конечно нет, — прошептала она в ответ.

Когда мы вышли, она не выдержала:

— Почему ты купил мне эту книгу?

На секунду мне показалось, что спросит она не о книге, а о поцелуе.

— *Perché mi andava*, просто мне так захотелось.

— Да, но почему ты купил ее *мне* — зачем покупать *мне* книгу?

— Я не понимаю, почему ты спрашиваешь.

— Любой идиот поймет, почему я спрашиваю. Но не ты. Неудивительно.

— Я все еще не понимаю.

— Ты безнадежен.

Я взглянул на нее, напуганный нотками гнева и досады, звеневшими в ее голосе.

— Если ты не объяснишь, я начну воображать себе всякую ерунду и буду чувствовать себя ужасно.

— Козел ты. Дай сигарету.

Не то чтобы я не догадывался, к чему она клонит, скорее просто не мог поверить, что она и правда меня раскусила.

Может, я не хотел понимать ее намеки из страха, что мне придется ответить за свое поведение? Неужели я был сознательно неискренен? И мог ли продолжать притворяться, что не понимаю ее, не чувствуя себя при этом настоящим лицемером?

Вдруг меня осенило. Возможно, я не замечал все ее сигналы с определенной целью: чтобы вынудить ее действовать.

Осторожная и неэффективная стратегия труса.

Неожиданно эта мысль ударила меня рикошетом. Что, если все это время Оливер проделывал то же самое со мной? Умышленно не замечал, чтобы выманить?

Разве не это он подразумевал, заявив, что видел насквозь меня и все мои жалкие уловки?

На улице мы закурили по сигарете. Спустя минуту послышался громкий скрежет металла. Владелец опускал стальную решетку.

— А ты и правда так любишь читать? — спросила Марция, когда мы не спеша пошли по темной улице в сторону пьяццетты.

Я посмотрел на нее так, будто она спросила, люблю ли я музыку, или хлеб с соленым сливочным маслом, или спелые фрукты в летнюю пору.

— Не пойми меня неправильно, — осторожно продолжила она. — Я тоже люблю читать, просто никому об этом не рассказываю.

Наконец хоть кто-то говорит правду, подумал я. Потом спросил, почему она никому не рассказывает.

— Не знаю… — так она просила дать ей минуту на раздумья, а может, пыталась правильно подобрать слова. — Люди, которые много читают, скрытны. Они прячут свою суть. А тот, кто скрывается, обычно не нравится сам себе.

— Ты тоже прячешь свою суть?

— Иногда. А ты разве нет?

— Я? Да, наверное.

И вдруг, наперекор всем своим инстинктам, я неожиданно спросил ее о том, о чем раньше спросить бы не осмелился.

— А от меня ты тоже прячешься?

— Нет, не прячусь. Хотя… Пожалуй, да, немного.

— Это как?

— Ты прекрасно знаешь *как*.

— Почему ты так говоришь?

— Почему? Потому что, мне кажется, ты можешь меня ранить, а я не хочу, чтобы мне было больно. — Она на секунду замолчала. — Не в том смысле, что ты *хочешь* причинить кому-то боль, просто в любую секунду ты можешь передумать, даже если уже что-то решил; ты вечно куда-то ускользаешь, и никто никогда не знает, где тебя найти. Я боюсь тебя.

Мы шли так медленно, что, сами того не заметив, остановились. Я наклонился и мягко поцеловал ее в губы. Марция приставила свой велосипед к двери закрытого магазина и, прислонившись к стене, попросила:

— Поцелуй меня еще раз.

Я оставил велосипед на подножке посреди переулка, подошел совсем близко и взял ладонями ее лицо. Мы принялись целоваться. Я подался вперед: мои руки — под ее рубашкой, ее руки — у меня в волосах. Мне нравились ее простота и прямота; они ощущались в каждом слове, произнесенном ею в ту ночь, — безрассудном, откровенном, искреннем, — и в том, как ее бедра ответили моим — без стеснения и без резкости, будто связь между ее губами и бедрами была прямой и мгновенной. Поцелуй в губы не был прелюдией к более глубокому контакту — это и был полный контакт. Между нашими телами не было ничего, кроме одежды, и потому я не удивился, когда ее рука скользнула между наших тел и — дальше — ко мне в брюки, и она сказала:

— *Sei duro, duro*, ты так возбужден...

И ее прямота, ничем не сдерживаемая и неприкрытая, возбуждала меня еще сильнее.

Мне хотелось смотреть на нее, смотреть, не отрываясь, ей в глаза, пока она сжимает меня в руке, сказать ей, как давно я мечтал поцеловать ее, сказать что-нибудь, чтобы показать: человек, который позвонил ей и зашел за ней сегодня вечером, больше не тот холодный, безжизненный мальчишка, — но она прервала меня:

— *Baciami ancora*, поцелуй меня снова.

Я поцеловал ее, но мои мысли уже уносились вперед, к моему местечку на откосе. Стоит ли ей предложить? Всего несколько минут на велосипедах, особенно если срезать путь через оливковые рощи. Я знал, что там мы столкнемся с другими парочками. Можно, конечно, пойти на пляж. Там есть подходящее место, которым мне уже доводилось пользоваться. Всем доводилось. Я мог бы также предложить свою комнату — дома никогда бы не узнали, да и не стали бы ни о чем спрашивать.

В сознании возник образ: мы с ней сидим в саду каждое утро после завтрака, она — в бикини, вечно зазывает меня спуститься к морю и поплавать.

— *Ma tu mi vuoi veramente bene*, я правда тебе небезразлична? — спросила она.

Она подумала об этом только сейчас? Или это все тот же печальный взгляд раненой души, нуждающейся в успокоении, который преследовал нас с тех пор, как мы покинули книжную лавку?

Я не мог понять, как решительность и грусть, как «*ты так возбужден*» и «*я правда тебе небезразлична?*» могут быть столь тесно переплетены друг с другом; не понимал, как она, столь ранимая и робкая, готовая поведать обо всех своих сомнениях, может в то же время так легко и опрометчиво запустить руку мне в штаны и обхватить мой член.

Хотя я целовал ее все более исступленно, а наши руки непрерывно блуждали по телам друг друга, я поймал себя на мысли, что раздумываю о содержании записки — той, которую вечером хотел подложить Оливеру под дверь: «*Больше не могу выносить тишину. Мне нужно с тобой поговорить*».

Когда я наконец был готов подбросить записку ему под дверь, уже занимался рассвет. Накануне ночью мы с Марцией занялись любовью в укромном местечке на пляже, которое местные прозвали «аквариумом»: в воде у берега там непременно сбивались в кучу и плавали среди камней презервативы, словно косяки лосося, вернувшегося в родные воды. Мы условились встретиться вновь — вечером того же дня.

Теперь, возвращаясь домой, я наслаждался ее запахом на своем теле, на руках. Я не собирался смывать его с себя — хотел сохранить до следующей встречи. Часть меня все еще купалась в роскоши вновь обретенного благотворного безразличия к Оливеру, почти граничившего с отвращением; с одной стороны, я упивался им, с другой — понимал, насколько, оказывается, непостоянен. Возможно, он почувствовал, что я хочу лишь переспать с ним и перестать о нем думать, — и инстинктивно оградился от меня.

Подумать только: всего лишь несколько дней назад я умирал от желания ощутить его в себе и едва сдерживался, чтобы не выскочить из кровати и не ворваться к нему в комнату. Теперь эта мысль нисколько меня не возбуждала. Может, одержимость Оливером была лишь диким, на время проснувшимся половым инстинктом, от которого я наконец избавился, и теперь все, что мне нужно, — это поднести руку к лицу, вдохнуть аромат Марции — и меня начнут привлекать женственность и женщины?

Я понимал, что это ощущение не продлится вечно. Любой, кто страдает от зависимости, знает: нет ничего проще, чем насмехаться над ней сразу после новой дозы.

Но не прошло и часа, как Оливер ворвался в мои мысли *au galop**. Сесть с ним на кровать, предложить ему свою ладонь и сказать: вот, понюхай; наблюдать, как он водит по ней носом, держа осторожно в обеих руках, и наконец берет мой средний палец, и прижимает к своим губам, а затем — неожиданно — полностью захватывает ртом.

Я вырвал лист бумаги из школьной тетради.

«Пожалуйста, не избегай меня».

Затем переписал:

«Пожалуйста, не избегай меня. Это меня убивает».

Переписал снова:

---

* Галопом (*фр.*).

«Твое молчание меня убивает».

Слишком драматично.

«Невыносимо думать, что ты меня ненавидишь».

А это чересчур заунывно. Нет, нужно что-то менее слезливое, но с утопичной, траурной ноткой.

«Я лучше умру, чем пойму, что ты меня ненавидишь».

В последнюю секунду я вернулся к исходнику.

«Больше не могу выносить тишину. Мне нужно с тобой поговорить».

Я сложил половинку разлинованного листка и подсунул записку под его дверь со смиренной мрачностью Цезаря, пересекающего Рубикон. Назад дороги нет. Как сказал Цезарь: «*Alea iacta est*» — жребий брошен. Меня позабавила мысль, что глагол «бросать», *iacere*, на латыни имеет тот же корень, что и глагол «эякулировать». Лишь подумав об этом, я понял, что хочу принести ему не только ее запах, но и засохший на ладони след своего семени.

Пятнадцать минут спустя я пал жертвой двух эмоций: сожалел, что отправил ему послание, и корил себя за то, что написал его без толики иронии.

Появившись за завтраком после пробежки, Оливер, не глядя на меня, спросил, хорошо ли я провел ночь, намекая, что знает, что лег я под утро.

— *Insomma** — так, ничего, — ответил я, стараясь придать своему ответу таинственность и давая понять, что

---

* Если коротко (*ит.*).

своей немногословностью любезно избавляю присутствующих от бесконечно долгого рассказа.

— Устал, должно быть, — внес свой ироничный вклад в разговор мой отец. — Или, быть может, ты тоже играл в покер?

— Я не играю в покер.

Отец и Оливер обменялись многозначительными взглядами и начали обсуждать рабочие планы на сегодня. И я снова потерял его. Еще один мучительный день.

Но, вернувшись в свою комнату, я увидел за книгами на столе свой же сложенный листок бумаги. Вероятно, Оливер зашел в мою комнату с балкона и оставил записку на видном месте.

Если прочитаю ее сейчас, весь день будет испорчен. Но если отложу — все равно потрачу его впустую, потому что не смогу думать ни о чем другом. Скорее всего, Оливер просто вернул мне записку, как бы говоря: «Нашел на полу — кажется, твое. Давай!» Или еще прямолинейнее: *без ответа*.

«Повзрослей уже. Увидимся в полночь», — вот что, как выяснилось, он написал под моими словами.

Записку, по всей видимости, он принес еще до завтрака.

Это осознание пришло с опозданием и мгновенно наполнило меня тревогой и волнением. Хотел ли я его теперь, когда последовало предложение? Было ли это предложением? И вне зависимости от того, хотел или нет, — как теперь дожить до полуночи? На часах не было еще десяти. Оставалось четырнадцать часов...

Последний раз с таким нетерпением я ждал оценок за год. И девушку в кинотеатре — два года назад, в субботу, потому что мы условились о встрече и я не знал, вспомнит она или нет. Теперь моя жизнь на полдня словно поставлена на паузу. Как же я ненавидел ждать и зависеть от чужих прихотей...

Стоит ли ответить на его записку?

На ответы не отвечают!

И касаемо самого послания: каким тоном оно написано — насмешливым или же намеренно небрежным, точно он нацарапал его впопыхах, улучив минутку между пробежкой и завтраком? От меня не ускользнул ни легкий укол в сторону моей чрезмерной сентиментальности, ни последующее самоуверенное и деловитое «увидимся в полночь».

Было ли хоть одно из моих предположений верно? И если да, то которое — выстрел иронии или бойкое *давай-ка встретимся ночью, и будь что будет*?

В самом ли деле мы собирались разговаривать — просто разговаривать?

Был ли то приказ или согласие увидеться — в час, излюбленный каждым романом, каждой пьесой? И *где* мы увидимся в полночь?

Обмолвится ли он о месте встречи в течение дня? Или, зная о том, что я на днях проворочался всю ночь, не находя себе места, и что *растяжка*, разделяющая наш балкон, — на самом деле лишь выдумка, он предположил, что один из нас просто пересечет эту негласную линию Мажино*, которая никогда никого не останавливала?

И как теперь будут обстоять дела с нашим утренним почти ритуалом — велосипедными прогулками? Придет ли им конец — или все останется как прежде, только добавится «полночь», которой можно будет тоже с нетерпением ждать?

Столкнись я с Оливером прямо сейчас — должен ли многозначительно улыбнуться или, придерживаясь уже привычной манеры, одарить его холодным, стеклянным, сдержанным *американским* взглядом?

И все же — среди множества чувств, которые я хотел выразить в нашу следующую встречу, была благодарность. Но возможно ли выразить ее, не будучи при этом навязчивым и неуклюжим? Или все-таки любая благодарность, даже сдержанная, всегда несет в себе каплю патоки, придающей средиземноморской страсти неизбежную приторность и напыщенность, которые не позволяют сохранять спокойствие, а вынуждают восклицать, провозглашать, декламировать?

Не отвечай — и он решит, что ты жалеешь о написанном.

---

* Линия Мажино (*фр. la Ligne Maginot*) — система французских укреплений на границе с Германией от Бельфора до Лонгийона, построенная в 1929–1934 годах. Французские военные стратеги считали линию Мажино неприступной, однако в 1940 году немецкие войска стремительно обошли линию Мажино с севера через Арденны.

Ответь — и будешь неуместен.

Но что тогда?

Ждать.

Я знал это с самого начала. Просто ждать. Подольше поработать утром. Поплавать. Может, сыграть после обеда в теннис. Встретиться с Марцией. Вернуться к полуночи. Нет, к половине двенадцатого. Принять душ? Или не принимать — и от одного тела перейти к другому?

Возможно, он тоже так поступает, переходит от одного к другому?

Вдруг меня охватил ужас: что, если он хочет лишь поговорить, прояснить ситуацию — мол, расслабься, встряхнись, повзрослей!

Но тогда зачем ждать до полуночи? Кто станет предлагать полночь для подобного разговора?

Или это все-таки будет *настоящая* полночь?

И что мне тогда надеть?

День прошел именно так, как я и опасался: Оливер исчез сразу после завтрака, не перемолвившись со мной ни словом, и не возвращался до обеда.

За обедом он сел там же, где обычно, — рядом со мной. Несколько раз я пытался завести непринужденную беседу, но вскоре понял, что сегодня один из тех самых *давай-не-разговаривать-друг-с-другом* дней, когда каждый из нас пытается отчетливо дать понять другому, что молчание — больше не уловка.

После обеда я пошел вздремнуть и услышал, как Оливер поднимается следом и закрывает дверь в свою спальню.

Позже я позвонил Марции, и мы встретились на теннисном корте. К счастью, там было пусто и тихо, и несколько часов мы просто играли под палящим солнцем, которое оба обожали. В перерывах мы отдыхали на скамейке в теньке и слушали стрекот сверчков. Пришла Мафальда, принесла освежающий лимонад и посетовала, что слишком стара и в следующий раз нам следует идти на кухню самим.

— Но мы ничего и не просили, — возразил я.

— Тогда нечего было пить! — заявила она и, довольная собой, засеменила прочь.

Вимини, любившая наблюдать за игрой, в этот раз не появилась — должно быть, пошла с Оливером на их любимое местечко.

Я обожал август за его погоду. В последние недели лета на город опускалась тишина: большинство местных разъехались по отпускам — *le vacanze*, — а редкие туристы исчезали уже после семи вечера.

Больше всего я любил послеобеденное время: аромат розмарина, зной, птицы, цикады, покачивающиеся на ветру пальмовые листья; тишина, легким льняным платком опускающаяся на невыносимо жаркий солнечный день; прогулка до берега, а затем — обратно, скорее в душ. Мне нравилось смотреть на наш дом с теннисного корта, разглядывать пустые балконы, залитые солнечным светом, и знать, что с каждого из них открывается вид на необъятное море.

Здесь был мой балкон, мой мир; я мог оглядеться, не вставая с места, и сказать себе: вот наш теннисный корт, там — наша терраса, наш абрикосовый сад, наш сарай; вот наш дом, а под ним — наш причал. Все, кто мне дорог, и всё, что мне нужно, — здесь. Моя семья, инструменты, книги. Мафальда, Марция, Оливер.

В тот день, пока я сидел рядом с Марцией, положив руку ей на колено, я наконец осознал, что, как заметил Оливер, действительно являюсь одним из самых счастливых людей в мире. Однако невозможно было предугадать, как долго продлится мое счастье, как невозможно было предсказать, каким окажется предстоящий день — или ночь. Я был как на иголках, потому что знал, что в одночасье могу все это потерять. И при этом испытывал сдержанную радость — радость суеверного человека, который не смеет даже помыслить о том, что способен получить все, о чем мечтает, ведь получив желаемое — может так же легко его потерять.

После тенниса, прямо перед тем, как отправиться на пляж, я повел Марцию через балкон к себе в спальню. В это время ко мне никто никогда не заходил. Я закрыл ставни, но окна оставил открытыми, так что приглушенный дневной свет полосками лег на постель, на стены, на Марцию. Мы занялись любовью в полной тишине, не закрывая глаз.

Отчасти я надеялся, что мы громко стукнемся о стену или Марция не сможет подавить стон, и тогда Оливер поймет, что происходит по другую сторону его стены. Я представил, как он сквозь сон слышит скрип пружин моей постели, и его охватывает смятение.

Позже по дороге к бухте я с радостью отметил, что меня уже ничуть не заботит, слышал ли он о нас с Марцией, — ровно как и то, появится ли ночью. Меня не интересовали ни он, ни его плечи, ни бледная кожа на внутренней стороне рук; ни пятки, ни ладони, ни ягодицы — мне было все равно. Уж лучше провести ночь с ней, чем слушать его учтивые отговорки в полночь.

И о чем я только думал утром, подсовывая записку ему под дверь?

И все же другая часть меня была убеждена: если сегодня ночью он все-таки будет решителен в своих намерениях и они окажутся мне не по вкусу — я все равно не уйду, все равно пойду до конца, ведь лучше уяснить раз и навсегда, чем провести остаток лета или, может, даже жизни в спорах с собственным телом.

Я собирался принять решение без колебаний. Если спросит — отвечу. *Не уверен, что в самом деле хочу пойти до конца, но мне нужно знать, и лучше — с тобой, чем с кем-нибудь другим. Я хочу узнать твое тело, узнать, что ты чувствуешь, узнать тебя, а через тебя — самого себя.*

Марция ушла перед ужином. Она пообещала кому-то пойти в кино. Друзьям — уточнила она. Почему бы мне не присоединиться? Я скривился, услышав их имена. Лучше останусь дома и позанимаюсь, сказал я. Ты же и так занимаешься каждое утро! Сегодня я начал позже обычного, помнишь? Она поняла мой намек и улыбнулась.

Еще три часа.

Почти весь день между нами царило скорбное молчание. Если бы не записка с обещанием встречи, я не знаю, как выдержал бы еще один такой день.

За обедом у нас по обыкновению были гости: полубезработный адъюнкт-профессор музыки и гомосексуальная пара из Чикаго. Последние говорили на ужасном итальянском, упрямо не желая переходить на английский.

Американцы сидели рядом, напротив меня и матери. Один из них вздумал прочитать стихи Пасколи*, на что Мафальда, поймав мой взгляд, скорчила свою обычную *smorfia* — гримасу, пытаясь меня рассмешить.

Отец заранее предупредил меня, чтобы я вел себя прилично в компании чикагских ученых. Я сообщил, что надену фиолетовую рубашку, подаренную дальним родственником из Уругвая. Отец рассмеялся и сказал, что я уже достаточно взрослый и должен уметь принимать людей такими, какие они есть.

Однако когда оба гостя из Чикаго явились в фиолетовых рубашках, я поймал веселые искорки в его глазах. Мужчины одновременно вышли из такси — каждый со своей стороны, каждый с букетом белых цветов, — и, как отец тоже, должно быть, заметил, походили на вычур-

* Джованни Пасколи (1855–1912) — итальянский поэт и филолог-классик.

ную и слегка потрепанную версию Дюпона и Дюпонна из «Приключений Тинтина»*.

Интересно, на что похожа их совместная жизнь, подумал я.

Никогда прежде я не считал минуты до конца ужина, однако сегодня он был омрачен мыслями о том, что ночью у меня будет гораздо больше общего с Дюпоном и Дюпонном, чем с собственными родителями или с кем-либо еще из моего окружения.

Я взглянул на мужчин, размышляя, кто у них в паре сверху, а кто снизу, — кто Траляля, а кто Труляля**.

Было почти одиннадцать вечера, когда я объявил, что отправляюсь спать, и пожелал родителям и гостям спокойной ночи.

— А как же Марция? — поинтересовался отец с присущим ему блеском в глазах.

Завтра, ответил я.

Я хотел побыть один. Душ. Книга. Возможно, дневник. Сосредоточиться на полночном свидании — и в то же время отвлечься от него всеми возможными способами.

По пути наверх я попытался представить, как спускаюсь по этой самой лестнице утром следующего дня.

---

* Один из популярнейших европейских комиксов XX века. Его автор — бельгийский художник-самоучка Эрже (1907–1983).

** Отсылка к персонажам «Алисы в Стране чудес» Льюиса Кэрролла (1832–1898).

Возможно, я буду уже кем-то другим. Понравится ли мне этот кто-то, кого я еще не знаю, и кто, возможно, не захочет даже здороваться со мной после всего, что я с ним сделал? Или я останусь прежним, столь же полным сомнений, как сейчас?

А может, не произойдет ничего. Может, он откажется, и даже если никто ничего не узнает, я все равно буду унижен. Ведь знает он, знаю я.

Но унижение меня мало волновало. После стольких недель томлений, ожиданий и, давайте начистоту, вымаливаний — когда он дарил мне надежду, а я за эту надежду сражался, — после всего этого я был бы просто уничтожен. Как уснуть после такого? Вернуться в свою комнату, через силу открыть книгу и провалиться в сон?

А как уснуть, если ты больше не девственник? Этого уж точно не изменишь. Чувство, так долго одолевавшее меня, качаясь на волнах неопределенности в море моего утомленного разума, теперь будет выброшено на берег, в реальный мир.

Я ощущал себя так, будто зашел в тату-салон и в последний раз оглядывал свою оголенную, еще не тронутую краской руку.

Следует ли прийти вовремя?

Прийти вовремя и воскликнуть: «Ура-а-а! Полночь наступила!»

Вскоре с улицы послышались голоса наших американских гостей. Они стояли перед домом — вероятно, дожидаясь адъюнкт-профессора, который должен был подбросить их до гостиницы. Профессор, по всей видимости, не торопился, поэтому американцы просто болтали, и один из них то и дело посмеивался.

Наступила полночь, но комната Оливера хранила гробовую тишину. Неужели он снова обо мне позабыл? Нет, это уж слишком. Я не слышал, чтобы он возвращался. Значит, сразу зайдет прямиком ко мне в спальню. Или мне пойти к нему?

Только не ждать — ожидание невыносимо.

Пойду все-таки сам.

Я ступил на балкон и глянул в окно его спальни. Темнота. Все равно лучше постучать.

Или подождать... Или не заходить вовсе...

Не заходить — эта мысль вдруг блеснула в сознании, словно самое сокровенное мое желание. Она тянула меня за собой, тянула ласково, будто ночной гость, который сначала зовет по имени, а затем уже тянет за плечо.

Она всячески пыталась отговорить меня стучать в его окно. Она обволакивала меня, как вода — витрину цветочного магазина; как прохладный успокаивающий лосьон после душа и целого дня на солнце — когда наслаждаешься теплом, но бальзамом — больше; она парализовала сперва конечности, а потом и все тело; приводила всяческие доводы, начиная с самых нелепых: «*Сегодня уже слишком поздно!*» — и заканчивая серьезными: «*Как ты посмотришь в лицо людям? А самому себе?*»

И почему я не подумал об этом раньше? Потому что хотел отложить доводы рассудка на потом, хотел как следует ими насладиться? Или надеялся, что встречные доводы родятся в уме сами собой, без малейшего старания с моей стороны, — ведь тогда мне не придется винить за них себя?

«*Не стоит, Элио, не стоит даже пробовать*», — это был голос моего дедушки. Он говорил со мной, своим тезкой, из той самой постели, где однажды переступил черту гораздо страшнее той, что пролегала между нашими с Оливером спальнями. «*Уходи. В той комнате тебя не ждет ничего хорошего... Никаких открытий — лишь приступ отчаяния и разочарования, которое изведет каждый до боли натянутый нерв в твоем теле. Само время теперь наблюдает за тобой, звезды на небе знают о твоих муках, а предки собрались и ждут, но им нечего сказать или дать тебе... Non c'andà, не ходи туда*».

Но я наслаждался страхом — если то был в самом деле страх, — и об этом они, мои предки, не знали. Мне нравилась его обратная сторона — словно гладкая шерстка на подбрюшье у овцы. Нравилась решимость, подталкивавшая меня вперед и возбуждавшая, потому что сама была рождена из возбуждения. «*Ты убьешь меня, если остановишься*», или скорее: «*Я умру, если ты остановишься*», — каждый раз, вспоминая эти слова, я был не в силах сопротивляться.

Я легонько стучу по стеклу, и сердце неистово грохочет. Я ничего уже не боюсь, так отчего же теперь умираю со страху? Отчего? Оттого что все пугает меня, оттого что страх и желание вступили в бесконечную схватку — друг с другом и со мной. Я уже не понимаю, чего хочу больше: чтобы он открыл дверь или позабыл о встрече...

Но едва я постучался, как из глубины комнаты послышался шорох, будто кто-то ищет тапочки во мраке. Мгновение спустя загорелся тусклый свет ночника. Я вспомнил, как мы с отцом купили его в Оксфорде прошлой весной: в гостиничном номере было слишком темно, и отец спустился в вестибюль, а по возвращении объявил, что за углом есть круглосуточный супермаркет, где продаются лампы. «Подожди здесь, я скоро вернусь», — сказал он, но я ответил, что пойду с ним, и накинул плащ прямо на пижаму — ту самую, в которой был сейчас.

— Очень рад, что ты пришел, — негромко произнес Оливер. — Я слышал какие-то шорохи в твоей комнате и уже решил, что ты передумал и готовишься ко сну.

— Я — передумал? Конечно нет.

Странно было видеть его суетливое смущение. А я-то решил, что он осыпет меня градом колкостей, — и именно поэтому не находил себе места; однако встретил он меня с оправданиями — сродни тому, как гость извиняется, что не нашел ничего изысканнее к чаю.

Шагнув в свою прежнюю спальню, я ощутил резкий запах и не сразу понял, откуда он исходит, — так могло пахнуть что угодно. Но потом увидел под дверью скрученное полотенце и догадался, что он курил в постели; в подтверждение моей догадки на одной из подушек лежала пепельница, полная окурков.

— Заходи, — сказал он, закрывая французское окно. Выглядел я, вероятно, как безжизненный истукан.

— Не знал, что ты куришь.

— Иногда.

Говорили мы оба шепотом. Хороший знак.

Он подошел к постели и сел посередине. Не зная, что еще сказать, я пробормотал:

— Я волнуюсь.

— Я тоже.

— Я больше.

Он улыбнулся, пытаясь разрядить обстановку, и протянул мне косяк марихуаны. Теперь, во всяком случае, мне было чем занять руки.

Я вспомнил, как чуть не обнял его только что, на балконе, но вовремя взял себя в руки: после дня, полного холодной отстраненности, это казалось неуместным. Если кто-то предложил тебе встретиться в полночь — это еще не значит, что стоит бросаться на него с объятиями, особенно учитывая, что за прошедшую неделю вы едва обменялись рукопожатиями.

Я вспомнил, как, прежде чем постучать, размышлял: обнять его — не обнимать — обнять.

Теперь мы оказались в одной комнате.

Он сидел на кровати скрестив ноги и выглядел меньше и моложе обычного. Я неловко стоял в изножьи постели, не зная, куда деть руки. Он наверняка заметил мои мучения: как я положил ладони на бедра, потом спрятал в карманы, потом снова положил на бедра.

Я выгляжу по-идиотски, думал я, — из-за этих рук и того *почти-объятия*, которого, я надеялся, он не заметил.

Я чувствовал себя ребенком, впервые оставшимся наедине с учителем.

— Подойди, присядь.

Что он имеет в виду — сесть на стул или на кровать?

Весь в сомнениях я забрался на кровать лицом к Оливеру и тоже скрестил ноги, будто следовал особым правилам поведения для мужчин, встречающихся в полночь. Главное — не касаться его коленей: он будет против, как был бы против объятия на балконе и *был* против моей руки у него на паху — неуклюжего способа объяснить, что хочу остаться на откосе Моне подольше.

Я решил было отсесть подальше, но вдруг почувствовал словно меня с ног до головы обдает водой с витрины той самой цветочной лавки и вода смывает прочь всю мою робость, все волнения. Нервничал я или нет — уже не имело значения: больше я не собирался обдумывать каждый свой порыв. Если я глуп — пусть будет так. Если дотронусь до его колена — что ж, значит, дотронусь. Если захочу обнять его — обниму.

Мне нужно было на что-нибудь опереться, поэтому я придвинулся к спинке кровати и откинулся на нее. Оглядел постель — теперь я видел ее отчетливо. Сколько ночей я провел здесь, мечтая о подобном, — и вот оно. Несколько недель спустя я вернусь в эту комнату, в эту кровать, включу свой оксфордский ночник и вспомню, как, стоя на балконе, вслушивался в шорох *его* ног, шарящих по полу в поисках тапочек. Интересно, что я почувствую? Тоску? Стыд? Или безразличие? На последнее я надеялся больше всего.

— Ты в порядке? — спросил Оливер.

— Я в порядке.

Говорить было не о чем. Я дотянулся пальцами ноги до его пальцев, потом просунул большой палец между его большим и указательным. Он не отпрянул — но и не ответил. Я хотел прикоснуться к каждому пальцу его ног. Поскольку сидел я слева — то, скорее всего, касался не той ноги, что дразнила меня недавно за обедом. Я попытался дотянуться до другой, правой ноги своей правой, стараясь при этом не задеть его колен, будто прикосновение к ним было под негласным запретом.

— Что ты делаешь? — не выдержав, спросил Оливер.

— Ничего.

Я и сам не знал; но вскоре его тело все-таки ответило на мои ласки — немного рассеянно, не слишком решительно и столь же неловко, как мое собственное, словно бы говоря: «Когда кто-то прикасается к твоим пальцам, не остается ничего другого, кроме как ответить взаимностью...»

Я придвинулся ближе и обнял его — детская ласка, которая, я надеялся, сойдет за объятие. Оливер не откликнулся.

— Для начала сойдет, — наконец произнес он, возможно, чуть более иронично, чем мне бы хотелось.

Вместо ответа я пожал плечами, надеясь, что он это почувствует и не будет больше задавать вопросов. Я не хотел ничего обсуждать. Чем меньше мы разговаривали, тем непринужденнее были наши движения. Мне нравилось его обнимать.

— Теперь ты счастлив? — спросил он.

Я кивнул, вновь надеясь, что он почувствует кивок в темноте и избавит меня от разговоров. И в следующий миг, точно к этому его принудили мои объятия, — он обхватил меня рукой — но не гладя и не сжимая слишком крепко. Меньше всего в тот миг я нуждался в дружеском участии, поэтому слегка ослабил хватку и, не разжимая объятий, плавно переместил руки ему под рубашку. Мне не терпелось прикоснуться к его коже.

— Ты уверен, что хочешь этого? — спросил Оливер, будто его нерешительность была вызвана лишь моими сомнениями.

Я снова кивнул. Но это была ложь, я вовсе не был уверен. Интересно, подумал я, когда мои объятия исчерпают себя? Когда один из нас устанет? Скоро ли? Потом? Сейчас?

— Мы не поговорили, — произнес он.

Я пожал плечами: нет нужды.

Он обхватил ладонями мое лицо и взглянул мне в глаза, так же, как в тот день на откосе Моне, однако теперь еще более пристально — поскольку оба мы знали, что переступили черту.

— Можно тебя поцеловать?

Что за вопрос, особенно после поцелуя на склоне! Или предполагалось, что мы сотрем все из памяти и начнем сначала?

Я не ответил и, вместо кивка, прижался губами к его губам — точно так же, как прошлой ночью целовал Марцию. Что-то словно переменилось между нами, и на секунду мне почудилось, что между мной и Оливером нет никакой разницы в возрасте, что мы — лишь двое соединившихся в поцелуе мужчин, однако даже это ощущение вскоре развеялось, и я почувствовал, что мы и не мужчины вовсе — лишь два живых существа.

Мне нравилось своеобразное уравнительство того мгновения. Нравилось чувствовать себя одновременно моложе и старше. *Человек с человеком, мужчина с мужчиной, еврей с евреем.*

Мне нравился свет ночника — с ним было уютно и спокойно, так же, как в ту ночь в оксфордском отеле. Нравилась даже моя безликая старая спальня, захламленная его вещами и ставшая при нем гораздо более пригодной для жизни, чем при мне: здесь он поставил фотографию, тут — магнитофон, а стул превратил в прикроватный столик; повсюду книги, открытки, карты.

Я решил забраться под одеяло. Я сходил с ума от его запаха. Я *хотел* сходить от него с ума. Мне нравилось, что на кровати остались какие-то вещи: я то и дело задевал их коленями, врезался в них ступнями, но был ничуть не против — ведь они были частью его постели, его жизни, его мира.

Он тоже залез под одеяло и, не дав опомниться, принялся меня раздевать. Я заранее беспокоился об этой части процесса, о том, как буду раздеваться, если он не захочет мне помогать. Я собирался сделать то, что женщины частенько делают в кино: стянуть рубашку, скинуть брюки и, опустив руки, так и стоять голышом, как бы говоря: это — я, таким я создан, ну же, возьми меня, я твой. Но Оливер избавил меня от этой проблемы.

Он шептал:

— Это — снять, снять, снять, снять...

И мне стало смешно, и в следующий миг я был уже совершенно гол и чувствовал тяжесть простыни на своем члене, и во всем мире не осталось никаких секретов, потому что желание оказаться с Оливером в постели было моим единственным секретом, и теперь я разделил его с ним.

Как это восхитительно — ощущать прикосновения его рук, скользящих под простынями; словно части наших тел, оказавшиеся под одеялом, — это первый поисковый отряд, уже обнаруживший близость, меж тем как остальные — еще оставшиеся снаружи, будто гости, опоздавшие на вечеринку, смущенно топчутся на холоде у входа в ночной клуб, пока прибывшие вовремя вовсю веселятся внутри.

Оливер, в отличие от меня, был по-прежнему одет, и мне нравилось быть перед ним обнаженным. Он поцеловал меня один раз, потом второй — глубже и неистовей, точно наконец позволил себе расслабиться.

Однако в какой-то миг я вдруг осознал, что он тоже уже давно гол, хоть я не заметил, как он разделся, — и там, под простынями, каждым миллиметром своего тела уже соприкасается с моим. Где же я был?

Я собирался задать ему тактичный вопрос о здоровье, но оказалось, он и на него уже давно ответил, потому как, когда я набрался смелости и спросил, он произнес:

— Я уже сказал, что здоров.

— А я говорил тебе, что тоже здоров?

— Говорил, — улыбнулся он.

Под его пристальным взглядом я отвернулся, зная, что покраснел и выгляжу глупо. Однако в следующий миг, когда мы, словно борцы, прижались друг к другу и его плечи коснулись моих коленей, я посмотрел на него сам — пускай смущает, лишь бы не отрывал своих глаз от моих.

Какой долгий путь мы прошли с тех пор, как я снял свои плавки и надел его, уверенный, что ближе к его телу, чем тогда, мне уже не доведется оказаться. И вот я здесь... Стою на перепутье — и хочу стоять вечно, потому что знаю: назад пути не будет.

Все случилось не так, как у меня во сне и с долей болезненного неудобства, испытав которое, я выдал о себе больше, чем рассчитывал. В какой-то миг я захотел его остановить, а он заметил и спросил меня об этом. Я не ответил — точнее, не знал, что ответить; казалось, целая вечность прошла между моим нежеланием принять решение и его инстинктивным стремлением сделать это за меня.

В ту самую секунду меня охватило неведомое мне доселе чувство: будто я наконец оказался там, где мне все невероятно дорого, где я хочу быть всегда и где я — это я, наконец-то настоящий — и никакой другой; и в мурашках на коже было нечто чуждое и в то же время до боли знакомое, точно оно было частью меня всегда, всю мою жизнь, но я его потерял, а Оливер помог найти.

Сон оказался пророческим: я словно вернулся домой и спрашивал сам себя — *что же я делал всю свою жизнь?* Или другими словами: *где ты был, пока я рос, Оливер?* Или: *в чем смысл жизни без этого чувства?*

Поэтому именно я — я, а не он в конце концов выпалил, не раз и не два, а много-много раз: «*Ты убьешь меня, если остановишься, ты убьешь меня, если остановишься...*» — пытаясь таким образом замкнуть круг — соединить сон и фантазию: я и он, долгожданные слова, срывающиеся с его губ в мои и обратно, туда-сюда, из уст в уста. Кажется, в это мгновение я начал шептать непристойности, которые он мягко повторял за мной, а потом вдруг вымолвил:

— Назови меня своим именем, а я назову тебя своим.

Никогда в жизни я не делал ничего подобного, а потому, едва произнеся вслух собственное имя — так, будто оно принадлежало Оливеру, — вдруг оказался в невиданной вселенной, в которой больше ни с кем никогда не бывал — ни до того, ни после.

Не наделали ли мы шуму?

Он улыбнулся. Беспокоиться не о чем.

Мне показалось, что в какой-то миг я даже всхлипнул, но я не был уверен наверняка.

Оливер взял свою рубашку и обтер меня ею. Мафальда всегда ищет знаки, сказал он, но ничего не найдет. Я называю эту рубашку «вздымающейся» — ты был в ней в самый первый день. На ней тебя больше, чем на мне. Сомневаюсь, ответил он.

Он по-прежнему не отпускал меня, однако когда тела наши разъединились, я смутно вспомнил, что некоторое время назад машинально смахнул с постели книгу, которая, пока Оливер был во мне, случайно попала мне под спину. Теперь книга лежала на полу. И как я заметил, что это *Se l'amore*? Как в разгар страсти умудрился найти время для размышлений о том, был ли Оливер на вечеринке в книжном, когда там оказались мы с Марцией? Странные мысли подкрадывались ко мне лишь полчаса спустя, но словно откуда-то издалека, как из туманного прошлого.

Позже, когда я все еще лежал в объятиях Оливера, меня охватило странное чувство. Оно разбудило меня еще до того, как я понял, что задремал, и быстро наполнило страхом и беспокойством, природу которых я пока не мог понять.

Мне было гадко, будто стошнило, и теперь хотелось не просто принять душ, но вымыться в ванной, полной жидкости для полоскания рта. Я хотел оказаться далеко отсюда — от него, от этой комнаты, от того, что мы только что сделали. Я словно пытался очнуться от жуткого ночного кошмара и вернуться на землю, но никак не мог дотянуться до нее — и уже не был уверен, хочу ли: то, что ждало внизу, было не многим лучше; но я знал, что не могу вечно оставаться в этом бесформенном, необъятном пузыре кошмара, ставшем самым большим облаком сожалений и самоненавистничества, когда-либо встречавшимся на небе моей жизни.

Я никогда не буду прежним. И как я мог позволить ему сделать это со мной, как мог столь охотно принимать участие и подстрекать его, а потом — трепетать в ожидании, умоляя: *«Пожалуйста, не останавливайся»*.

Теперь его семя покрывало мою грудь, и это значило, что я пересек страшную черту, но не по отношению к тем, кто был мне дорог, и даже не по отношению к самому себе или чему-то священному, вроде происхождения, сблизившего нас; и даже не по отношению к Марции, которая теперь, словно сирена на надводном рифе — далекая и неприметная, омываемая всплесками летних волн, ждет, пока я с криками вырвусь из водоворота беспокойства и поплыву к ней в надежде, что воспоминания о ней помогут мне к рассвету обрести себя вновь. Нет — не их я обидел, а тех, кто еще не родился, и тех, с кем еще не повстречался и кого не смогу полюбить, не вспоминая об этой глыбе стыда и отвращения, воздвигнутой между нашими жизнями. Она непременно будет преследовать меня, отравляя любовь и подпитывая тайну, способную в один миг уничтожить все хорошее во мне.

А может, я просто пробудил в себе нечто глубинное? Но что?..

Может ли оказаться, что отвращение, которое я испытывал теперь, было сокрыто во мне всегда и лишь искало случая вырваться наружу?

Оттого ли теперь меня мутило, оттого ли снедало раскаяние, все отчетливее проступавшее в лучах занимающегося дня?..

Как и свет, раскаяние — если это, конечно, было оно, — то и дело исчезало; но потом, пока я все еще лежал в постели, испытывая уже физическую боль, и думал, что от него избавился, оно возвращалось и поглощало меня с новой силой, точно говоря: «Не тут-то было!» Я знал, что будет больно, но не подозревал, что эта боль найдет выход в угрызениях совести. Об этом меня никто не предупредил.

Тем временем окончательно рассвело.

Почему он так пристально на меня смотрит? Понял ли он, что я чувствую?

— Ты не рад, — заметил Оливер.

Я пожал плечами.

Я ненавидел не его — а то, что мы содеяли. Мне не хотелось, чтобы он уже сейчас пытался заглянуть мне в душу. Я мечтал лишь вырваться из этой трясины — трясины, полной ненависти к себе, — но не знал, как это сделать.

— Тебе отвратительно то, что мы сделали, верно?

Я снова пожал плечами.

— Так и знал, что нельзя нам этого делать... Так и знал... — повторил он. Впервые я видел его таким взволнованным и полным сомнений. — Нужно было сначала поговорить.

— Возможно, — сказал я.

Из всего, что я мог сказать тем утром, безразличное «возможно» было самым жестоким вариантом ответа.

— Это было ужасно?

Нет, вовсе нет. Я испытывал нечто гораздо хуже. Я не хотел вспоминать, не хотел об этом думать. С глаз долой. Прочь из памяти. Прочь. Ничего не было. Я попробовал — но, оказалось, это не для меня, и теперь хотел вернуть свои деньги, отмотать фильм к началу, вернуться к той секунде, когда я, босой, решил ступить на балкон: я не пойду дальше, буду сидеть и томиться и никогда не узнаю — лучше бесконечно спорить со своим телом, чем чувствовать то, что я чувствую сейчас. «*Ох, Элио, мы ведь предупреждали тебя, не так ли?*»

И вот он я — лежу в его постели, не в силах уйти из чувства вежливости, не слишком уместного в этот момент.

— Поспи, если хочешь, — сказал Оливер.

Возможно, это были самые добрые слова, которые он когда-либо мне говорил. Его рука лежала на моем плече, а я, словно Иуда, повторял про себя: *«Если бы он знал, если бы он только знал»*. Если бы он только знал, что мне хочется быть в тысяче километров, в целой жизни от него.

Я обнял его. Закрыл глаза.

— Ты смотришь на меня, — пробормотал я, не открывая глаз. Мне нравилось ощущать на себе чужой взгляд, пока глаза мои закрыты.

С одной стороны, я хотел, чтобы Оливер оказался как можно дальше, — тогда я приду в себя и все позабуду; с другой — хотел, чтобы он был рядом, на случай, если станет совсем худо, а пойти за утешением будет не к кому.

Меж тем часть меня искренне радовалась, что все позади. Я наконец избавился от навязчивых мыслей о нем и за это готов был заплатить любую цену. Вопрос лишь в том, поймет ли он меня? И сможет ли простить?..

Хотя, кто знает, вдруг это очередная уловка в попытке предотвратить новую волну отвращения и стыда?..

Рано утром мы вместе пошли плавать. Меня не покидало чувство, что мы в последний раз *так* проводим время вместе.

(Позднее я вернусь в свою комнату, усну, проснусь, позавтракаю, достану ноты и проведу эти дивные утренние часы, работая над аранжировкой Гайдна, то и дело ощущая укол тревоги в ожидании очередной холодности за завтраком, — однако потом вспомню, что эта черта уже пройдена, что всего несколько часов назад он был во мне и позднее даже кончил мне на грудь, просто потому что захотел, а я ему позволил (вероятно, оттого, что еще не кончил сам) и взволнованно наблюдал за тем, как прямо у меня на глазах меняется его лицо и как он достигает пика наслаждения.)

Теперь, все еще в рубашке, он почти по колено зашел в море. Я понял, что он задумал. Если Мафальда спросит, он скажет, что случайно промочил рубашку в море.

Мы вместе поплыли к большой скале. Мы разговаривали. Я хотел, чтобы он думал, что рядом с ним я счастлив. Хотел, чтобы море смыло все с моей груди, но его семя словно вросло в мое тело.

(Некоторое время спустя, в душе, я намылюсь и смою с себя все сомнения, зародившиеся в моей душе три года назад, когда однажды неизвестный юноша на велосипеде вдруг остановился рядом, спрыгнул на землю и приобнял меня за плечи — тем самым то ли запустив, то ли ускорив во мне процессы, которым понадобилось очень, очень много времени, чтобы наконец достичь моего сознания; все эти сомнения теперь словно смылись с меня, рассеялись, как злые слухи или ложные убеждения; я точно выпустил их на свободу, как отслужившего свое джинна из бутылки, теперь омываемого мягким, душистым ароматом ромашкового мыла, которое можно обнаружить в каждой ванной комнате нашего дома.)

Мы сидели на одной из скал и разговаривали. И почему мы не беседовали так раньше? Я был бы куда менее одержим Оливером, общайся мы в такой дружеской манере все прошедшие недели. Возможно, мы даже не стали бы спать друг с другом.

Я хотел сказать ему, что позапрошлой ночью занялся любовью с Марцией всего в двухстах метрах от того места, где мы сидели сейчас, — но промолчал. Вместо этого мы стали обсуждать гайдновскую сонату «Свершилось» из «Семи слов Спасителя на кресте», аранжировку которой я только что закончил. Я мог говорить об этом, не ощущая, будто пытаюсь произвести на него впечатление, завладеть его вниманием или возвести между нами хрупкий мост. Я мог говорить о Гайдне часами... Какая это могла быть прекрасная дружба!..

Пока я осмысливал свои опрометчивые суждения о том, что наконец избавился от неистового влечения к Оливеру, а также испытывал легкое разочарование от того, как легко остыл к тому, кем был одержим все последние недели, — так вот, за это время мне ни разу не пришло в голову, что желание сидеть и, как тогда, непринужденно говорить о Гайдне и есть моя самая уязвимая точка; что если страсти суждено возродиться вновь, она проскользнет по этому надежному (как мне казалось) мосту между нами так же легко, как если бы я просто посмотрел на почти обнаженное тело Оливера у бассейна.

В какой-то миг он прервал меня.

— Ты в порядке?

— Да, — ответил я. — Все нормально.

Затем, как бы уточняя свой первый вопрос, он, неловко улыбнувшись, добавил:

— В порядке... везде?

Я едва заметно улыбнулся в ответ, в эти секунды уже наглухо закрывая между нами все двери, ставни, окна, задувая свечи, потому что солнце взошло окончательно — и стыд уже отбрасывал длинные тени.

— Я имел в виду...

— Я знаю, что ты имел в виду. Побаливает.

— Но ты не был против, когда я?..

Я отвернулся, будто в ухо мне подул холодный ветер, и попытался скрыть от него лицо. Потом спросил:

— Нам обязательно об этом говорить? — я воспользовался ответом Марции на вопрос о том, понравилось ли ей то, что я с ней сделал.

— Если не хочешь, то нет.

Я точно знал, о чем он пытается поговорить. Он хотел обсудить тот момент, когда я почти попросил его остановиться.

Теперь, пока мы разговаривали, я мог думать лишь об одном: сегодня я встречусь с Марцией, и каждый раз, когда мы захотим где-нибудь присесть, мне будет больно. Как унизительно. Сидеть на городской стене, где по ночам собираются наши сверстники, когда не хотят идти в кафе, — и вынужденно ерзать, каждый раз вспоминая о том, что случилось прошлой ночью. Так и стану объектом неизменных шуток у школьников. А еще буду наблюдать, как Оливер смотрит на меня и думает: «Это я с тобой сделал, так ведь?»

Зря мы переспали. Даже его тело меня больше не интересовало. Сидя на скале, я посмотрел на него так, как смотрят на старые рубашки и брюки перед тем, как сложить их в коробку и отдать на благотворительность.

Плечо: галочка.

Участок кожи на сгибе локтя, который я когда-то боготворил: галочка.

Пах: галочка.

Шея: галочка.

Абрикосовые изгибы: галочка.

Ступня — о, эта ступня: но все-таки — галочка.

Улыбка в ответ на его вопрос, везде ли я в порядке: да, и ее в коробку. Нельзя полагаться на волю случая.

Все перечисленное я однажды боготворил. Я прикасался к его телу, как циветта*, помечая свою территорию. На одну ночь оно стало моим, но теперь было мне больше не нужно.

Одного я не мог вспомнить, а тем более понять: отчего я возжелал его, отчего пошел на все, лишь бы быть рядом, прикасаться к нему, спать с ним?..

(Совсем скоро, после купания, я приму долгожданный душ. Забыть, забыть...)

Когда мы плыли назад, Оливер, словно его посетила запоздалая мысль, спросил:

---

* Циветты, или виверры (лат. *Viverra*), — род хищных млекопитающих из семейства виверровых. Большинство циветт оставляют пахучие «послания» сородичам, помечая деревья и кусты секретом промежностных желез.

— Ты злишься на меня за прошлую ночь?

— Нет, — ответил я. Но ответил слишком быстро, и прозвучало это неискренне. Дабы смягчить двусмысленность своего «нет», я добавил, что, скорее всего, просплю весь день.

— На велосипеде я все равно не смогу кататься.

— Потому что... — это был не вопрос, а почти уже ответ.

— Да, потому что.

Я вдруг понял, что не хочу слишком резко от него отдаляться, и не только потому, что боюсь обидеть или создать неловкость дома, — но и потому, что, возможно, через несколько часов начну изнывать по нему снова.

Когда мы поднялись на наш балкон, Оливер, на секунду замешкавшись, шагнул в мою спальню. Я удивился.

— Сними плавки.

Происходящее было по меньшей мере странно, однако я не решился ему перечить и, спустив плавки, переступил через них. Оливер впервые видел меня обнаженным при свете дня. Мне стало неловко и волнительно.

— Сядь.

Едва я успел присесть на кровать, как он нагнулся к моему члену и взял его в рот. Я мгновенно пришел в возбуждение.

— Остальное давай отложим на потом, — хитро улыбнувшись, сказал Оливер и вышел из комнаты.

Что это — его месть за то, что я посмел помыслить о расставании?

Однако в ту же минуту все полетело в тартарары: моя самоуверенность, моя «коробка», моя жажда прекратить нашу связь. Отлично сработано.

Я вытерся, надел пижамные штаны, в которых был прошлой ночью, рухнул на кровать и спал до тех пор, пока в дверь не постучала Мафальда. Она заглянула спросить, не желаю ли я яиц на завтрак.

Где прошлой ночью только не побывал этот рот, который будет есть на завтрак яйца!

Словно с похмелья, я гадал, когда же пройдет тошнота.

Ноющая боль то и дело нарушала мое спокойствие, вызывая приступы стыда. Тот, кто сказал, что душа и тело встречаются в эпифизе*, был полным дураком: они встречаются в заднице.

Оливер спустился к завтраку в моих плавках. Никто не обратил бы на это внимания, поскольку в нашем доме все постоянно менялись купальными костюмами, однако Оливер это сделал впервые — и надел те самые плавки, в которых я плавал с ним на рассвете.

Один только вид моих плавок на его теле невероятно меня возбуждал, и Оливер это прекрасно знал. Он возбуждал нас обоих. Мысль о том, что его член касается сетчатой ткани внутри плавок, которой касался и мой член,

---

* Эпифиз — эндокринная железа в области четверохолмия среднего мозга. Философ Рене Декарт (1596–1650) назвал эпифиз «вместилищем души».

будила воспоминания о том, как прямо у меня на глазах Оливер, почти обессилев, кончил мне на грудь. Но сейчас меня возбуждало не это, а взаимозаменяемость наших тел — то, что было моим, неожиданно превратилось в его, а то, что принадлежало ему, теперь стало моим.

Он что, пытается заманить меня обратно?..

За столом Оливер решил сесть рядом со мной и, когда никто не видел, подсунул свою стопу под мою. Я знал, какая грубая кожа у меня на пятке, — ведь я постоянно ходил босиком; его же стопа была мягкой: прошлой ночью я целовал ее, брал в рот каждый палец. Теперь эти пальцы укрылись под моей огрубевшей кожей так, словно я защищал своего защитника.

Он не позволял мне себя забыть.

Я вспомнил историю о замужней знатной даме, которая провела ночь с молодым прислужником, а на следующее утро приказала стражам схватить его и без промедления казнить в подземелье по выдуманному обвинению; таким образом она не просто пыталась устранить доказательства супружеской неверности и не позволить молодому любовнику стать обузой (ведь теперь он мог решить, что имеет право на ее благосклонность), но и хотела избавиться от искушения провести с ним еще одну ночь. Становится ли Оливер для меня обузой? И что мне теперь делать — пожаловаться матери?

В то утро он отправился в город один. Почта, синьора Милани, все как обычно. Я видел, как он мчит по сосновой аллее, по-прежнему в моих плавках. Никто никогда прежде не носил моей одежды. Возможно, подобные жесты и их символизм — это лишь неуклюжая попытка понять, что же на самом деле происходит, когда двое нуждаются не только в близости, но и в полном единении, при котором один становится другим. Быть тем, кто я есть, из-за тебя. Быть тем, кем был он, — из-за меня. Быть у него во рту, пока он — у меня во рту, и не знать, где его член, а где — мой.

Оливер был моим потайным ходом к себе самому — как катализатор, который превращает нас в тех, кто мы есть; как инородное тело, как кардиостимулятор, как трансплантат; как пластина на сердце, посылающая правильные импульсы; как стальной штифт, скрепляющий кость солдата; а иногда и как сердце другого человека, с которым мы становимся похожи на самих себя даже больше, чем до пересадки.

От одной этой мысли мне тут же захотелось бросить все и бежать к нему. Я с трудом выждал десять минут, затем схватил велосипед и, несмотря на свое обещание никуда сегодня не ездить, помчался в Б. — мимо дома Марции, затем по крутой дороге вниз с холма, так быстро, как только мог.

Добравшись до пьяццетты, я понял, что приехал всего на несколько минут позже: Оливер оставил велосипед, купил *Herald Tribune* и теперь направлялся на почту по делам.

— Я должен был тебя увидеть, — выпалил я, подбегая к нему.

— Почему? Что-то случилось?

— Я просто хотел тебя увидеть.

— Разве я тебе не надоел?

Думал, что надоел, — хотел сказать я и хотел, чтобы это было правдой.

— Я просто хотел побыть с тобой, — наконец произнес я. Затем, словно опомнившись, добавил: — Если хочешь, я уеду.

Он спокойно стоял, опустив связку еще не отправленных писем, — просто стоял и, покачивая головой, смотрел на меня.

— Ты хоть представляешь, как я рад, что мы провели эту ночь вместе?

Я пожал плечами, точно отказываясь от очередного комплимента. Комплиментов я не заслуживал, тем более от него.

— Не знаю.

— Очень на тебя похоже. Я просто не хочу ни о чем сожалеть — включая то, о чем ты не хотел говорить сегодня утром. Если честно, я в ужасе от мысли, что, возможно, испортил тебя. Не хочу, чтобы кому-то из нас пришлось за это потом расплачиваться.

Я прекрасно знал, о чем он говорит, но притворился, что не понимаю.

— Я никому не расскажу. Никаких проблем у тебя не будет.

— Я не о том. Но почти уверен, что мне все-таки придется однажды за это расплатиться, — сказал он, и впервые в свете дня я увидел проблеск того, другого Оливера. — Для тебя — что бы ты там сейчас ни думал — это все ерунда; но для меня — нечто иное. Правда, я сам еще не понял что — и это меня пугает.

— Я зря приехал, да? — спросил я. Неужели я нарочно задаю такие дурацкие вопросы?

— Я бы обнял и поцеловал тебя прямо сейчас, если бы мог.

— Я тебя тоже.

Я подошел ближе, когда он уже заходил в здание почты, и шепнул ему на ухо:

— Трахни меня, Элио.

Он все понял и тут же трижды простонал свое имя — так же, как в ту ночь. Я почувствовал, что уже возбужден. Затем, решив поддразнить его теми же словами, которыми он остудил меня несколько часов назад, сказал:

— Остальное давай отложим на потом.

И я рассказал ему, как это «Давай потом» — так же, как и «Давай!», — всегда будут напоминать мне о нем. Он засмеялся и сказал:

— Давай! — и наконец-то эти слова значили то, чего мне хотелось: не просто «пока» или «мне пора», но — давай займемся любовью вечером.

Я развернулся, тут же забрался на велосипед и помчался вниз по холму, широко улыбаясь, — еще немного, и я бы запел.

Никогда в жизни я не был так счастлив. Казалось, ничто не может меня расстроить — и все идет как надо; передо мной открывались новые двери, и жизнь была прекрасна: она сияла мне в лицо, а когда я поворачивал велосипед влево или вправо, пытаясь скрыться от ее сияния, настигала вновь, как свет рампы — актера на сцене.

Я жаждал Оливера, но так же легко мог жить и без него — и то и другое меня устраивало.

По дороге я решил заглянуть к Марции. Она собиралась на пляж. Я присоединился к ней, и мы вместе спустились к скалам и разлеглись на солнце. Мне нравился ее запах, нравились губы. Она сняла верхнюю часть купальника и попросила намазать ей спину кремом для загара, зная, что мои руки неизбежно найдут ее грудь.

Марция сказала, что ее семье принадлежит соломенная пляжная кабинка неподалеку, и предложила проскользнуть внутрь. Туда никто не зайдет. Я запер дверь изнутри, усадил Марцию на стол, снял с нее трусики и впился губами туда, где она пахла морем. Она откинулась назад и положила ноги мне на плечи. Как странно, подумал я, все мы имитируем друг друга, при этом не теряя самих себя. Всего полчаса назад я просил Оливера трахнуть меня — и вот уже собираюсь заняться любовью с Марцией, однако они никак друг с другом не связаны — только через Элио, который, так сталось, один и тот же человек.

После обеда Оливер сообщил, что должен вернуться в город и передать синьоре Милани свои последние поправки к переводу. Он мимолетом взглянул в мою сторону, но заметив, что отвечать я не собираюсь, ушел. После двух бокалов вина я отчаянно хотел вздремнуть. Я взял со стола два огромных персика и, поцеловав мать и сообщив, что съем их позже, отправился к себе в комнату.

Оказавшись в темной спальне, я положил фрукты на мраморную столешницу, а потом полностью разделся. Чистые, прохладные, до хруста накрахмаленные и высохшие на солнце простыни были туго натянуты на кровать — храни тебя Бог, Мафальда.

Хотелось ли мне остаться в одиночестве? Да. Прошлой ночью и на рассвете я был одним человеком. Поздним утром — совсем другим. Теперь я лежу на простынях счастливый, точно распустившийся подсолнух, крепкий, спокойный и безмятежный в этот солнечный летний день.

Был ли я счастлив оказаться в одиночестве теперь, когда меня клонило в сон? Да. Точнее, нет. Или — да? Хотя, возможно, нет. Да, да и еще раз да! Я был счастлив — и только это имело значение, с другими или без них; я был счастлив.

Минут через тридцать, а может, и раньше, меня разбудил густой и насыщенный аромат жареного кофе, разносящийся по дому. Я ощутил его даже за закрытой дверью и сразу понял, что это не кофе моих родителей. Свой они уже давно сварили и выпили. Это был второй заход — эспрессо, сваренный в неаполитанской кофеварке, который всегда после обеда пили Мафальда, ее муж и Анкизе. Скоро они тоже пойдут отдыхать.

В воздухе уже висела тягучая дремота, и весь мир словно погружался в сон. Мне хотелось лишь одного — чтобы Оливер или Марция ступили на балкон и сквозь наполовину закрытые ставнями окна разглядели мое обнаженное тело, раскинувшееся на постели. Он или Марция — не так важно, но я хотел, чтобы один из них пришел и заметил меня; а что делать дальше — будет на их усмотрение. Либо я продолжу спать, либо, если они решат ко мне присоединиться, подвинусь, и мы займемся любовью.

Я представил, как один из них входит в комнату, подходит к кровати, берет персик, подносит его к моей затвердевшей плоти («*Я знаю, ты не спишь*») — и медленно прижимает мягкий, переспелый фрукт к моему члену, который пронзает мякоть прямо по линии впадины, так сильно напоминающей мне ягодицы Оливера. Эта мысль полностью мной завладела.

Я встал, взял со стола один из персиков и, надломив его до половины большими пальцами, вытолкнул косточку на стол; затем аккуратно поднес бархатистый, розовый плод к паху и начал входить в него до тех пор, пока разделенный надвое фрукт не скользнул мне на член.

Если бы Анкизе только знал, если бы он знал, что я делаю с одним из персиков, за которыми он ухаживал каждый день с таким раболепным усердием... Анкизе в большой соломенной шляпе день и ночь вытягивал сорняки из пересохшей земли своими длинными, узловатыми, мозолистыми пальцами. Его персики больше походили на абрикосы, только крупнее и сочнее.

Что ж, я уже познакомился с царством животных, теперь пришел черед царства растений. Дальше, видимо, пойдут минералы. От этой мысли я едва не рассмеялся.

Из персика сочился сок и стекал по моему члену. Если бы сейчас сюда вошел Оливер, я бы позволил ему сделать со мной то, что он делал утром. Если бы пришла Марция, я бы дал ей завершить начатое. Персик был мягким и в то же время плотным; когда я сумел наконец разломить его пополам, то увидел, что красноватая сердцевина похожа не только на анус, но и на влагалище. Держа по половинке в каждой руке, я принялся тереть ими член, не думая ни о ком конкретно и в то же время думая обо всех, включая и несчастный персик, который понятия не имел, что с ним творят, только подыгрывал — и в конце, возможно, даже получил от процесса определенное удовольствие. А потом мне показалось, что он шепчет мне: «*Трахни меня, Элио, трахни сильнее*», — и, через пару секунд, снова: «*Я сказал, сильнее*!» — и я стал перебирать в голове образы из произведений Овидия: не было ли у него персонажа, превратившегося в персик? И если нет, почему бы мне не создать парочку прямо сейчас?.. Скажем, неудачливый молодой человек и девушка, цветя юной красотой, обидели завистливое божество, а оно в отместку превратило их в персиковое дерево. И только теперь, три тысячи лет спустя, они наконец получили то, что было так несправедливо у них отнято, и молвили: «Я умру, если ты прекратишь, тебе нельзя прекращать, никогда...»

Эта история так меня возбудила, что без всякого предупреждения оргазм подступил совсем близко. Я чувствовал, что могу остановиться сейчас или — еще одно движение — и кончу; это я и сделал — осторожно, нацелившись точно в покрасневшую сердцевину открытого персика, словно в ритуале осеменения.

Что за безумие. Я откинулся назад, держа обеими руками персик, и с облегчением отметил, что не запачкал простыни соком — ни своим, ни персиковым. Поврежденный и побитый, словно жертва изнасилования, плод лежал на боку у меня на столе — опозоренный, бессловный и болезненный, пытаясь не пролить то, что я оставил внутри него. Наверное, я выглядел примерно так же прошлой ночью на кровати у Оливера, когда он кончил в меня в самый первый раз.

Я надел было майку, но потом решил остаться голым и забрался под простыню.

Позднее я проснулся, услышав, как кто-то поднял щеколду на ставнях, которые сначала открыл, а потом закрыл. Как однажды в моем сне, он подошел ко мне на цыпочках — не чтобы удивить, а просто не желая нарушать мой сон. Я знал, что это Оливер, и, по-прежнему не открывая глаз, протянул ему руку. Он схватил ее, поцеловал, а потом приподнял простыню и, казалось, удивился, увидев меня обнаженным. Мгновение спустя его губы вернулись туда, куда обещали сегодня утром. Ему понравился липкий вкус. Чем я занимался?

Я рассказал ему и кивнул на помятую улику, лежавшую у меня на столе.

— Посмотрим, что тут у нас.

Он встал и спросил, оставил ли я этот подарок ему.

Может быть. А может, я просто решил выкинуть его позже.

— Это то, о чем я думаю?

Я озорно кивнул и притворно устыдился.

— Ты хоть знаешь, сколько труда вложил в него Анкизе?

Оливер шутил, но мне казалось, будто он — или кто-то через него — задает тот же вопрос обо мне — о том, сколько сил вложили в меня родители.

Он вернулся к постели с половинкой персика в руках и осторожно разделся, стараясь не разлить его содержимое.

— Я совсем больной, да? — спросил я.

— Конечно нет — хотел бы я, чтобы все были такими больными, как ты. Хочешь, покажу больного?

Что он задумал? Я не решался ответить «да».

— Только подумай о том, сколько людей было до тебя: ты, твой дед, твой прапрадед, и все пропущенные поколения Элио, и те, кто жил далеко отсюда, все они — в этой струйке, которая делает тебя тем, кто ты есть. А теперь — можно мне попробовать?

Я помотал головой.

Он запустил палец в красную сердцевину плода и поднес его к губам.

— Пожалуйста, не надо. — Это было выше моих сил.

— Я никогда не выносил свой вкус. Но ведь это — ты. Так почему не надо?

— Я просто буду чувствовать себя ужасно.

В ответ он лишь пожал плечами.

— Послушай, ты не обязан этого делать. Я преследовал тебя, я ходил за тобой, и все, что случилось, — случилось из-за меня... Ты не обязан.

— Ерунда. Я хотел тебя с первого дня. Просто лучше это скрывал.

— Ага, конечно!

Я попытался выхватить у него персик, но своей свободной рукой он поймал меня за запястье и крепко его сжал — как делают герои фильмов, когда один заставляет другого бросить нож.

— Ты делаешь мне больно.

— Тогда отпусти.

Я смотрел, как он отправляет персик в рот и медленно его жует, глядя на меня так пристально, как не смотрят, даже когда занимаются любовью.

— Если захочешь выплюнуть — то пожалуйста, я не обижусь, правда, — сказал я, скорее чтобы просто нарушить тишину.

Он покачал головой. Я видел, что в эту самую секунду он пробует меня на вкус, и то мое, что было у него во рту, теперь принадлежало больше ему, чем мне. Не знаю, что случилось со мной, пока я смотрел на него, но мне вдруг решительно захотелось заплакать. И хотя я мог побороть слезы — как ранее оргазм, — я разрешил себе поддаться им, хотя бы для того, чтобы поделиться с Оливером чем-то столь же личным. Я потянулся к нему и утопил свои всхлипы в его плече.

Я плакал, потому что ни один посторонний человек никогда не был так добр ко мне, никогда не заходил ради меня так далеко; даже Анкизе, когда сделал надрез у меня на стопе и принялся высасывать-сплевывать, высасывать-сплевывать яд скорпиона.

Я плакал, потому что никогда в жизни не испытывал такой благодарности и не знал иного способа ее выразить. Плакал о тех недобрых мыслях, которые вынашивал не далее как утром того же дня; плакал о прошлой ночи — потому что, хорошо это или плохо, был не в силах обратить вспять случившееся. И в ту секунду я, как никогда, мог показать ему, что он был прав: это в самом деле непросто — что «ерунда» имеет свойство превращаться в нечто серьезное; и раз мы втянули друг друга во все это, теперь уже слишком поздно отступать. А еще я плакал, потому что не имел ни малейшего понятия, что со мной происходит.

— Как бы там дальше ни было, Элио, я хочу, чтобы ты знал. Никогда не говори, что не знал.

Оливер продолжал жевать. Одно дело — видеть подобное в минуту страсти, и совсем другое — при свете дня. Он уводил меня за собой...

Его слова казались бессмыслицей, но я точно их понимал.

Я погладил его по лицу. Потом, сам не зная зачем, принялся облизывать его веки.

— Поцелуй меня, пока вкус еще остался, — попросил я.

Вкусы смешались у него на языке — мой и персика.

Я еще долго лежал в комнате после того, как Оливер ушел. Когда я окончательно проснулся, уже наступил вечер, и настроение у меня испортилось. Боль утихла, но вернулось то странное беспокойство, которое я испытывал на рассвете. Я не знал, было ли это то же самое чувство, вернувшееся после перерыва, или — совершенно новое, причиной которому стала послеобеденная близость.

Неужели вслед за столь опьяняющими мгновениями теперь всегда будет появляться щемящее чувство вины? И почему я не испытывал подобного после Марции? Может, так природа пытается объяснить мне, с кем я хочу быть на самом деле?

Я принял душ и надел чистую одежду. Внизу разливали коктейли. Двое гостей с прошлого вечера приехали снова — ими занималась моя мать, пока очередной гость — новоприбывший репортер — увлеченно слушал рассказ Оливера о его книге про Гераклита. Оливер в совершенстве овладел искусством излагать суть своей работы в пяти предложениях, которые каждый раз шил по мерке нового собеседника.

— Ты останешься? — спросила мать.

— Нет, пойду встречусь с Марцией.

Она испытующе на меня посмотрела и едва заметно покачала головой, что в переводе с ее языка означало: я это не одобряю, она порядочная девочка, вам нужно встречаться в компании.

— Оставь ты его в покое со своими компаниями, — возразил отец, тем самым вызволяя меня из ловушки. — Он и так целыми днями сидит дома. Пусть делает что хочет. Что *он* хочет!

Если бы он только знал...

Да если бы даже знал?.. Отец не стал бы возражать. Может, нахмурился бы — и то ненадолго.

Мне и в голову не приходило скрывать свои отношения с Марцией от Оливера. Пекари мясникам не соперники, думал я. Да и сам он, скорее всего, ни секунды не потратил бы на подобные размышления.

В тот вечер мы с Марцией пошли в кино. Потом поели мороженого на пьяцетте и еще раз — дома у ее родителей.

— Я хочу снова сходить в книжный, — сказала она, провожая меня до ворот. — В кино мне с тобой не нравится.

— Давай сходим завтра вечером, перед закрытием?

— Почему бы и нет.

Ей явно не терпелось повторить *ту* ночь. Она поцеловала меня. На самом деле мне больше хотелось пойти в книжный утром, сразу после открытия, а потом, возможно, и вернуться вечером.

Когда я пришел домой, гости уже собрались уходить, а Оливера не было. Что ж, подумал я, поделом мне.

Поднявшись к себе и не зная, чем еще заняться, я открыл дневник.

Запись с прошлой ночи: *«Увидимся в полночь». Спорю, он даже не явится. «Отвали» — вот что на самом деле значит его «повзрослей». Лучше б я ничего не писал...»*

Разглядывая узоры, которые тревожной рукой нарисовал вокруг этих слов перед тем, как отправиться к нему в комнату, я пытался возродить в душе вчерашний трепет. Наверно, мне хотелось еще раз пережить ночные волнения, чтобы прогнать сегодняшние и заодно напомнить себе: если в прошлый раз мои худшие опасения рассеялись, едва я переступил порог его комнаты, значит, возможно, рассеются и сегодня — как только я услышу его шаги.

Но я не мог даже вспомнить вчерашнюю тревогу. Ее полностью затмило все, что случилось после, и теперь, казалось, она принадлежала к какой-то недоступной мне более поре. Все, что касалось прошлой ночи, внезапно исчезло. Я ничего не помнил. Я попытался прошептать «отвали» — чтобы перезапустить механизм своей памяти. Вчера это слово казалось таким настоящим, а теперь — едва ли что-то значило.

И тогда я вдруг понял. То, что я переживал этим вечером, не было похоже ни на одно из известных мне чувств. Оно было намного хуже. Я даже не знал, как его назвать.

Впрочем, я не знал, как назвать и волнения прошлой ночи. Вчера я сделал огромный шаг, и тем не менее — вот он я, ни на толику не поумневший и все такой же ни в чем не уверенный, как и *до* прикосновений Оливера. Можно было и не спать с ним...

Накануне еще существовал страх неудачи, страх, что меня выгонят или обзовут так, как я обзывал других. Но теперь, преодолев этот страх, я понял, что беспокойство всегда было со мной, хоть и незримо — как предчувствие, как предупреждение о смертельно опасных рифах, незаметных во время бури.

И почему меня заботило, где он? Разве не этого я хотел? Мясники, пекари, вся эта чепуха... Зачем же терять самообладание лишь оттого, что его нет дома, оттого, что он сбежал от меня? Зачем вечно ждать его — ждать, ждать, ждать? И почему ожидание всегда превращается в такую пытку?

Если ты сейчас с кем-то другим, Оливер, то теперь самое время возвращаться. Никаких вопросов, обещаю, только не заставляй меня ждать.

Если он не появится через десять минут, я что-нибудь сделаю.

Спустя десять минут, чувствуя себя бесконечно беспомощным — и ненавидя себя за эту беспомощность, — я решил подождать еще десять минут, теперь уже *точно* последние.

Прошло двадцать — я больше не мог этого выносить.

Надев свитер, я вышел на балкон и спустился вниз. Я готов был отправиться в Б., если придется, и лично все выяснить.

По дороге к сараю с велосипедами, размышляя, не съездить ли сначала в Н., где вечеринки обычно заканчивались позже, чем в Б., и проклиная себя за то, что не накачал утром колеса, я резко остановился, осознав, что нельзя будить Анкизе, спящего в своей хибарке неподалеку. *Жуткий Анкизе* — все называли его жутким. Догадывался ли я об этом всегда?.. Пожалуй. Падение с велосипеда, целительная мазь, доброта, с которой он заботился об Оливере и обрабатывал его ссадину...

Вдруг внизу, на скалистом берегу, освещенном луной, я разглядел *его*. Оливер сидел на одном из высоких прибрежных камней в своем «морском» сине-белом свитере, который купил в Сицилии в начале лета; пуговицы на плечах были, как всегда, расстегнуты. Он ничего не делал, просто сидел, обхватив колени, и слушал, как мелкие волны ударяются о камни. Глядя на него с балюстрады, я испытал необыкновенную нежность и вспомнил, как бросился в Б., пытаясь догнать его до того, как он зайдет на почту. Он был лучшим из всех, кого я знал. Я сделал отличный выбор.

Открыв калитку, я перепрыгнул через несколько камней и оказался рядом с ним.

— Я ждал тебя, — сказал я.

— Я думал, ты лег спать. Думал, ты больше не хочешь...

— Нет. Я ждал, просто выключил свет.

Я посмотрел наверх, на наш дом. Ставни были наглухо закрыты. Я наклонился и поцеловал его в шею. Впервые я делал это не только с желанием, но и с чувством. Он приобнял меня за плечи. Со стороны — невинное объятие.

— Чем ты занимался? — спросил я.

— Думал.

— О чем?

— О разном. О возвращении в Штаты. О курсах, которые преподаю осенью. О книге. О тебе.

— Обо мне?

— Обо мне? — передразнил он мое смущенное удивление.

— И ни о ком больше?

— И ни о ком больше.

Какое-то время он молчал, а потом сказал:

— Я прихожу сюда каждый вечер и просто сижу, иногда часами.

— Один?

Он кивнул.

— Я и понятия не имел. Я думал...

— Я знаю, что ты думал.

Лучше новостей и быть не могло. Все это время мои домыслы отравляли наши отношения, но сегодня я решил не поднимать эту тему.

— По этому местечку я, наверное, буду скучать больше всего, — сказал он.

Потом, секунду поразмыслив, прибавил:

— Я был счастлив здесь, в Б.

Все это звучало как вступление к прощанию.

— Я смотрел вон туда, вдаль, — продолжил он, указывая на горизонт, — и думал, что меньше чем через две недели буду уже в университете.

И правда. Я пообещал себе не считать оставшиеся дни. Сначала — потому что не хотел думать о том, как долго он пробудет с нами; потом — потому что не хотел осознавать, как мало осталось времени.

— Значит, через десять дней, когда я посмотрю сюда, тебя здесь уже не будет. Не знаю, что мне тогда делать. Хорошо хоть, ты окажешься там, где тебя не замучают воспоминания.

Он сжал мое плечо, прижал меня к себе.

— Ты так иногда рассуждаешь... — он осекся. — Все у тебя будет хорошо.

— Возможно. А может, и нет. Мы потратили впустую столько дней, столько недель...

— Впустую? Я бы так не сказал... Вероятно, нам просто нужно было время, чтобы понять, правда ли мы этого хотим.

— Кое-кто нарочно все усложнял.

— Я?

Я кивнул.

— Сам знаешь, чем мы занимались ровно сутки назад.

Он улыбнулся.

— Не знаю, что я чувствую на этот счет.

— Я тоже не знаю. Но рад, что это случилось.

— С тобой все будет хорошо?

— Со мной все будет хорошо. — Я запустил руку к нему в брюки. — Мне правда нравится быть здесь с тобой.

То был мой способ сказать: я тоже был здесь счастлив.

Я попытался представить, что фраза *«я был счастлив здесь»* значит для него: что он был счастлив, приехав сюда и обнаружив, что все не так плохо, как он представлял? Счастлив был работать над рукописью по утрам, лежа под палящим солнцем в *раю*? Счастлив был ездить на велосипеде к своей переводчице и обратно, пропадать каждую ночь в городе допоздна, проводить время с моими родителями и даже терпеть «обеденную каторгу»? Счастлив, что приобрел друзей по покеру и всех тех, с кем познакомился за это время в городе и о ком я ровным счетом ничего не знал?..

Возможно, когда-нибудь он мне расскажет. Любопытно только, какова моя роль в его наборе счастливых воспоминаний.

Меж тем, если завтра рано утром мы вновь пойдем плавать, вполне вероятно, что меня ждет очередной приступ самобичевания. Можно ли с этим свыкнуться?

И что, если из-за недостатка тревожности в жизни мы просто собираем мельчайшие причины для беспокойства в одну огромную эмоцию, которая лишь время от времени ослабляет хватку, отступает? Что, если присутствие другого меня, который вчера утром казался почти самозванцем, просто необходимо, потому как защищает меня от моего собственного ада? Ведь тот, кто на рассвете заставляет страдать, к вечеру приносит успокоение...

На следующее утро мы вместе отправились купаться. На часах не было и шести, и оттого, что еще так рано, плавали мы с особым рвением. Спустя некоторое время, когда Оливер дрейфовал на волнах лицом вниз, словно мертвец, мне захотелось придержать его, как поддерживает ученика на плаву инструктор по плаванию, — легко, точно едва касаясь пальцами. Почему в тот миг я чувствовал себя старше него? Тем утром я хотел защитить его от всех и вся: от скал, от медуз (пора медуз как раз наступила), от Анкизе, чей мрачный взгляд, казалось, видел насквозь все твои секреты, как бы тщательно ты их ни прятал (включал ли он разбрызгиватели в саду, или выдергивал сорняки тут и там; каждую свободную минуту, в дождь и в зной, даже разговаривая с кем-либо из нас, даже угрожая покинуть нас навеки — он смотрел на нас этим взглядом).

— Как дела? — спросил я, передразнивая вопрос, который он задал мне накануне утром.

— Сам знаешь.

За завтраком на меня вдруг что-то нашло, и я взялся отрезать верхушку его сваренного всмятку яйца — пытаясь успеть до того, как вмешается Мафальда, и до того, как он сам разобьет его ложкой. Никогда и ни для кого раньше я этого не делал — и вот теперь с маниакальным прилежанием следил, чтобы ни один кусочек скорлупы не попал внутрь его яйца. Оливер остался доволен. Когда Мафальда по обыкновению принесла ему *polpo* — осьминога, — я был за него счастлив. Маленькие бытовые радости. И все оттого, что прошлой ночью он позволил мне быть сверху.

Заканчивая отрезать верхушку второго яйца для Оливера, я поймал на себе пристальный взгляд отца.

— Американцы не умеют это делать по-человечески, — пояснил я.

— Уверен, они просто делают это по-своему... — ответил отец.

Ступня, которая под столом тут же легла на мою, намекнула мне, что лучше не спорить, потому как мой отец, вероятно, о чем-то догадывается.

— Он не дурак, — сказал Оливер позднее тем утром, собираясь в Б.

— Мне поехать с тобой?

— Нет, лучше не привлекать внимания. Поработай над Гайдном. Ну все, давай.

— Давай.

В то утро перед его уходом позвонила Марция, и он едва не подмигнул, передавая мне трубку. В его поведении не было и намека на иронию, и это лишь подтверждало мою догадку (если я, конечно, не ошибался, — а мне так не кажется): быть открытыми друг с другом настолько, насколько были мы, могут только друзья.

Наверное, друзьями мы были в первую очередь, а любовниками — лишь во вторую.

Хотя, быть может, так оно всегда: любовники — это в первую очередь друзья.

Вспоминая наши последние десять дней вместе, я вижу ранние утренние заплывы, ленивые завтраки, поездки в город, часы, проведенные за работой в саду, обеды, послеобеденный отдых, еще немного работы в саду, иногда теннис, прогулки по пьяццетте и каждую ночь — занятия любовью, которые заставляли само время покорно остановиться.

Оглядываясь в прошлое, я понимаю, что в те дни едва ли нашлась бы минута (кроме его получаса с переводчицей и нескольких моих часов с Марцией) — которую бы мы не проводили вместе.

— Когда ты все обо мне понял? — спросил я его однажды, надеясь, что он скажет: «Когда я сжал твое плечо на теннисном корте и ты буквально обмяк в моих руках». Или: «Когда мы болтали в твоей комнате и у тебя намокли плавки».

Но он ответил:

— Когда ты покраснел.

— Покраснел?

Тогда мы разговаривали о переводе стихов: стояло раннее утро — это была его первая неделя с нами. В тот день мы оба принялись за работу раньше обычного, наверное, потому что уже наслаждались нашими спонтанными беседами и хотели провести друг с другом побольше времени, пока на столе под липой накрывали завтрак.

Он спросил, переводил ли я когда-нибудь стихи. Я ответил утвердительно. А что — он тоже? Да.

Выяснилось, что он как раз читает Леопарди и наткнулся на несколько строф, которые просто невозможно перевести. Мы обсуждали это, не понимая, как далеко может завести такой, казалось бы, случайный разговор. Погружаясь все глубже в мир поэзии Леопарди, мы то и дело натыкались на тропинки, ведущие туда, где могло разгуляться наше чувство юмора — и любовь к дурачеству. Мы перевели строфу на английский, затем с английского на древнегреческий, затем обратно на бессвязный английский и наконец на такой же бессвязный итальянский. В конечном счете мы так исказили заключительные строки «К луне» Леопарди, что оба расхохотались, продолжая повторять эту смешную бессмыслицу на итальянском. И вдруг наступила тишина, и я поднял глаза, и увидел, что он не отрываясь смотрит на меня своим ледяным, стеклянным взглядом, который всегда вводил меня в замешательство. Я безуспешно силился выдавить из себя хоть слово, и когда он спросил, откуда я столько всего знаю, — к счастью, собрался и пробормотал что-то об участи профессорского сына. Я редко демонстрировал свои познания, особенно тем, кто по нескольку раз на дню приводит меня в ужас. Мне нечем было отразить атаку, нечем морочить голову, нечего добавить и негде искать укрытия. Я чувствовал себя беззащитным, словно ягненок, потерявшийся в засушливых, безводных равнинах Серенгети*.

Его пристальный взгляд уже не был частью нашего разговора или дурачества с переводом — и вытеснил все, став отдельным, самостоятельным утверждением, однако ни один из нас не хотел и не осмеливался о нем говорить. И да — глаза у Оливера так блестели, что я вынужден был опустить взгляд; однако когда я поднял его вновь, Оливер по-прежнему смотрел мне в лицо, словно говоря: «Итак, сначала ты отвернулся, а теперь смотришь вновь. Когда отвернешься опять?» — и потому я вынужден был еще раз отвести глаза, будто задумавшись, хотя на самом деле судорожно перебирал в уме варианты ответа — точно барахтающаяся рыба в иссушенном жарой пруду.

Наверняка, он прекрасно знал, что я чувствую. В конце концов, покраснеть меня заставило не естественное смущение от того, что он заметил мои тщетные попытки удержать его взгляд, а захватывающая дух и на первый взгляд невероятная (какой мне хотелось, чтобы она всегда была) мысль: вполне возможно, я нравлюсь ему, и нравлюсь так же, как он — мне.

Долгое время я ошибочно принимал его взгляд за неприкрытую враждебность. Как выяснилось, я глубоко

---

* Серенгети — национальный парк Танзании площадью 14 763 км^2.

ошибался. То был всего лишь способ застенчивого человека удержать чужой взгляд.

Меня наконец осенило: мы, пожалуй, два самых стеснительных человека на планете. И мой отец — единственный, кто видел его насквозь с самого начала.

— Ты любишь Леопарди? — спросил я, чтобы прервать тишину и в то же время обозначить: именно о Леопарди я думал, пока молча смотрел в другую сторону.

— Да, очень.

— Я тоже.

Конечно, я прекрасно знал, что говорю не о Леопарди. Вопрос лишь в том, понимал ли это Оливер?

— Я догадывался, что смущаю тебя, но должен был убедиться наверняка.

— Получается, ты все это время знал?

— Скажем так: я почти не сомневался.

Другими словами все началось спустя всего несколько дней после его прибытия. Значит ли это, что все происходившее потом было притворством? А эти колебания между дружбой и безразличием — что значили они? Таким образом мы что — невзначай друг за другом следили и в то же время все отрицали? Или для каждого из нас то был всего лишь хитроумный способ оттолкнуть второго и убедить самих себя, что мы действительно испытываем безразличие?

— Почему ты не подал мне знак? — спросил я.

— Я подал. По крайней мере, пытался.

— Когда?

— Однажды после тенниса. Я коснулся тебя — пытаясь показать, что ты мне нравишься. Но ты так отреагировал, что я почувствовал себя каким-то растлителем, и решил держаться подальше.

Лучшие мгновения мы проводили днем.

После обеда я шел вздремнуть — как раз когда разливали кофе. Потом отобедавшие с нами гости уезжали или просто ретировались в гостевой дом, а отец либо шел к себе в кабинет, либо ложился отдохнуть вместе с матерью, поэтому к двум часам дня в доме — и, казалось, в целом мире — воцарялась абсолютная тишина, время от времени нарушаемая воркованием голубей или инструментами Анкизе. Мне нравилось слушать, как он работает; и даже когда порой меня будили звуки молотка, пилы — а в среду днем, по обыкновению, — шум точильного камня, на котором он обрабатывал ножи, — я все равно ощущал бесконечное спокойствие и умиротворение, как годы спустя, когда в ночи услышал вой туманного горна на полуострове Кейп-Код*.

Оливер любил оставлять окна и ставни распахнутыми, так что от внешнего мира нас отделял только вздымающийся на ветру полупрозрачный тюль. Оливер считал, что закрываться от солнечного света и столь

* Кейп-Код — полуостров в форме крюка в штате Массачусетс, США.

сногсшибательного вида из окна — настоящее преступление, особенно если не живешь здесь постоянно.

Подножия холмов в долине словно утопали в поднимающемся с земли оливково-зеленом тумане: подсолнухи, виноградники, лавандовые поля и смиренные, приземистые оливковые деревья, которые, ссутулившись, точно корявые дряхлые чучела, заглядывали к нам в окно, пока мы лежали обнаженные на моей постели. В воздухе — запах его пота, который был также запахом моего пота, рядом со мной — мой мужчина-женщина, чьим мужчиной-женщиной был я, и повсюду — аромат ромашкового стирального порошка Мафальды, которым пахла послеобеденная жизнь нашего дома.

Я оглядываюсь на те дни и не жалею ни об одном из них; не жалею ни о рисках, ни о стыде, ни о полном отсутствии дальновидности. Лирическая картина: солнце, плодородные поля, густо заросшие высокими растениями, гнущимися под беспощадным послеполуденным солнцем, скрип деревянных половиц в доме или легкий скрежет глиняной пепельницы о мраморную поверхность стола. Я понимал, что наше время на исходе, — но не смел измерять его, будто знал, куда ведет меня дорога, но отказывался смотреть на указатели.

Именно тогда я намеренно перестал бросать хлебные крошки, которые помогли бы мне вернуться домой; вместо этого я просто их съел. Он мог оказаться настоящим подонком; мог изменить меня, погубить навсегда, а время и сплетни в конце концов уничтожили, начисто выпотрошили бы все, что было между нами, — так, что не осталось бы ничего, кроме рыбных костей. Возможно, я буду скучать по этому дню, возможно, меня ждут другие, намного более прекрасные дни, но так или иначе я всегда буду помнить, что в те послеобеденные часы наслаждался каждой прожитой минутой.

Проснувшись как-то утром, я увидел темные, плотные облака, низко летящие по небу над городом Б. Я точно знал, что это значит: близилась осень.

Несколько часов спустя облака полностью рассеялись, и погода, как бы извиняясь за свою шалость, спрятала все намеки на осень, в конечном счете подарив нам один из лучших дней лета. Однако я все же прислушался к ее предупреждению и, словно присяжные, услышавшие неприемлемые доказательства до того, как они были изъяты из дела, внезапно понял, что время мы берем взаймы, да и всю нашу жизнь — тоже, и что кредитное учреждение взыскивает с нас очередной платеж именно тогда, когда мы меньше всего к этому готовы, когда хотим взять в долг еще чуть-чуть.

Мне вдруг захотелось навсегда запечатлеть его образ в своей памяти, и, словно собирая объедки с нашего стола и пряча их в свою норку, я, к собственному стыду, составлял список: камни у моря, откос Моне, постель, скрип пепельницы. Камни, откос, постель... Мне хотелось быть как солдаты в фильмах, которые, израсходовав патроны, выкидывают оружие, словно оно им больше никогда не пригодится; или как беглецы в пустыне, которые не экономят драгоценную воду, а уступают своей жажде и, залпом осушив флягу, выбрасывают ее. Но вместо этого я собирал и складывал в памяти опилки воспоминаний, дабы в дни холода и тоски разжечь их и вернуть тепло. Я неохотно обкрадывал свое настоящее, чтобы выплатить долги, которые, без сомнения, наживу в будущем. А это, я не сомневался, такое же преступление, как в солнечные часы закрывать ставни на окнах.

Однако еще я знал, что, как говаривала суеверная Мафальда, готовиться к худшему — это самый верный способ предотвратить его наступление.

Однажды ночью, когда мы пошли на прогулку и Оливер напомнил, что скоро вернется домой, я вдруг осознал, насколько бесполезной была моя мнимая дальновидность. Бомбы никогда не падают в одно и то же место, но эта, несмотря на все мои предчувствия, попала точно в мое укрытие.

Оливер уезжал в Штаты во вторую неделю августа. В первых числах он сообщил, что хочет провести три дня в Риме и обсудить со своим итальянским издателем окончательный черновик рукописи, а оттуда полетит домой. Не хочу ли я присоединиться?

Я согласился. Не нужно ли мне сначала спросить разрешения у родителей? Нет необходимости — они мне ни в чем не отказывают. Да, но не подумают ли они?.. Не подумают. Услышав, что Оливер собирается уехать раньше и провести несколько дней в Риме, моя мать сама спросила, могу ли я — разумеется, только с разрешения *иль каубоя* — к нему присоединиться. Отец был не против.

Мать помогла мне собрать вещи. Понадобится ли мне пиджак — на случай, если издатель пригласит нас на ужин? Никакого ужина не будет. Да и потом — меня в любом случае никуда не позовут. Пиджак все же стоит захватить, считала она. Я хотел взять в дорогу рюкзак, как все мои ровесники. Пожалуйста, как тебе угодно.

Когда я понял, что всё уместить в рюкзак у меня не получается, мать помогла мне заново сложить вещи. Ты едешь всего на пару дней. Ни Оливер, ни я еще не решили, как долго пробудем в Риме, поэтому ее «пара дней» в то утро меня сильно задела — но она об этом никогда не узнает.

Решили ли мы, где остановимся? В пансионе таком-то. Мать сказала, что никогда о нем не слышала, впрочем, ей-то откуда знать. Однако отец и слушать ничего не желал и взялся лично заказывать для нас гостиницу. Сказал, что это подарок.

Оливер собрал свои вещи самостоятельно и в день отъезда, когда нам предстояло сесть на *direttissimo* — прямой поезд до Рима, умудрился поставить чемодан на то самое место в спальне, куда поставил его я в день нашего знакомства. Помню, тогда я мысленно попытался прокрутить пленку времени вперед до того мгновения, когда мне наконец вернут мою комнату. Однако теперь я размышлял о том, скольким мог бы пожертвовать ради того, чтобы вернуться в прошлое, в тот день, когда повел Оливера на экскурсию по нашему дому и когда, слово за слово, мы оказались у пустыря и заброшенных железнодорожных путей, где я получил свою первую порцию *«давай потом»*. В такой знойный день любой мой ровесник с гораздо большей охотой предпочел бы вздремнуть, чем отправиться за тридевять земель от дома. Очевидно, уже тогда я осознавал, что делаю.

То ли от странной симметрии прошлого и настоящего, то ли от пустоты и небрежной чистоты его комнаты в горле у меня встал ком. Все это напоминало не столько гостиничный номер, где после прекрасного, но слишком рано закончившегося отдыха ждешь швейцара, который поможет снести вниз сумки, — сколько больничную палату, где все твои вещи уже сложены, а следующий пациент ожидает, пока освободится постель, так же как ждал ты сам всего лишь неделю назад.

Это было тренировочное расставание. Так бывает, когда смотришь на человека за два дня до того, как его отключат от аппарата искусственного поддержания жизни.

Я был рад, что вернусь в свою прежнюю комнату. В моей-его комнате будет легче вспоминать проведенные вместе ночи. Хотя нет, лучше все-таки не возвращаться. Тогда я смогу представлять, что Оливер до сих пор *здесь*, просто еще не приехал из города, как часто бывало по ночам, когда я сидел и ждал, считая минуты, часы, звуки.

Открыв шкаф, я увидел, что он оставил на вешалках плавки, пару трусов, брюки и чистую рубашку. Я узнал ее. Та самая, вздымающаяся. Узнал плавки. Красные. В них он сегодня утром искупается в последний раз.

— Я должен кое-что рассказать тебе об этих плавках, — сказал я, закрывая дверцу шкафа.

— Что рассказать?

— Потом — в поезде.

Но рассказал я сразу же.

— Просто пообещай, что оставишь их мне, когда уедешь.

— И все?

— Ну, поноси их сегодня хорошенько — только не купайся.

— Да ты псих и извращенец.

— Псих и извращенец — да, но очень, очень грустный.

— Я никогда тебя таким не видел.

— Вздымающуюся рубашку тоже оставь. И эспадрильи. И солнечные очки. И себя.

В поезде я рассказал ему о том дне, когда мы подумали, что он утонул, и о том, как я чуть было не начал упрашивать отца созвать рыбаков со всей округи и отправить их на поиски; обнаружив тело, они разожгли бы на берегу погребальный костер, а я схватил бы с кухни нож Мафальды и вырезал бы у него из груди сердце, потому что это сердце и эта рубашка — все, что осталось бы у меня в жизни. Сердце и рубашка. Сердце, обернутое во влажную рубашку — точно рыба, пойманная Анкизе.

ЧАСТЬ III

Синдром Сан-Клементе*

* Базилика святого Климента (*ит. San Clemente*) — церковь в Риме, расположенная на Виа Сан-Джованни-ин-Латерано между Колизеем и Латеранским собором.

Мы прибыли на вокзал Термини в среду около семи вечера. Воздух был тяжелый и влажный, словно по Риму недавно пронесся ливень, а теперь закончился, напитав город влагой. До сумерек оставалось около часа; уличные фонари блестели нимбами света, а освещенные витрины пестрели удивительными сочетаниями красок.

Влага из воздуха беспощадно оседала на лицах испариной. Мне хотелось прикоснуться к лицу Оливера. Мне не терпелось поскорее оказаться в отеле, принять душ и броситься на кровать; хотя душ вряд ли сильно поможет — если только у нас в номере не окажется кондиционера.

И в то же время мне нравилась знойная истома, нависшая над городом, — словно лежащая на плече рука любимого, усталая и ослабевшая.

Может, у нас будет балкон. Я бы не отказался от балкона. Сидеть на прохладных мраморных ступенях и наблюдать, как над Римом заходит солнце... Минеральная вода. Или пиво. Крошечные закуски... Мой отец забронировал нам один из самых роскошных отелей в городе.

Оливер хотел сесть в первое попавшееся такси, а я — поехать на автобусе: зайти в переполненный салон и пробраться сквозь толпу взмокших тел, ощущая, как Оливер неотступно следует за мной.

Но стоило нам оказаться в автобусе, как мы мгновенно захотели сойти. Это уж слишком *по-настоящему*, шутили мы.

Я стал пробираться обратно к выходу через плотную толпу разъяренных пассажиров, которые не могли понять, какого черта мы ходим туда-сюда, и по пути наступил на ногу какой-то женщине.

— *E non chiede manco scusa*, даже не извинился! — прошипела она, обращаясь к людям вокруг: они продолжали протискиваться вглубь автобуса, отказываясь при этом выпускать нас наружу.

Наконец мы все-таки оказались в такси. Узнав название нашего отеля и услышав, что мы разговариваем по-английски, водитель поехал необычной дорогой.

— *Inutile prendere tante scorciatoie*, не надо срезать, мы никуда не спешим! — сказал я на римском диалекте.

Наши номера были соединены общей дверью, и, к нашему превеликому удовольствию, в номере побольше мы обнаружили балкон. Мы тут же распахнули французские окна и увидели, как заходящее солнце отражается в блестящих куполах бесчисленных церквей, раскинувшихся на необъятное расстояние до самого горизонта.

Кто-то прислал нам букет цветов и корзину фруктов. Записка была от итальянского издателя Оливера и гласила: «Приходи в книжный сегодня к половине девятого и возьми с собой рукопись. Мы устраиваем вечеринку в честь одного из наших авторов. *Ti aspettiamo*, ждем тебя».

Не считая ужина и последующей прогулки по улицам, никаких планов у нас не было.

— А я-то приглашен? — спросил я, испытывая некоторую неловкость.

— Теперь — да, — ответил Оливер.

Мы заглянули внутрь фруктовой корзины, стоящей у телевизора, взяли каждый по инжиру и очистили их друг для друга.

Оливер сказал, что примет душ. Однако, увидев его обнаженным, я сразу же разделся сам.

— Только на секунду... — прошептал я, когда наши тела соприкоснулись; я был без ума от испарины, покрывавшей его тело. — Жаль, ты не можешь не мыться.

Его запах напомнил мне о Марции: в те дни, когда на пляже часами не было ни малейшего дуновения ветра и в воздухе стоял лишь сырой, пепельный запах обжигающего песка, она тоже буквально источала соленый аромат моря. Мне нравилась соль на его руках, плечах, спине вдоль позвоночника. Все это по-прежнему было для меня в новинку.

— Если ляжем в постель — никакой вечеринки не будет, — предупредил Оливер.

Эти слова, произнесенные с высоты блаженства, которое, казалось, никто не мог у нас отобрать, спустя годы будут возвращать меня в этот гостиничный номер и в этот влажный августовский вечер, и праздник Феррагосто*, когда мы оба, совершенно голые, стояли, облокотившись на подоконник, и наблюдали за течением невыносимо знойного римского дня; ни один из нас еще не смыл с себя запах душного поезда, который, наверное, уже подъезжал к Неаполю и в котором мы спали, — моя голова на его — на виду у всех пассажиров.

Выглядывая из окна и вдыхая вечерний воздух, я понимал: таких мгновений, как это, у нас, вероятно, уже не будет — и все же не до конца этому верил. Оливер, должно быть, думал о том же. Мы разглядывали потрясающий городской пейзаж, курили и ели свежий инжир, стоя плечом к плечу, и каждый из нас хотел ухватить это мгновение, запомнить его навсегда. Вероятно, именно поэтому, поддавшись, казалось, самому естественному в мире импульсу, я принялся сначала гладить его ягодицы левой рукой, а затем входить в него средним пальцем.

— Если продолжишь в том же духе, вечеринка точно отменяется, — сказал Оливер, на что я попросил его сделать мне одолжение и смотреть в окно — только немно-

* Феррагосто (*ит. Ferragosto*) — праздник, который отмечают итальянцы 15 августа: Успение Богородицы, или Вознесение Девы Марии.

го наклониться вперед. Спустя несколько мгновений мой палец полностью оказался в нем, и тогда я понял, что мы можем начать, но не должны заканчивать: тогда, приняв душ и выйдя на улицу, мы, словно два оголенных провода, будем искрить при каждом соприкосновении. Рассматривая старые дома, мы будем изнывать от желания обняться; заметив фонарный столб на углу улицы, как псы, захотим его пометить; пройдя мимо художественной галереи, заглянем внутрь в попытках увидеть обнаженные тела на картинах; заметим улыбающееся нам лицо, и сразу же в уме начнем раздевать ее — или его, или обоих (если их будет больше одного), и пригласим выпить с нами, или отужинать, или все что они пожелают. Мы обнаружим Амура в каждом переулке Рима — потому что, задев крыло, вынудили его летать кругами.

Мы никогда не принимали душ вместе. И даже не были вместе в ванной комнате.

— Не спускай воду, — попросил я. — Хочу посмотреть.

То, что я увидел, породило во мне волну сострадания — к нему, к его телу, к его жизни, которая внезапно показалась мне такой хрупкой и уязвимой.

— Теперь у наших тел не будет секретов, — сказал я и следом сел сам. Оливер залез в ванну и собрался включать воду.

— Я хочу, чтобы ты тоже посмотрел, — сказал я.

Но он пошел еще дальше. Он вышел из ванны, поцеловал меня в губы и стал массировать ладонью мой живот, наблюдая весь процесс от начала и до конца.

Я не хотел никаких секретов, завес, тайн. Тогда я еще не догадывался, что, наслаждаясь порывами откровенности, сближавшими нас с каждой клятвой («*Мое тело — это твое тело»)*, я также упивался вновь разгоравшимся во мне огоньком стыда. Этот огонек освещал те закоулки моей души, которые часть меня хотела бы сохранить во тьме. А еще стыд всегда влечет за собой мгновенную близость. Но сохранится ли эта близость после того, как уйдет непристойность и наши тела станут друг другу привычны?

Не уверен, что задавался этим вопросом тогда, — как не уверен, могу ли ответить на него теперь, — но могло ли быть так, что за близость мы платили не в той валюте?

Или близость — это самый желанный продукт вне зависимости от того, где его находишь, как получаешь и чем за него расплачиваешься? На черном ли рынке, на сером ли, с налогами или без, из-под полы или честно?

Я знал лишь одно: мне больше нечего от него скрывать. Никогда прежде я не чувствовал себя таким свободным, таким защищенным.

Три дня были полностью в нашем распоряжении; мы никого здесь не знали и никто не знал нас, я мог быть кем угодно, и говорить, и делать все, что пожелаю. Я ощущал себя пленником, внезапно освобожденным вторгшейся армией, которого выпустили на волю и отправили домой — никаких формуляров, никаких расспросов и разбирательств, никаких автобусов, пропускных пунктов, очереди за чистой одеждой, ничего; просто — шевели ногами.

Мы приняли душ. Поменялись одеждой и нижним бельем. (Это придумал я.)

Возможно, от всего этого у Оливера открылось второе дыхание и он почувствовал себя беспечным, молодым.

Возможно, он уже испытывал подобное годами ранее и теперь решил ненадолго ощутить снова — перед тем, как отправиться домой.

Возможно, он просто подыгрывал, наблюдая за мной.

Возможно, он никогда не проделывал ни с кем ничего подобного, а я просто появился в нужное время в нужном месте.

Он взял рукопись, солнцезащитные очки, и мы покинули номер и заперли дверь. *Два оголенных провода.*

Мы вышли из лифта, широко всем улыбаясь. Персоналу гостиницы. Продавцу цветов на улице. Девушке в газетном киоске.

Улыбайся, и мир улыбнется в ответ.

— Я счастлив, Оливер, — сказал я.

Он удивленно на меня взглянул.

— Ты просто возбужден.

— Нет — я счастлив.

По дороге мы увидели живую скульптуру Данте в красном плаще, с неправдоподобным орлиным носом и чрезвычайно презрительным выражением лица. Красная мантия, красный колпак и очки в толстой деревянной оправе — все это придавало его и без того строгому лицу вид сурового, но мудрого отца-исповедника.

Вокруг великого поэта, с вызовом скрестившего руки на груди и неподвижно стоявшего на мостовой, собралась толпа. Все его тело вытянулось, словно в ожидании — то ли Вергилия, то ли запоздалого автобуса. И стоило одному из туристов бросить монетку в искусственно состаренную книгу с вырезанной сердцевиной — как лицо его мгновенно приняло взволнованное выражение: точно Данте, заметивший Беатриче прогуливающейся по Понте-Веккьо*, он вытянул свою по-змеиному длинную шею и со стоном, как дышащий огнем уличный артист, произнес:

Guido, vorrei che tu e Lapo ed io
fossimo presi per incantamento,
e messi ad un vascel, ch'ad ogni vento
per mare andasse a voler vostro e mio.

О если б, Гвидо, Лапо, ты и я,
Подвластны скрытому очарованью,
Уплыли в море так, чтоб по желанью
Наперекор ветрам неслась ладья...**

* Понте-Веккьо — мост во Флоренции, расположенный в самом узком месте реки Арно, почти напротив галереи Уффици.

** Перевод И. Н. Голенищева-Кутузова.

Верно подмечено, подумал я. *Оливер, я хочу, чтобы мы с тобой и со всеми, кто нам дорог, жили вместе в одном доме — вместе и всегда...*

После каждого продекламированного вполголоса отрывка лицо уличного Данте неизменно приобретало прежнее мрачное и презрительное выражение — до тех пор, пока очередной турист не подкидывал ему монетку.

E io, quando 'l suo braccio a me distese,
ficcai li occhi per lo cotto aspetto,
sì che 'l viso abbrusciato non difese
la conoscenza sua al mio 'ntelletto;
e chinando la mano a la sua faccia,
rispuosi: "Siete voi qui, ser Brunetto?"

Я в опаленный лик взглянул пытливо,
Когда рукой он взялся за кайму,
И темный образ явственно и живо
Себя открыл рассудку моему;
Склонясь к лицу, где пламень выжег пятна:
«Вы, сэр Брунетто*?» — молвил я ему**.

---

* Сэр Брунетто — Брунетто Латини или Латано (1220–1295), ученый, поэт и государственный деятель Флорентийской коммуны. Молодой Данте, к которому Брунетто Латини относился дружески, многими знаниями был обязан ему и считал его своим учителем.

** Перевод М. Лозинского.

Тот же презрительный взгляд. Та же гримаса. Толпа рассеялась. Никто, казалось, не узнал отрывок из Пятнадцатой песни «Ада», где Данте встречает своего бывшего учителя, Брунетто Латини. Двое американцев, сумевших наконец выудить из рюкзаков пригоршню монет, бросили их живой скульптуре. Все тот же сердитый, рассерженный взгляд:

Ma che ciarifrega, che ciarimporta,
se l'oste ar vino cia messo l'acqua:
e noi je dimo, e noi je famo,
"ciai messo l'acqua
e nun te pagamo".

Нам все равно, нам совершенно наплевать,
Что нам вино водою стали разбавлять.
Трактирщику мы так и скажем без прикрас:
«За свой обман ты не увидишь ни гроша от нас!»

Оливер не понял, почему все хохочут над незадачливыми туристами. Потому что мим зачитал итальянскую застольную песенку — если ее не знать, не поймешь юмора.

Я сказал, что покажу короткий путь до книжного магазина. Оливер был не против пойти и длинным. Может, погуляем подольше? Спешить ведь некуда, сказал он. Мой путь лучше, ответил я. Однако Оливер взволнованно настоял на своем.

— Ты ничего не хочешь мне сказать? — не выдержав, спросил я.

Мне показалось, это довольно тактичный способ выяснить, в чем дело. Его что-то беспокоит? Это из-за издателя? Или из-за кого-то еще? А может, из-за того, что с ним я? Только скажи — и я без труда найду, чем себя занять, заверил я. А потом вдруг догадался: должно быть, дело в том, что за ним на вечеринку увязался профессорский сын.

— Ну и дурачок же ты! Это тут ни при чем.

— Тогда что случилось?

Пока мы шли, он приобнял меня за талию.

— Я не хочу притворяться и не хочу, чтобы нам сегодня кто-то мешал.

— Ну и кто теперь дурачок?

Он пристально на меня посмотрел.

Мы решили все же пойти моей дорогой: пересекли площадь Монтечиторио, пошли в сторону Виа дель Корсо, а затем вверх по Виа Бельсиана.

— Где-то здесь все началось, — сказал я.

— Что?

— *Это*.

— Так вот почему ты хотел сюда прийти?

— Да. Прийти с тобой.

Я уже рассказывал ему эту историю. Это было три года назад: по узкой дороге на велосипеде ехал юноша в фартуке — то ли помощник бакалейщика, то ли посыльный; он посмотрел мне прямо в лицо, я ответил тем же (встревоженно, без улыбки) и не сводил с него глаз, пока он не проехал мимо. А потом я сделал то, что в подобных случаях всегда ожидал от других: подождал несколько секунд и обернулся. Он тоже обернулся. В моей семье не принято разговаривать с незнакомцами, зато в его, по всей видимости, наоборот.

Он резко развернул велосипед и подъехал ко мне. Несколько пустых фраз — и он с легкостью завел ненавязчивый разговор. Вопрос, другой, третий — лишь бы не дать беседе угаснуть, пока сам я с трудом бормотал в ответ «да» или «нет».

Он пожал мне руку — и это было явно лишь предлогом, чтобы прикоснуться ко мне; затем приобнял, прижал к себе — как будто мы оба смеялись над какой-то душевной шуткой.

Не хочу ли я как-нибудь сходить в кино неподалеку? Я покачал головой. А съездить к нему в магазин? Его начальника в это время обычно уже нет. Я снова отказался. Ты стесняешься? Я кивнул. А он все это время сжимал мою руку, мое плечо и гладил по затылку с покровительственной и снисходительной улыбкой — словно уже понял, что шансов нет, но полностью сдаваться пока не был готов. Почему нет? — продолжал допытываться он. Я мог бы, это было проще простого, — но не стал.

— Я стольким отказал... и никогда никого не добивался.

— Ты добивался меня.

— Ты мне позволил.

Дальше — по улицам: Виа Фраттина, Виа Боргоньона, Виа Кондотти, Виа делле Карроцце, Виа делла Кроче, Виа Виттория. Я вдруг полюбил их все.

Уже на подступах к книжному магазину Оливер сказал, что догонит, а сам отлучился «позвонить на один местный номер». Он мог бы сделать это в отеле, но, возможно, искал уединения. Я пошел дальше и по пути заскочил в местный бар купить сигарет. Однако, дойдя до магазина и увидев его большую стеклянную дверь и два почти наверняка антикварных глиняных бюста на постаментах, вдруг разволновался. Народу внутри было — не продохнуть, и за толстой дверью, отделанной бронзой, мелькали солидные люди, поедавшие птифуры*.

Кто-то увидел, что я заглядываю внутрь, и жестом пригласил меня войти. Я помотал головой и нерешительно указал пальцем на дорогу, пытаясь объяснить, что кое-кого жду и он вот-вот подойдет. Но владелец — а может, его помощник, — словно управляющий ночного клуба, толкнул от себя стеклянную дверь и, держа ее на вытянутой руке и не покидая магазина, почти приказным тоном позвал меня внутрь:

— *Venga, su, venga!*** — Рукава его рубашки были по-щегольски закатаны до самых плеч.

---

* Птифур — ассорти из маленьких закусок, как правило, пирожных или печенья.

** Давай, давай! (*ит.*)

Чтения в честь выхода книги еще не начались, но внутри уже невоможно было протолкнуться: гости курили, громко разговаривали и листали новые издания, у всех в руках — по пластиковому стаканчику с чем-то, напоминающим виски. Даже верхняя галерея была забита: на балюстраде выстроились в ряд оголенные женские локти и предплечья.

Я сразу узнал автора книги. Это был человек, подписавший томик стихов для меня и Марции — *Se l'amore*. Он здоровался с гостями.

Когда он проходил мимо, я не удержался и протянул ему руку, признавшись, что мне понравились его стихи. Как же они могли мне понравиться, если книга еще не вышла? — спросил автор. Окружающие услышали наш разговор — того и гляди выгонят за самозванство...

— Я купил ваш сборник в книжной лавке города Б. несколько недель назад, и вы любезно его подписали.

Он сказал, что вспомнил тот вечер.

— *Un vero fan* — значит, настоящий поклонник! — добавил он громко, чтобы нас услышало как можно больше гостей.

— Пожалуй, «поклонник» — не совсем точное слово, — вставила какая-то пожилая дама с большим зобом и в пестрых одеяниях, походившая на тукана. — В этом возрасте их называют «фанатами».

— И какое стихотворение понравилось вам больше всего?

— Альфредо, ты прямо как учитель на устном экзамене! — с насмешливым укором произнесла женщина лет тридцати.

— Я просто хочу знать, какое стихотворение ему больше всего понравилось. В этом нет ничего страшного, так ведь? — простонал он с притворной досадой в голосе.

На миг я решил, что благодаря заступившейся за меня женщине высвободился из его сетей. Но не тут-то было.

— Ну, — продолжил он, — так какое же?

— То, где жизнь сравнивается с Сан-Клементе.

— То, где *любовь* сравнивается с Сан-Клементе, — поправил поэт, словно оценивая глубину обоих наших заявлений. — «Синдром Сан-Клементе». — Он не сводил с меня взгляда. — Почему же именно оно?

— Господи, да оставь ты бедного мальчика в покое! — перебила другая женщина, услышавшая слова моей защитницы, и взяла меня за руку. — Пойдем, я отведу тебя к еде, подальше от этого чудовища, у которого эго размером с его ступни, — ты видел, какие огромные у него ботинки? Альфредо, тебе в самом деле нужно что-то сделать со своими ботинками, — бросила она через плечо.

— С ботинками? Что с ними не так? — возмутился поэт.

— *Они. Слишком. Большие*. Гигантские, не правда ли? — обратилась она уже ко мне. — Поэтам не положено иметь такие огромные ноги!

— Оставь мои ноги в покое.

Кто-то решил над ним сжалиться:

— Лючия, перестань придираться к его ногам. Все с ними в порядке.

— Это ноги нищего, который всю жизнь ходил босиком и до сих пор берет ботинки на размер больше — вдруг ноги вырастут до Рождества, когда у них в семье покупают обувь на весь год! — Она выступала в роли озлобленной и нелюдимой ведьмы.

Но я не выпустил ее руки. А она не выпустила моей. Нас будто связывал дух городского товарищества. Как приятно держать руку женщины в своей — особенно если ничего о ней не знаешь. Я подумал: *se l'amore*. И все эти загорелые плечи и руки женщин, смотрящих вниз с галереи на втором этаже, — *se l'amore*.

Хозяин магазина прервал спор между мужем и женой, который легко мог оказаться постановочным.

— *Se l'amore*! — прокричал он.

Все засмеялись; то ли от облегчения, что ссора супругов наконец окончена, то ли от того, как хорошо с этой ссорой сочеталось название книги — *Se l'amore*: *если это любовь, то...*

Но все решили, что таким образом был дан сигнал к началу чтений, и каждый быстро нашел себе уголок или стену, к которой можно прислониться. Нам досталось лучшее место — на винтовой лестнице, где мы заняли каждый по ступеньке, по-прежнему не разжимая рук.

Издатель уже собрался было объявить имя автора, как вдруг дверь со скрипом отворилась, и в магазинчик протиснулся Оливер — в компании двух сногсшибательных девушек — явно моделей или актрис. Выглядело это так, точно он подцепил их по пути сюда — одну для себя, вторую для меня. *Se l'amore.*

— Оливер! Ну наконец-то! — прокричал издатель, подняв руку со стаканом скотча. — Заходи, заходи!

Все обернулись.

— Один из самых молодых и самых талантливых американских философов, — представил он Оливера, — в сопровождении моих прекрасных дочерей, без которых книга *Se l'amore* никогда бы не увидела свет.

Поэт согласно закивал. Его жена повернулась ко мне и прошептала:

— Такие куколки, правда?

Издатель спустился с небольшой стремянки и обнял Оливера. Потом выхватил у него из рук большой бумажный конверт, в который Оливер запихнул свою книгу.

— Рукопись?

— Рукопись, — ответил Оливер.

Взамен издатель вручил ему сегодняшнюю книгу стихов.

— Ты мне ее уже дарил.

— Точно!

Но тем не менее Оливер вежливо восхитился обложкой, затем огляделся и наконец заметил меня рядом с Лючией. Он подошел и, приобняв меня за плечо, наклонился ее поцеловать. Она посмотрела на меня, потом на Оливера и, точно оценив положение дел, произнесла:

— Оливер, *sei un dissoluto*, бесстыдник ты эдакий.

— *Se l'amore*, — ответил он, поднимая книгу и тем самым намекая: чем бы он ни занимался, это уже было в книге ее мужа и потому более чем допустимо.

— Сам ты *Se l'amore*.

Я не знал, назвала ли она его бесстыдником из-за двух *куколок*, с которыми он явился, или из-за меня. А может, и то и другое.

Оливер представил меня своим спутницам. Было очевидно, что они давно и близко знакомы.

— *Sei l'amico di Oliver, vero?* Ты — друг Оливера, верно? — спросила одна из них. — Он о тебе рассказывал.

— И что же?

— Только хорошее.

Она прислонилась к стене, где рядом с женой поэта теперь уже стоял я.

— Он никогда не отпустит меня, не так ли? — улыбаясь, спросила Лючия, будто говорила о ком-то, кого с нами не было. Возможно, таким образом она пыталась похвастаться перед куколками.

Я не хотел сразу выпускать ее ладонь, но знал, что должен; взяв обеими руками, я поднес ладонь к губам, поцеловал во впадинку между большим и указательным пальцами и отпустил. Казалось, будто мы с женой поэта провели вдвоем весь день, и теперь я отпускал ее обратно к мужу — как отпускают птицу, крыло которой заживало целую вечность.

— *Se l'amore*, — сказала она, с притворным укором покачав головой. — Такой же бесстыдник, как и второй, только любезней. Оставляю его вам.

Одна из дочерей натянуто захихикала:

— Мы подумаем, что с ним можно сделать.

Я был в раю.

Она знала мое имя. Ее звали Аманда. Сестру — Адель.

— Нас вообще-то трое, — хихикнула Аманда. — Третья уже должна быть где-то здесь.

Поэт откашлялся. По традиции он поблагодарил всех причастных к изданию книги и, наконец, Лючию, свет его очей. И знаете, почему она до сих пор его терпит? И почему же? — прошептала супруга, с любовью улыбнувшись поэту.

— Из-за ботинок, — ответил он.

— Точно.

— Альфредо, ближе к делу, — встряла женщина-тукан.

— Итак, *Se l'amore*. *Se l'amore* — это сборник стихов, посвященный времени, которое я провел в Таиланде, где читал лекции о Данте. Как многие из вас знают, я был влюблен в Таиланд до приезда туда и возненавидел его в первую же минуту после прибытия. Или, скорее, так: я возненавидел его, как только приехал, и полюбил, как только распрощался с ним.

Смех.

Гости передают друг другу напитки.

— В Бангкоке я все время вспоминал о Риме — о чем же еще? Об этой придорожной лавке, о близлежащих улочках в лучах заходящего солнца, о звоне колоколов пасхальным воскресеньем. А в дождливые дни, которые в Бангкоке длятся вечность, — чуть не плакал: Лючия, Лючия, Лючия, почему же ты ни разу не сказала «нет», зная, как я буду скучать по тебе в эти дни?.. Дни, когда я ощущал себя опустошеннее Овидия, сосланного в забытый богом уголок земли и там же встретившего смерть. Я уехал дураком — и вернулся не поумнев ни на йоту. Жители Таиланда прекрасны, однако одиночество может сыграть с тобой злую шутку: стоит выпить — и ты уже готов прикоснуться к первому встречному, ведь все они восхитительно красивы... Но там даже за улыбку платят рюмкой. — Он на секунду замолчал, будто собираясь с мыслями. — Я назвал этот цикл стихов «Тристиями»*.

Чтение «Тристий» заняло добрых двадцать минут. Затем последовали аплодисменты. Одна из девушек сказала: «*Forte. Molto forte*»**, — а тукан с большим зобом повернулась к женщине, которая кивала чуть ли не после каждого произнесенного автором слова, беспрестанно повторяя: «*Straordinario-fantastico*»***.

---

* «Тристии» (*лат. Tristia*) — «Скорбные элегии» — собрание писем в пяти книгах, написанных Овидием в последние десять лет жизни во время ссылки.

** Сильно. Очень сильно (*ит.*).

*** Необычайно-фантастически (*ит.*).

Спустившись с помоста, поэт выпил стакан воды и ненадолго задержал дыхание, пытаясь справиться с сильной икотой, которую я по ошибке принял за тихие всхлипы. Потом, обыскав карманы своей спортивной куртки, но ничего не обнаружив, похлопал себя по губам указательным и средним пальцами, жестом объяснив, что хочет выкурить сигарету и, возможно, сделать перерыв.

Straordinario-fantastico, заметившая его сигнал, тут же выудила свой портсигар.

— *Stasera non dormo* — сегодня ночью я не усну. Это плата за твою поэзию, — произнесла она, игриво обвиняя его стихи в своей грядущей бессоннице.

К этому времени все уже обливались потом: и в магазине, и на улице стало невыносимо душно, как в теплице.

— Бога ради, откройте дверь! — вскричал поэт, обращаясь к хозяину магазина. — Мы здесь задыхаемся.

Мистер Венга достал крошечный деревянный клин, отворил дверь и вставил его между стеной и бронзовой рамой.

— Так лучше? — спросил он почтительно.

— Нет. Но так мы хотя бы знаем, что дверь открыта.

Оливер посмотрел на меня, словно спрашивая: тебе понравилось? Я пожал плечами, мол, еще не решил. Но был неискренен: мне понравилось безумно.

Возможно, дело было в самом вечере. Все вокруг необычайно меня будоражило: каждый пойманный взгляд казался комплиментом, или вопросом, или обещанием, застывшим в воздухе между мной и остальным миром.

Я был словно наэлектризован всеобщим подтруниванием, иронией, взглядами и улыбками, которые, казалось, расцветали от одного моего присутствия. Густой, почти осязаемый воздух магазина придавал особое очарование всему: от стеклянной двери — до тарелочек с птифурами, от пластиковых стаканов со скотчем, плещущимся золотой охрой, — до закатанных рукавов мистера Венги, самого поэта и винтовой лестницы, где стояли мы с сестрами-куколками; все, казалось, сияло блеском волшебства и необычайной страсти.

Я завидовал их жизням и размышлял о жизнях своих родителей, начисто лишенных страсти, — с их торжественными приемами и «обеденной каторгой»; о наших кукольных жизнях в нашем кукольном доме и о своем выпускном, уже маячившем на горизонте.

По сравнению с духом этого места все остальное казалось детской игрой. Зачем уезжать через год в Америку, когда с тем же успехом я могу провести время, посещая подобные мероприятия, — просто сидеть и разговаривать с людьми? В этой крошечной лавке можно научиться большему, чем в любом из престижных университетов за океаном.

Пожилой мужчина с пышной всклокоченной бородой и брюшком Фальстафа поднес мне стакан скотча.

— *Ecco.*

— Это мне?

— Кому же еще. Вам понравились стихи?

— Очень, — ответил я почему-то насмешливо и будто бы неискренне.

— Я его крестный и уважаю ваше мнение, — сказал он так, словно поверил моей неискренности. — Но куда больше уважаю вашу молодость.

— Поверьте, пройдет несколько лет, и от этой молодости не останется и следа, — произнес я, пытаясь придать своему ответу иронию умудренного опытом человека, который все о себе знает.

— Верно, но меня, к сожалению, уже не будет рядом, и увидеть этого я не смогу.

Он что, со мной заигрывает?

— Так что берите. — Он снова протянул мне пластиковый стакан. Я замешкался. Это был тот же сорт виски, который пил дома мой отец.

Лючия, услышавшая наш разговор, сказала:

— *Tanto**, одним виски больше, одним меньше. Каким бесстыдником был — таким и останешься.

— Хотел бы я быть бесстыдником, — заметил я, повернувшись к ней и не обращая внимания на Фальстафа.

— Почему же? Чего не хватает в твоей жизни?

— Чего не хватает в моей жизни? — я собирался сказать «всего», но вовремя одумался. — Друзей — таких близких, какими кажутся все здесь. Мне бы хотелось, чтобы у меня были друзья, как у вас. Такие, как вы.

---

* Какая разница (*ит.*).

— У тебя будет полно времени, чтобы завести таких друзей. Только станешь ли ты с ними менее *dissolute* — бесстыдным? — это слово постоянно возвращалось в наш диалог, словно обвинение в каком-то отвратительном недостатке.

— Хотел бы я иметь хотя бы одного друга, которого мне не было бы суждено потерять.

Она посмотрела на меня с задумчивой улыбкой:

— Ты произносишь мудрые речи, мой друг, но сегодня у нас в программе только стихи. — Но взгляд не отвела. — Я тебе сочувствую.

А потом она с грустью в глазах нежно прикоснулась ладонью к моему лицу, точно я вдруг стал ее ребенком. Это мне тоже очень понравилось.

— Ты слишком молод, чтобы это понять, но, я надеюсь, в скором будущем мы встретимся вновь — и тогда посмотрим, хватит ли мне мужества взять обратно слово, которым я тебя сегодня назвала. *Scherzavo* — я просто шутила. — И она поцеловала меня в щеку.

Ну и дела! Она была по меньшей мере вдвое меня старше, но я мог бы заняться с ней любовью хоть в тот же миг — и плакать, плакать вместе.

— А тост-то будет или как? — прокричал кто-то, и по магазину прокатился гомон.

А потом это случилось. Одна рука легла мне на плечо (рука Аманды), вторая — на талию — и, боже, как хорошо я ее знал. Пусть этим вечером она меня не отпускает.

Я боготворю каждый твой палец и каждый кусаемый тобою ноготь, мой дорогой, дорогой Оливер. Не отпускай меня, еще не время, а я так нуждаюсь в этом объятии.

По спине у меня побежали мурашки.

— А я — Ада, — произнес кто-то почти извиняющимся голосом.

Его обладательница, будто зная, что неприлично долго добиралась к нам с другого конца магазина, теперь примирительно сообщала всем: *это я — та самая Ада, которую наверняка все здесь обсуждали*. Нечто хулиганское было в ее хриплом голосе, в том, как она выдержала паузу, прежде чем назвать свое имя, и в том, как насмешливо говорила обо всем — о книжных чтениях, новых знакомствах и даже дружбе. Именно в разговоре с ней я окончательно осознал, что этим вечером стал частью особого, волшебного мира.

Я никогда не путешествовал по миру, но уже любил его. И полюбил бы сильнее, научись я говорить на его языке, потому что то был и мой язык; язык, где самые потаенные желания преподносятся в виде шутки, но не из страха шокировать правдой, а оттого, что оттенки желания — любого желания в этом новом для меня мире — возможно передать лишь через игру.

Все здесь были *доступны* и жили *доступной* жизнью, как сам этот город, — а потому полагали, что и остальные хотят жить так же. Я мечтал быть таким, как они.

Хозяин магазина позвонил в колокольчик возле кассы, и все замолчали.

Вновь заговорил поэт:

— Я не собирался читать это стихотворение сегодня, однако поскольку *кое-кто*, — он сделал ударение на этом слове, — *кое-кто* сегодня упомянул его, я не удержался. Оно называется «Синдром Сан-Клементе». Должен признаться, — если рифмоплету вообще позволено говорить так о собственной работе, — это мое любимое стихотворение. — (Позже я узнал, что он никогда не называл себя поэтом, а свое творчество — поэзией.) — Потому что писать его было сложнее всего, потому что из-за него мне невыносимо хотелось домой и потому что оно спасло меня в Таиланде и помогло переосмыслить всю мою жизнь. Я считал дни, считал ночи — представляя Сан-Клементе. Мысль, что я вернусь в Рим, не закончив это длинное стихотворение, пугала меня больше, чем перспектива на неделю застрять в аэропорту Бангкока. И все-таки лишь в Риме, в нашем доме, который располагается в каких-то двухстах метрах от базилики Сан-Клементе, я дописал последние строки стихотворения, начатого, по иронии судьбы, неделями — или тысячелетиями? — ранее, в Бангкоке, когда казалось, что Таиланд и Рим разделяет бесчисленное множество вселенных...

Пока наш поэт читал свое длинное стихотворение, я размышлял о том, что, в отличие от него, никогда не планировал ничего заранее. Нам с Оливером суждено было расстаться через три дня — а после всё, что было между нами, растворится в воздухе. Мы обсуждали, как встретимся в Америке, как будем звонить и писать друг другу, но говорили намеренно расплывчато, отчего это казалось лишь фантазией. Нет, мы не рассчитывали, что если не сдержим обещаний, сможем винить во всем обстоятельства, — просто не строя планов на общее будущее, мы избегали самой мысли о том, что его у нас может не быть.

Сюда мы приехали с тем же настроением. Рим был последней точкой на нашем пути: после — жизнь и расстояния разлучат нас. А пока это был способ отложить все дела и продлить вечеринку до утра. Возможно, у нас невольно получилось нечто большее, чем просто маленький отпуск; мы сбежали вместе, только обратные билеты купили в разные концы света.

Возможно, это был его подарок мне.

Возможно, — подарок моего отца нам обоим. Смогу ли я жить без его руки у себя на животе? На бедрах? Без ссадины у него на боку, которую я целовал, ласкал языком и которая, спустя недели, заживет — но уже без меня? Кого еще я смогу называть своим именем?

Конечно, будут другие, а за ними другие другие, — но называть *их* своим именем в мгновение страсти? Нет, это было бы слишком неискренне, слишком фальшиво.

Я вспомнил пустой шкаф и собранный чемодан рядом с его постелью. Скоро я буду спать в комнате у Оливера, спать с его рубашкой — положу ее рядом или надену на себя…

После очередного стихотворения — снова аплодисменты, всплески восторга, стаканы с выпивкой. Вскоре вечер подошел к концу. Я вспомнил Марцию в книжном магазине Б.: насколько другим, насколько далеким казался тот день, — да и сама Марция теперь и вовсе будто не существовала.

Кто-то предложил отправиться всем вместе на ужин. Нас было человек тридцать. Кто-то другой посоветовал ресторан с видом на озеро Альбано. В моем воображении мгновенно возникло заведение с видом на звездное небо, точно иллюстрация с заставки манускрипта из позднего Средневековья.

Нет, слишком далеко, сказал кто-то. Да — но как же огни, которые отражаются в ночном озере?.. Огни в ночном озере подождут до следующего раза.

А может, куда-нибудь на Виа Кассия? Да, но мы так и не решили проблему с машинами: все не поместятся. Конечно, поместятся! Сядем друг другу на колени — делов-то! Конечно! Особенно если я сяду меж этих двух красавиц. Да, но что, если Фальстафу придется сидеть *на* красавицах?

Машин было лишь пять, и все они стояли в разных переулках неподалеку. Поскольку ехали мы порознь, то договорились встретиться у Мульвиева моста. Оттуда — вверх по Виа Кассия до самой траттории, точное местонахождение которой знал лишь один из гостей.

В ресторан мы прибыли спустя сорок пять минут — за это время можно было доехать даже до далекого Альбано и посмотреть на те самые огни, которые в нем отражаются...

Траттория находилась под открытым небом; здесь были клетчатые скатерти и свечи от комаров, которые гостям выдавали весьма экономно.

Часы показывали около одиннадцати. Воздух был по-прежнему напитан влагой, и она оседала на лицах и одежде, отчего все выглядели поникшими и промокшими, и даже скатерти, казалось, тоже поникли и промокли. Но поскольку ресторан располагался на холме, до нас то и дело долетал ветерок, пробивавшийся сквозь деревья, — а это означало, что завтра снова будет дождь, пускай влажность никуда и не денется.

Официантка — женщина лет шестидесяти — быстро нас пересчитала и велела персоналу сдвинуть столы полукругом. Распоряжение было тут же исполнено. Затем она рассказала, что мы будем есть и пить. Слава богу, нам не нужно решать самим, — вздохнула супруга поэта, — если бы ему пришлось выбирать, мы бы провели здесь еще битый час и к этому времени на кухне уже закончилась бы вся еда. Официантка перечислила все имевшиеся у них закуски — и они мгновенно материализовались на столе; затем принесли хлеб, вино, минеральную воду, *frizzante** и *naturale***. Только простая еда, пояснила официантка. Простая еда — то, что нужно, отозвался издатель.

— В этом году мы снова в сплошных долгах.

---

* Газированную (*ит.*).

** Негазированную (*ит.*).

Очередной тост за поэта. Следующий — за издателя. Еще один — за хозяина книжного магазина. За жену, дочерей, кого еще?

Все смеются, общаются.

Ада произнесла короткую импровизированную речь — ладно, не совсем импровизированную, призналась она. Фальстаф и Тукан подтвердили, что немного ей помогли.

Тортеллини в сливочном соусе пришлось ждать более получаса. К тому времени я принял решение не пить вина, потому что два стакана скотча, которые я ранее опустошил чуть ли не залпом, только-только начинали действовать. Три сестры устроились между нами, и все, кто сидел на нашей скамье, плотно прижимались друг к другу. Рай.

Много позже принесли второе: жаркое, горошек, салат.

Затем сыры.

Слово за слово — и мы вернулись к беседе о Бангкоке.

— Люди там на редкость прекрасны, но прекрасны особой, изысканной красотой, которая бывает только у людей смешанных кровей, — потому я и хотел туда поехать, — продолжил рассказывать поэт. — Их нельзя назвать ни азиатами, ни европейцами, а «евразийцы» — слишком простой термин. Они экзотичны в самом прямом смысле этого слова — и в то же время совсем нам не чужды. Мы мгновенно узнаем их, даже если никогда раньше не видели, однако не можем ни описать чувства, которые они в нас будят, ни понять, чего они от нас хотят. Сначала я думал, что они по-другому мыслят. Потом понял, что по-другому они *чувствуют*. Потом — что они неописуемо, безумно милы; здесь, в Италии, люди не такие. О, нет — конечно, мы тоже можем быть добры, и заботливы, и невероятно дружелюбны в своей солнечной, средиземноморской манере; но они — просто *милые* люди, милые по-настоящему, бескорыстно; они милы душой, милы телом, милы без толики грусти или злобы; они милы, как дети, — без стыда или насмешки. Я стыдился того, что к ним испытывал. Это место могло быть раем — прямо как в моих фантазиях... Двадцатичетырехлетний ночной портье в бескозырке в моей захолустной гостинице (каких только людей он не повидал!) — стоит и таращится на меня, а я таращусь в ответ. У него женские черты лица, и выглядит он как девчонка, похожая на паренька. На меня таращится девушка за стойкой *American Express*, и я таращусь в ответ. Она выглядит как паренек, похожий на девчонку, а значит — она просто паренек. Те, кто помоложе, — и мужчины, и женщины — всегда хихикают, я на них смотрю. Даже девушка из консульства, безупречно владеющая миланским диалектом, и студенты, которые каждое утро ждут тот же автобус, что и я, — даже они на меня таращатся, и я отвечаю тем же. Неужели все эти взгляды значат то, что я думаю? Ведь, нравится нам это или нет, когда дело касается чувств, все мы говорим на одном и том же животном языке...

Граппа и самбука — очередной заход.

— Мне хотелось переспать со всем Таиландом. И весь Таиланд, как оказалось, со мной заигрывал. Невозможно было ступить и шага, не наткнувшись на чей-нибудь многозначительный взгляд.

— Возьми, попробуй эту граппу и скажи мне, что ее настаивал не сам дьявол, — перебил хозяин магазина.

Поэт позволил официантке налить себе еще одну рюмку, но в этот раз принялся неспешно ее потягивать. Фальстаф же, напротив, осушил свою залпом. Как и *Straordinario-fantastico,* которая разом опрокинула граппу себе в горло. Оливер причмокнул губами. Поэт сказал, что этот напиток возвращает молодость.

— Я люблю пить граппу ночью, она придает мне сил. Но тебе, — он обратился ко мне, — конечно, не понять. В твоем возрасте, Господь свидетель, омоложение ни к чему.

Он наблюдал, как я делаю большой глоток.

— Чувствуешь?

— Что именно? — спросил я.

— Как молодеешь. Рождаешься заново.

Я сделал еще один глоток.

— Не особо.

— Не особо... — повторил он удивленно и разочарованно.

— Все потому, что он и так молодой, — вставила Лючия.

— Это верно, — отвозвался кто-то, — помолодеть и переродиться может лишь тот, кто уже не молод.

Поэт:

— Переродиться в Бангкоке несложно. Помню, одной теплой ночью, сидя в номере своего отеля, я думал, что сойду с ума: то ли от одиночества, то ли от гомона снаружи, то ли просто по воле дьявола. И именно тогда я начал размышлять о Сан-Клементе. Меня охватило неясное, туманное чувство — отчасти возбуждение, отчасти тоска по дому, — и в голову одна за другой пришли метафоры... Вот отправляешься ты в путешествие, и в голове у тебя образ того места — ты намерен понять его, стать его частью. А потом вдруг обнаруживаешь, что с жителями этой страны у тебя нет ничего общего. Ты даже не понимаешь невербальные сигналы, которые, как тебе казалось, едины для всего человечества. И тогда ты решаешь, что жестоко ошибался и считанные тобой сигналы — лишь плод твоего воображения. Однако, начав копать глубже, вдруг осознаешь, что, несмотря на доводы рассудка, тебя все еще влечет к этим людям, — и в то же время не до конца понимаешь, чего на самом деле от них хочешь и чего они хотят от тебя, почему смотрят так недвусмысленно... Потом ты убеждаешь себя, что это лишь твои фантазии. И вот ты уже готов собрать чемодан и вернуться в Рим, потому что все эти таинственные сигналы уже окончательно сводят тебя с ума. Но тут в тебе что-то перещелкивает, и, точно обнаружив потайной ход, ты вдруг понимаешь, что эти люди нуждаются в тебе так же отчаянно, как и ты в них. Только самое ужасное в том, что, несмотря на большой опыт, легкое отношение к жизни и способность преодолевать смущение, ты все равно чувствуешь себя потерянным. Я не говорил на их языке и не знал ни языка *их* сердец, ни своего собственного. Повсюду мне мерещилась пелена, за которой обязательно что-нибудь скрывалось: вот они — мои желания, но за ними — другие, о которых я не знал, или о которых не хотел знать, или о которых всегда лишь догадывался. Это либо чудо, либо сущее проклятие... Как и любой опыт, который оставляет отпечаток на наших жизнях, та поездка словно вывернула меня наизнанку, выпотрошила, исчетвертовала. Она показала мне все мои облики — и даже больше; показала, какой я, когда средь бела дня жарю овощи для семьи и друзей, напевая себе что-нибудь под нос; какой — когда просыпаюсь от холода среди ночи и хочу лишь одного — надеть поскорее свитер, усесться за стол и написать о себе то, чего никто обо мне не знает; какой — когда кого-нибудь хочу или мечтаю остаться один на целом свете; какой — когда меня терзают противоречивые чувства, словно разделенные временем и расстоянием, — и каждое из них клянется, что лишь оно истинно и несет мое имя... я назвал это синдромом Сан-Клементе. Сегодняшняя базилика Сан-Клементе построена на месте бывшего убежища гонимых христиан и дома римского консула Тита Флавия Клемента*. Этот дом был сожжен во времена правления императора Нерона**, и на обгоревших руинах, там, где, должно быть, оставал-

* Тит Флавий Клемент (50–95 гг.) — государственный деятель Римской империи из династии Флавиев, консул 95 года и христианский святой.

** Нерон Клавдий Цезарь Друз Германик (37–68 гг.), наиболее известен под именем Нерон, — римский император, последний из династии Юлиев-Клавдиев.

ся котлован, — римляне построили подземный языческий храм для поклонения Митре* — богу утра и света, над которым ранние христиане позднее построили другой храм, названный (случайно или нет — еще предстоит изучить) в честь другого Клемента — Папы Римского, Климента I**; а сверху этого храма затем был построен еще один, позже сгоревший, — и уже на его месте появилась сегодняшняя базилика. Копать можно глубже и глубже. Как подсознание, как любовь, как память, как само время, как каждый из нас, — эта церковь построена на руинах прошлых сооружений — которые, в свою очередь, были построены поверх предыдущих; нет ни дна, ни начала, ни конца — лишь бесчисленные слои, и секретные ходы, и соединенные между собой помещения — вот христианские катакомбы, а рядом — может, даже еврейские... Но, друзья мои, как говорил Ницше*** — я поведал вам мораль прежде, чем рассказал саму историю.

— Альфредо, любовь моя, пожалуйста, ближе к делу.

К тому времени сотрудники ресторана уже поняли, что уходить мы пока не собираемся, и в очередной раз принесли граппу и самбуку.

---

* Митра — персидский бог света, культ которого проник в Рим.

** Климент I (*лат. Clemens Romanus I*, умер в 97 (99) или 101 году) — апостол от семидесяти, четвертый епископ Римский (Папа Римский).

*** Фридрих Вильгельм Ницше (1844–1900) — немецкий философ, классический филолог, композитор, поэт.

— И вот, в ту теплую ночь, когда мне казалось, что я теряю рассудок, я сидел в захолустном баре своего захолустного отеля, и за соседним столом — конечно, наш ночной портье, кто же еще? В своей странной бескозырке. «Закончилась смена?» — спрашиваю я. «Закончилась», — отвечает он. «Почему тогда не идешь домой?» «Я здесь живу. Просто решил выпить стаканчик перед сном». Я пристально смотрю на него. Он — на меня. В следующую секунду он встает, держа стакан в одной руке, а графин в другой (я решил, что помешал, а может, даже оскорбил его и теперь он собирается отсесть за дальний столик), — но — подумать только! — он подходит ко мне и садится прямо напротив. «Попробуете?» — спрашивает он. Конечно, почему нет, раз мы в Таиланде... Разумеется, я слышал множество не самых приятных историй, поэтому во всем мне виделось нечто подозрительное и странное, но я решил подыграть. Он щелкает пальцем и повелительным тоном просит для меня крошечную рюмку. Ее моментально приносят. «Сделай глоток». «Возможно, мне не понравится», — говорю я. «Все равно». Он наливает мне и себе. Весьма неплохо, только стопка — размером с наперсток моей бабушки, в котором она штопала носки. «Теперь еще один — для верности». Я снова выпиваю, не задавая вопросов. Напиток похож на граппу, но покрепче и не такой терпкий. Между тем портье продолжает неотрывно на меня смотреть. Мне это не нравится, его взгляд почти невыносим. Готов поклясться, он сейчас захихикает. «Ты пялишься на меня», —

наконец говорю я. «Знаю». «Почему?» Он наклоняется ко мне через стол. «Потому что ты мне нравишься». «Послушай...» — начинаю я. «Выпей еще». Он снова наливает нам обоим. «Скажем так: меня не...» Но он не дает мне закончить. «Тем более стоит выпить еще!» Мое сознание вовсю посылает мне предупредительные сигналы. Сначала они поят тебя, потом заводят неизвестно куда и обирают до нитки, а когда ты жалуешься в полицию, такую же коррумпированную, как сами мошенники, тебе предъявляют множество немыслимых обвинений — а в качестве доказательств показывают фотографии. Меня охватывает очередная волна беспокойства: счет из бара наверняка окажется на астрономическую сумму, а наш хитрый портье, должно быть, сам пьет крашеный чай и притворяется, что пьянеет. Этот старейший трюк прекрасно мне известен — не вчера ведь я родился. «Боюсь, меня это в самом деле не интересует. Давай просто...» «Выпей еще». Он улыбается. Я собираюсь вновь устало возразить, но уже заранее слышу его голос: «Еще одну». Меня начинает это забавлять. Он замечает мой смешок, и ему все равно, чем он вызван: главное — что я уже улыбаюсь. Теперь он наливает себе. «Послушай, *amigo**. Надеюсь, ты не думаешь, что за выпивку плачу я». Во мне наконец просыпается буржуа. Я прекрасно знаю все эти жеманности, которыми они вечно морочат голову приезжим. «Я не просил тебя платить за выпивку.

* Друг (*исп.*).

Или, если уж на то пошло, платить мне». Как ни странно, он не выглядит обиженным. Наверное, знал, что к этому все идет, потому что проделывал этот трюк миллион раз. Издержки профессии. «На, выпей еще — за дружбу». «Дружбу?» «Тебе нечего бояться». «Я не собираюсь с тобой спать». «Может, и нет. А может, и да. Вечер только начинается, и я пока не собираюсь сдаваться». И тут он снимает свою шапочку и выпускает такую пышную копну волос, что я сижу в недоумении: как все это умещалось под таким крошечным головным убором? Он оказался женщиной. «Разочарован?» «Нет, напротив». Крошечные запястья, застенчивое выражение, бархатистая кожа, расцелованная солнцем, нежность, сияющая в глазах, — но не с ухмыляющейся дерзостью того, кто немало повидал в жизни, а с сердечным обещанием ласки и целомудрия в постели. Был ли я в самом деле разочарован? Возможно — потому что происходящее внезапно потеряло свою остроту. Рука коснулась моей щеки и замерла, словно пытаясь унять мое потрясение. «Теперь лучше?» Я кивнул. «Тебе стоит выпить еще». «И тебе тоже», — сказал я и в этот раз налил ей сам. Я спросил, зачем она нарочно вводит людей в заблуждение, притворяясь мужчиной. В ответ я ожидал услышать «так безопаснее работать» или более дерзкое — «для таких моментов, как этот». Однако она захихикала — теперь уже по-настоящему, словно совершила озорную шалость и была ничуть не удивлена и не разочарована ее результатом, и сказала: «Но я и есть мужчина». В ответ на мой сомневающийся взгляд она закивала, словно продолжала меня разыгрывать. «Ты — мужчина?» — спросил наконец я, не менее разочарованный, чем когда узнал, что она женщина. «Боюсь, что так». Поставив на стол оба локтя, он наклонился ко мне и почти дотронулся своим носом до моего: «Ты мне очень, очень нравишься, синьор Альфредо. И я тебе тоже очень-очень нравлюсь. И прекраснее всего то, что мы оба это знаем». Я уставился на него — или на нее — кто знает. «Еще по одной», — сказал я. «Я собирался предложить то же самое, — ответил мой проказливый товарищ. — Ты хочешь меня-мужчину или женщину?» Он-она задал вопрос так, будто каждый может по собственному желанию выбирать себе место на филогенетическом дереве. Я не знал, что ответить. Я хотел сказать, что хочу его *intermezzo**, а вслух сказал: «Я хочу, чтобы ты был и тем и другим. Или — кем-то посередине». Мой ответ его ошеломил. «Хулиган, хулиган», — произнес он, будто впервые за вечер мне наконец удалось поразить его чем-то по-настоящему развратным. Когда он встал и направился в уборную, я увидел, что он — и правда женщина, облаченная в платье и на высоких каблуках. Я уставился на прекрасную кожу ее изящных лодыжек и не мог оторвать взгляд. Она знала, что я снова угодил в ее ловушку, и опять принялась хихикать. «Посмотришь за моей сумочкой?» — спросила она, наверняка догадавшись, что иначе я, скорее

---

* Посередине (*ит.*).

всего, расплачусь и уйду. Вот это, вкратце, и есть то, что я назвал синдромом Сан-Клементе.

Последовали аплодисменты — они были искренними. Нам понравилась не только история — но и тот, кто ее рассказал.

— *Evviva il sindromo di San Clemente**, — подытожила госпожа *Straordinario-fantastico*.

— *Sindromo* не мужского рода, а женского, *la sindrome*, — поправил ее кто-то из сидящих рядом.

— *Evviva la sindrome di San Clemente*! — воскликнул очередной участник торжества, которому явно не терпелось выступить.

Этот гость в компании нескольких других прибыл к ужину с большим опозданием, крикнув на хорошем римском диалекте: «*Lassatece passà!*» — пропустите нас; таким образом объявляя о своем прибытии. Все уже давно принялись за трапезу. Выяснилось, что его такси повернуло не в ту сторону у Мульвиева моста, а потом он долго не мог найти ресторан и так далее и тому подобное. В конечном счете он пропустил первое и второе блюда и теперь сидел в самом конце стола в компании тех, кто ехал вместе с ним из книжного магазина. Им передали то, что осталось от ассорти сыров, плюс по два карамельных пудинга каждому — больше в ресторане уже ничего не было. Недостаток еды опоздавший гость восполнил

* Да здравствует синдром Сан-Клементе (*ит.*).

огромным количеством вина. Он слышал бóльшую часть речи поэта о Сан-Клементе.

— Лично я думаю, — заговорил опоздавший, — что все эти разговоры о *клементировании*, конечно, весьма очаровательны, однако мне вовсе не понятно, как твоя метафора поможет *нам* понять самих себя, понять *свои* желания и то, к чему мы стремимся. Вино, которое мы пьем, с этой задачей справляется не хуже. И все же если цель поэзии, как и вина, — показать нам больше, то давайте поднимем еще один тост, и еще — и будем пить до тех пор, пока в глазах у нас не задвоится, а может, и не зачетверится.

— *Evviva!** — перебила Аманда, поднимая тост в отчаянной попытке заставить его замолчать.

— *Evviva!* — повторили все остальные.

— Лучше напишите еще один сборник стихов — да поскорее! — вставила *Straordinario-fantastico.*

Кто-то предложил съесть мороженого в кафе неподалеку. Нет, пропустим мороженое, лучше выпьем кофе. Все снова утрамбовались в автомобили и поехали вдоль набережной Лунготевере, в сторону Пантеона.

В машине я чувствовал себя счастливым. Но из головы не выходила базилика и то, как вся та история напоминала наш вечер: одно ведет к другому, дальше и дальше, а порой — к чему-то совершенно непредвиденному, и когда ты уже ждешь окончания, внезапно появляется что-то новое,

---

* Ура! (*ит.*).

а потом — что-то еще, и так до тех пор, пока ты вдруг не осознаешь, что вернулся туда, откуда начал, — в центр Рима.

Накануне мы с Оливером купались при свете луны. А теперь мы здесь. И через несколько дней он уедет. Как мне хотелось, чтобы он вернулся ровно через год...

Я просунул свою руку ему под руку, прижался к Аде и провалился в сон.

Мы прибыли в кафе Сант-Эустакио к половине второго и заказали на всех кофе. Тогда я наконец понял, почему все обожают кофе в этом заведении, — или, быть может, мне только хотелось думать, что понял, — на деле я вовсе не был в этом уверен. Я не был уверен даже в том, нравится ли здешний кофе мне самому. Возможно, его вообще никто не любил, и все утверждали, что жить без него не могут, лишь из стремления следовать общественному мнению.

Вокруг знаменитой римской кофейни стояли и сидели толпы любителей кофе. Мне нравилось наблюдать за ними: легко одетыми, в каком-то шаге от меня, объединенными любовью к этой ночи, к этому городу и его жителям, объединенными страстным желанием с кем-нибудь сблизиться — с кем угодно; любовью ко всему, что помогает их крошечным компаниям не рассыпаться.

После кофе, когда все наконец собрались расстаться, кто-то сказал:

— Нет, прощаться еще рано!

Кто-то другой посоветовал паб неподалеку. Лучшее пиво в Риме. Почему бы и нет? И мы отправились вниз по длинному узкому переулку в сторону площади Кампо-де-и-Фиори. Лючия шла между мной и поэтом. Оливер шагал позади, болтая с двумя сестрами. Старик Фальстаф тем временем подружился со *Straordinario-fantastico* и беседовал с ней о Сан-Клементе.

— Какая восхитительная жизненная метафора! — воскликнула *Straordinario-fantastico*.

— Пожалуйста, не переусердствуйте с *клементированием* и *клементизированием* всего и вся! Вы ведь понимаете, это всего лишь образное выражение, — ответил Фальстаф, сполна насладившийся в эту ночь славой своего крестника.

Заметив, что Ада идет одна, я вернулся и взял ее за руку. Она была в белом, и ее загорелая кожа так блестела, что мне хотелось прикоснуться к каждой клеточке ее тела. Мы молчали. Я слышал, как ее каблуки стучат по каменной мостовой. В темноте она казалась призраком.

Я мечтал, чтобы эта прогулка никогда не заканчивалась. В безмолвном и пустынном переулке было совсем темно, и его древние щербатые булыжники блестели во влажном воздухе, словно средневековый посыльный пролил вязкое содержимое своей амфоры по дороге домой, прежде чем исчезнуть под землей древнего города.

Влажность никуда не исчезала. Жители Рима разъехались по отпускам, и этот опустевший город, слишком много повидавший на своем веку, теперь принадлежал только нам — как принадлежал поэту, когда, находясь за тысячи километров отсюда, тот на одну ночь воссоздал его в своем воображении. Стоило нам захотеть, и мы могли бы просто ходить кругами — никто бы не заметил и не вздумал возражать.

Когда мы спускались по опустевшему лабиринту слабо освещенных улиц, я задумался о том, какое отношение все эти разговоры о Сан-Клементе имеют к нам, к тому, как мы перемещаемся во времени, как время движется сквозь нас, как мы меняемся и продолжаем меняться, а потом возвращаемся в самое начало. Прожить жизнь, постигнув одну лишь эту истину, — уже достаточно. Наверное, именно это и пытался донести до нас поэт.

Через месяц-другой, когда я снова окажусь в Риме, эта ночь с Оливером покажется мне совершенно ненастоящей, словно все происходило с каким-то другим мной. И желание, зародившееся во мне здесь три года назад, когда юноша-посыльный предложил сходить в дешевый кинотеатр с определенной репутацией, через три месяца будет казаться мне таким же несбыточным, каким казалось тогда — когда я ощутил его впервые. Он появился. Он исчез. Ничего не изменилось. Я не изменился. Мир не изменился. Однако ничто уже не будет прежним. Все, что осталось, — лишь мечтать и лелеять воспоминания.

Когда мы приехали, бар уже закрывался.

— Мы работаем до двух.

— Что ж, у нас еще есть время выпить.

Оливер хотел мартини — американский мартини.

Поэт заметил, что это прекрасная идея.

— И мне! — подхватил кто-то.

Большой музыкальный автомат проигрывал тот же летний хит, который мы слышали на протяжении всего июля. Услышав слово «мартини», издатель и Фальстаф также присоединились к заказу.

— *Ehi! Taverniere!** — крикнул последний.

Официант сообщил, что мы можем заказать либо вина, либо пива, — бармен уже ушел, поскольку сегодня должен был отвезти свою тяжело больную мать в больницу. В ответ на неуклюжие объяснения официанта гости подавили смешки. Оливер спросил, сколько стоит мартини. Официант окликнул девушку за кассой. Она назвала цену.

— А что, если я сам приготовлю коктейли, а вы просто возьмете с нас деньги?

Официант и кассирша засомневались. Хозяин давно ушел.

— Почему бы и нет? — сказала наконец девушка. — Если умеете сами смешивать коктейли — *faccia pure*, приступайте!

Под всеобщие аплодисменты Оливер прошел за барную стойку и, смешав лед, джин и немного вермута, принялся энергично встряхивать шейкер. Он не нашел оливок в крошечном холодильнике у бара, но пришла кассирша, проверила холодильник и извлекла оттуда целую пиалу.

---

* Эй! Официант! (*ит.*).

— Оливки, — произнесла она, глядя Оливеру прямо в лицо; ее взгляд говорил: *«Они были прямо у тебя под носом — ты вообще искал? Еще что-нибудь нужно?»*

— Может быть, мне удастся убедить вас принять от нас один мартини? — сказал он.

— Ночка выдалась сумасшедшая. Пожалуй, один мартини не повредит. Только маленький.

— Хотите я вас научу?

И он принялся объяснять тонкости приготовления сухого мартини. Роль бармена его явно устраивала.

— Где ты этому научился? — спросил я.

— Семинары по смешиванию коктейлей. Спасибо Гарварду, — пошутил он. — В колледже я подрабатывал барменом по выходным. Потом работал поваром, потом — официантом. Но в покер не переставал играть никогда.

Рассказы о его студенческих годах были словно подсвечены ярким, волшебным сиянием — как будто принадлежали к другой жизни — жизни, к которой у меня не было доступа, поскольку она осталась в прошлом. Но доказательства ее существования я видел сейчас — например, в его умении смешивать коктейли, или различать малоизвестные сорта граппы, или легко находить язык с женщинами, — а также в таинственных квадратных конвертах, приходивших ему на наш адрес со всего мира.

Я никогда не завидовал его прошлому и не боялся его. Все эти стороны жизни Оливера напоминали события, происходившие в жизни моего отца задолго до моего рождения, но продолжающие в той или иной степени резонировать в настоящем. Я не завидовал жизни Оливера до встречи со мной и не был одержим желанием переместиться во времени и увидеть его таким, каким он был в моем возрасте.

Нас осталось не больше пятнадцати, и мы заняли один из крупных столов из необработанного дерева. Официант повторно объявил о закрытии, и в течение десяти минут остальные посетители ушли. Официант уже начал опускать железную решетку на дверях, потому что настало время *chiusura*, закрытия. Музыкальный автомат был бесцеремонно выключен из розетки. Если бы каждый из нас продолжил говорить, мы бы остались здесь до рассвета.

— Я тебя шокировал? — спросил поэт.

— Меня? — переспросил я, не совсем понимая, почему из всех присутствующих он обратился с этим вопросом именно ко мне.

Лючия уставилась на нас.

— Альфредо, боюсь, о развращении молодежи он знает больше, чем ты. *E un dissoluto assoluto**, — произнесла она, уже привычным жестом поднося ладонь к моей щеке.

— Это стихотворение — только об одной вещи, и больше ни о чем, — вставила *Straordinario-fantasti*co.

— «Сан-Клементе» — по меньшей мере о четырех! — возразил поэт.

---

* Он абсолютный бесстыдник (*ит.*).

Прозвучало третье предупреждение от официанта.

— Послушайте, — вдруг обратился к официанту хозяин книжного магазина, — почему бы вам не разрешить нам здесь остаться? Мы вызовем юной леди такси, когда закончим. И, конечно, заплатим. Еще по мартини?

— Делайте что пожелаете, — ответил официант, снимая фартук. Похоже, он сдался. — Я иду домой.

Оливер подошел ко мне и попросил сыграть что-нибудь на фортепиано.

— Что бы ты хотел услышать? — спросил я.

— Что угодно.

Это будет благодарностью за самый прекрасный вечер в моей жизни. Я отпил из второго по счету бокала мартини, ощущая себя таким же испорченным, как все те джазовые пианисты из фильмов, которые бесконечно много курят и пьют и которых потом находят мертвыми в сточных канавах.

Я хотел сыграть Брамса. Но чутье подсказывало выбрать что-нибудь тихое и созерцательное. Поэтому я сыграл одну из «Гольдберговских вариаций» Баха — и сам сделался тихим и созерцательным. Среди присутствовавших пятнадцати — или около того — человек раздался вздох; я обрадовался — для меня это был единственный способ отплатить им за такой волшебный вечер.

После меня попросили сыграть что-нибудь еще, и я предложил каприччио Брамса. Все единодушно согласились, что это прекрасная идея; но внезапно мной словно завладел дьявол, и, отыграв первые аккорды каприччио, я вдруг передумал и перешел на *stornello**. Этот контраст привел всех в легкое замешательство; все принялись петь, правда, совсем не в унисон — каждый пел ту *stornello*, которую помнил. Но дойдя до припева, все договорились петь те слова, которые мы с Оливером слышали днем от живой скульптуры Данте. Это вызвало всеобщий восторг, и тогда меня попросили сыграть еще одну песенку, затем — еще и еще. Римские *stornelli* — как правило, непристойные, бодрые песенки, в отличие от печальных и душераздирающих неаполитанских арий. После третьей песни я посмотрел на Оливера и сказал, что хочу выйти на улицу глотнуть свежего воздуха.

— Что случилось, ему нехорошо? — обратился поэт к Оливеру.

— Нет, просто хочет немного подышать. Пожалуйста, сидите.

Кассирша наклонилась и одной рукой приподняла железную решетку. Я пролез под ней и сразу ощутил дуновение свежего ветра в пустынном переулке.

— Давай немного пройдемся? — предложил я Оливеру.

Мы спустились по темному переулку — как две тени у Данте, одна постарше, другая помладше. На улице было по-прежнему очень жарко, и лоб Оливера блестел в свете фонаря. Мы прошли чуть дальше по необычайно

---

* Народную песенку (*ит.*).

тихому переулку, затем — свернули на другой; казалось, неведомая сила ведет нас, растерянных и изумленных, в какой-то незнакомый мир по влажным, сказочным, гоблинским тропам.

Единственными звуками было мяуканье уличных кошек и журчание воды где-то неподалеку. Это был либо мраморный фонтан, либо один из бесчисленных муниципальных *fontanelle* — родничков с питьевой водой, которые в Риме встречаются на каждом шагу.

— Вода, — выдохнул я. — Не стоило мне пить мартини... Я ужасно пьян.

— Мартини определенно был лишним. Ты выпил сначала виски, потом вино, граппу — и теперь джин.

— Да уж, решил как следует подготовиться к романтической ночи.

Он усмехнулся.

— Ты очень бледный.

— Кажется, меня сейчас стошнит.

— Сделай это, и тебе станет лучше.

— Как?

— Наклонись и как можно глубже засунь палец себе в рот.

Я помотал головой. Ни за что.

Мы заметили у тротуара урну.

— Можно прямо сюда, — сказал он.

Обычно я сдерживал рвотные позывы, но в этот раз постеснялся вести себя по-детски. Однако делать это рядом с Оливером мне было неловко. К тому же я не был уверен, не идет ли за нами Аманда.

— Давай — наклонись, а я подержу твою голову.

Я сопротивлялся:

— Сейчас все пройдет. Точно пройдет.

— Открой рот.

Я открыл. И едва он успел коснуться моего небного язычка, как меня сразу же стошнило.

Зато какое утешение — он держал мою голову! Как самоотверженно и мужественно делать это, пока кого-то тошнит. Смог бы я ответить ему тем же?

— Кажется, все, — наконец сказал я.

— Давай немного подождем, вдруг нет.

Разумеется, он был прав: еще один рвотный позыв, и я изверг вторую порцию выпитого и съеденного ранее.

— Ты не пробовал *жевать* горох? — улыбаясь, поинтересовался он.

Как же мне нравилось, когда он так шутил надо мной.

— Надеюсь, я не запачкал твои ботинки.

— Я не в ботинках, а в сандалиях.

Мы оба расхохотались.

Оглядевшись, я обнаружил, что меня вырвало прямо возле Пасквинской статуи*. Как это похоже на меня — вы-

* Пасквинская статуя (Пасквино) — одна из «говорящих» статуй Рима, к которой жители города приклеивают анонимные стихи и пасквили, выражая свое мнение о политической ситуации в стране.

кинуть такой фокус прямо перед самым почтенным римским пасквилянтом.

— Клянусь, там были совсем не тронутые горошины, которыми можно было бы накормить половину голодающих детей Индии.

Снова смех. На обратном пути я умылся и сполоснул рот водой из фонтана.

Прямо перед нами вдруг снова возникла живая скульптура Данте. Теперь он стоял без плаща, распустив длинные черные волосы. Сегодня он, должно быть, так вспотел в этом костюме, что сбросил пару килограммов.

Данте ругался с королевой Нефертити — тоже без маски и со спутанными от жары волосами.

— Сегодня вечером я собираю свои вещи — и до свидания, всего доброго.

— И тебе того же, и *vaffanculo!**

— Сам *fanculo, e poi t'inculo!*** — с этими словами Нефертити кинула в Данте горсть монет. Он увернулся, но одна все же задела его по лицу.

— *Aiiiio!* — взвизгнул он.

На миг мне показалось, что они сейчас подерутся.

Обратно мы пошли другим, таким же темным, пустынным и сверкающим переулком, а затем свернули на Виа Санта-Мария-дель-Анима. Из стены небольшого зда-

---

* Иди в жопу (*ит.*).

** Иди в жопу, е*ать тебя в жопу (*ит.*).

ния на углу слабо светил квадратный фонарь. Вероятно, на его месте раньше была газовая лампа. Я остановился, и Оливер тоже.

— Это был самый прекрасный день моей жизни — а завершил я его, давясь рвотой у фонтана.

Оливер не слушал меня. Он вдруг резко прижал меня к стене и начал целовать, прижимаясь своими бедрами к моим и почти отрывая меня от земли. Мои глаза были закрыты, но я почувствовал, как на мгновение он прервал поцелуй и огляделся посмотреть, нет ли вокруг прохожих. Я не хотел оглядываться — пусть об этом беспокоится он. Потом мы снова целовались, и, по-прежнему не открывая глаз, я вдруг услышал два пожилых мужских голоса. Они что-то ворчали — мол, посмотрите-ка на этих двоих, в прежние времена такого не было!.. Но я не хотел о них думать и ни о чем не волновался. Если не беспокоится Оливер, не беспокоюсь и я. Я готов был провести так остаток своей жизни: с ним, ночью, в Риме, — глаза закрыты, моя нога обвивает его. И тогда я решил, что через несколько недель или месяцев вернусь сюда — на это место, которое теперь стало нашим.

По возвращении в бар мы обнаружили, что все уже разошлись. Было уже около трех, а может, и позже. За исключением редкого рычания автомобилей, в городе стояла мертвая тишина. Случайно оказавшись на площади Ротонда рядом с Пантеоном, мы обнаружили, что и она непривычно пуста: здесь были лишь несколько туристов с огромными рюкзаками, пара пьяниц и, разумеется, наркоторговцев.

У уличного продавца Оливер купил мне банку *Lemonsoda*. От освежающего, горьковатого лимонного вкуса мне сразу стало лучше. Себе Оливер купил горький оранжевый напиток и кусок арбуза, который предложил мне попробовать, но я отказался.

Как же это восхитительно — бродить полупьяным жаркой, влажной ночью с банкой лимонада по блестящим мощеным улочкам Рима и обниматься.

Мы повернули налево и направились к площади Фебо; вдруг, словно из ниоткуда, в темноте перед нами возник человек — он перебирал струны гитары и пел — но не балладу, а, как мы выяснили, подойдя ближе, старинную неаполитанскую песенку *Fenesta ca lucive*. Мне понадобилось несколько секунд, чтобы узнать ее. А потом я вспомнил.

Мафальда научила меня этой песне, когда я был совсем еще мальчиком. Она пела ее мне вместо колыбельной. Я почти ничего не знал о Неаполе, хоть и несколько раз бывал там с родителями, и никогда не общался с неаполитанцами, за исключением Мафальды и ее ближайшего окружения. Но в тот вечер куплеты этой печальной песни вдруг разбудили во мне такую сильную ностальгию по утраченной любви и всему, что было потеряно в течение чьей-то жизни (например, жизни моего дедушки, начавшейся задолго до моей), — что я словно перенесся в бедную, безутешную вселенную простых людей — таких, как предки Мафальды, — суетящихся в своих крошечных неаполитанских *vicoli* — переулках; я хотел разделить память об этих людях с Оливером, слово в слово, как если бы и он тоже — как Мафальда, и Манфреди, и Анкизе — был южанином, которого я встретил в заграничном портовом городе, и мог бы мгновенно понять, почему звуки этой старинной песни, похожей на древнюю молитву по усопшим на самом мертвом из языков, вызывают слезы даже у тех, кто не понимает в ней ни слова.

Он сказал, что песня напомнила ему израильский государственный гимн; или это что-то по мотивам «Влтавы»*? Хотя, если подумать, похоже и на арию из «Сомнамбулы» Беллини**... Теплее, ответил я, но все же не то, — хотя эта песня в самом деле часто приписывается Беллини. Он сказал, что мы *клементизируем*.

Я перевел текст с неаполитанского на итальянский, а потом на английский. Речь в песне идет о молодом человеке, который проезжает мимо окна своей возлюбленной и от ее сестры узнает, что Неннелла умерла. «*Из уст, где когда-то распускались цветы, теперь вылезают лишь черви. Прощай, заветное окно, — моя Ненна больше никогда не выглянет наружу*».

---

* «Влтава» — симфоническая поэма, входящая в цикл «Моя родина» Бедржиха Сметаны (1824–1884), австрийского композитора чешского происхождения.

** Винченцо Сальваторе Кармело Франческо Беллини (1801–1835) — итальянский композитор, автор 11 опер.

Какой-то одинокий и изрядно выпивший немецкий турист услышал, как я перевожу песню, и подошел к нам, на ломаном английском умоляя перевести ее еще и на немецкий.

По дороге в отель я научил их с Оливером петь припев, и мы трое, каждый на свой лад, повторяли его снова и снова, и наши голоса эхом гуляли по узким влажным улочкам Рима. Наконец на площади Навона мы попрощались с немцем и снова тихо запели припев:

Chiagneva sempe ca durmeva sola,
mo dorme co' li muorte accompagnata.

Она лила слезы всегда, потому что спала одна,
Теперь она спит среди мертвых.

Теперь, по прошествии многих лет, мне все еще кажется, что я слышу голоса двух молодых мужчин, которые на рассвете напевают эти слова на неаполитанском; они держат друг друга в объятиях и идут по старинным улочкам Рима, то и дело останавливаясь для поцелуя, однако никто из них пока не знает, что этой ночью они займутся любовью в последний раз.

— Пойдем завтра в Сан-Клементе, — сказал я.

— Завтра уже наступило, — ответил он.

ЧАСТЬ IV

Призрачное место

Анкизе ждал меня на станции. Я увидел его, как только поезд въехал на участок, идущий вдоль залива, и замедлил ход, почти касаясь высоких кипарисов, которые я так любил и сквозь которые всегда проглядывало яркое полуденное море. Я опустил окно и подставил лицо ветру, вглядываясь в наш автомобиль, громыхающий мотором вдалеке. Я любил возвращаться в Б. Каждый год я приезжал сюда в начале июня после окончания учебного года: ветер, зной, сверкающий серый перрон, древняя будка станционного смотрителя, закрытая со времен Первой мировой, мертвая тишина — то были составляющие моей любимой поры в самое пустынное и прекрасное время дня. Лето, казалось, только начиналось, ничего еще не случилось, голова у меня до сих пор гудела от текстов, вызубренных наспех перед экзаменом, и я впервые в этом году видел море. Какой еще Оливер?

Поезд затормозил на несколько секунд и выпустил пятерых пассажиров. Стоял привычный гул; спустя мгновение он сменился громким треском двигателя. Затем так же легко, как остановились, вагоны, заскрипев, снова заскользили по рельсам — один за другим — и, наконец, покинули станцию. Абсолютная тишина.

Я на секунду задержался под деревянным навесом. Все здесь, включая заброшенную будку, пропахло бензином, смолой, краской и мочой. И как всегда: дрозды, сосны, цикады.

Лето.

Я редко вспоминал о приближении учебного года, но теперь был особенно рад жаре и солнцу, поскольку благодаря им казалось, что впереди еще месяцы свободы.

Вскоре после моего прибытия к соседнему перрону примчался *direttissimo* до Рима — этот поезд никогда не опаздывал. Три дня назад мы ехали на точно таком же. Я вспомнил, как смотрел тогда из окна и думал: через несколько дней ты вернешься, и будешь снова одинок, и возненавидишь все, так что не дай застать себя врасплох. Готовься. Я репетировал расставание; не только чтобы предотвратить боль, заранее принимая ее в маленьких дозах, — но и, как все суеверные люди, надеялся, что моя готовность смириться с худшим заставит судьбу надо мной сжалиться. Точно солдаты, которые тренируются сражаться ночью, я жил во мраке, дабы не ослепнуть, когда опустится тьма. Я репетировал боль, чтобы смягчить ее. Употреблял крошечными дозами.

Так, теперь повторим.

Вид на залив: галочка.

Запах сосен: галочка.

Будка станционного смотрителя: галочка.

Вид на холмы вдалеке — как напоминание о том утре, когда мы в очередной раз отправились в Б. на велосипедах, а потом неслись вниз по склону и чуть не сбили цыганскую девочку: галочка.

Запах мочи, бензина, смолы, эмалевой краски: галочка, галочка, галочка — и галочка.

Анкизе взял у меня рюкзак и предложил понести его. Я отказался: рюкзаки должны носить только их владельцы. Почему — Анкизе не понял, но рюкзак вернул.

Он спросил, уехал ли синьор *Уллива*. Да, сегодня утром.

— *Triste**, — заметил он.

— Да, немного.

— *Anche a ma duole*, мне тоже больно.

Я избегал его взгляда, не желая разговаривать и вообще поднимать эту тему.

Когда я вернулся домой, мать принялась расспрашивать меня о поездке. Я сказал, что мы не делали ничего особенного: посмотрели Капитолий, Виллу Боргезе и Сан-Клементе, а все остальное время просто гуляли по городу. Видели много фонтанов. Ночами оказывались в необычных местах. Дважды ходили на ужин.

---

* Грустно (*ит.*).

— Ужин? — переспросила мать, сдерживая торжествующее «Я все-таки была права, не так ли?» — И с кем же?

— С людьми.

— Какими?

— Писателями, издателями, друзьями Оливера. Мы встречались с ними каждый вечер и гуляли до утра.

— Еще и восемнадцати нет, а он уже живет *la dolce vita**, — едко усмехнулась Мафальда. Моя мать согласилась.

— Мы обставили твою комнату как прежде. Подумали, ты будешь рад наконец туда вернуться.

Меня тут же охватили гнев и разочарование. Кто им позволил? Наверняка они (вместе или по отдельности) просто решили сунуть к нему нос.

Конечно, я знал, что в конце концов снова перееду в свою прежнюю комнату. Но все же надеялся на медленный и плавный переход к тому укладу жизни, который царил у нас в доме до приезда Оливера. Я представлял, как лежу в постели, безуспешно пытаясь найти в себе смелость встать и дойти до его комнаты. Одного я не предвидел — что Мафальда к этому времени уже сменит его постельное белье — *наше* белье. К счастью, тем утром я еще раз попросил его отдать мне *вздымающуюся* рубашку — заранее убедившись, что он носил ее не снимая все три дня в Риме. В отеле я положил ее в пластиковый пакет для грязного белья и был готов к тому, что, скорее всего, должен буду

---

* Сладкой жизнью (*ит.*).

скрывать ее от любопытных глаз до конца своих дней. Иногда по ночам я вытаскивал ее из пакета, чтобы удостовериться, что она не пропахла пластиком или моей одеждой, и прижимал к себе, и оборачивал вокруг себя рукава, и выдыхал его имя в темноте: *Уллива, Уллива, Уллива* — так Оливер называл меня своим именем, подражая Мафальде и Анкизе; и так же называл его я, в надежде, что в ответ он назовет меня моим; я шептал свое имя, представляя, что это делает он, а потом, что это делаю я: *Элио, Элио, Элио.*

Чтобы не заходить в свою спальню с балкона и не обнаруживать его отсутствие, я решил подняться по внутренней лестнице. Я открыл дверь в комнату, бросил рюкзак на пол и упал на теплую, залитую солнцем постель. Слава богу — они не стирали покрывало. Внезапно я обрадовался, что вернулся. Я мог в тот же миг и забыть обо всем — о его рубашке, его запахе, о нем самом. Кто откажется вздремнуть в два или три часа пополудни в этих знойных частях Средиземноморья?

Изможденный, я решил, что чуть позже — ближе к вечеру — снова возьмусь за аранжировку Гайдна. А может, дойду до теннисного корта, сяду на одну из нагретых солнцем скамеек, и от удовольствия по телу сразу побегут мурашки; ну а потом выясню, свободен ли кто для игры, — уж кто-нибудь да найдется.

Никогда в жизни я не был так счастлив провалиться в сон. Я рассудил, что времени для скорби у меня еще будет предостаточно. Это чувство придет само, когда я меньше всего буду ждать: говорят, так всегда бывает, — и легко мне не отделаться. Предвосхитить горе, чтобы свести его на нет, — все это лишь ничтожные, трусливые попытки спастись, уверял я себя, зная, что в этом искусстве мне нет равных. Но как быть, если оно обрушится на меня? Как быть, если оно придет, но не отпустит, придет навсегда и изведет меня так, как ночами изводила тоска по нему, когда казалось, что в моей жизни не хватает чего-то невероятно важного, словно я потерял часть своего тела; что, если эта потеря будет сродни потере руки, которая есть у тебя на всех фотографиях и без которой ты уже никогда не станешь прежним? Ты всегда знал о грядущей потере и даже был готов к ней, однако не можешь найти в себе силы жить дальше. И сами попытки не думать о ней, точно неосуществимые мечты, о которых ты пытаешься забыть, ранят столь же сильно.

И тут мной завладела странная мысль: что, если мое тело — мое тело, мое сердце — будут изнывать без него? Что делать тогда?

Что, если по ночам я не смогу жить без него — без него рядом со мной, без него внутри меня? Что тогда?

Думать о боли до того, как она придет...

Я знал, что делаю. Даже во сне — я знал.

Пытаешься выработать невосприимчивость к боли — вот что ты делаешь; так знай, что так ты в конце концов уничтожишь все чувства, — хитрый, пронырливый мальчишка, вот кто ты такой — хитрый, бессердечный, пронырливый мальчишка. Я улыбнулся этому голосу. Солнце светило прямо на меня — и я любил его почти той же любовью, которой язычники любят все земное. Язычник, вот ты кто. Я никогда не думал, что так сильно люблю землю, море, солнце. Люди, вещи, даже искусство были на втором месте. А может, я просто обманывал себя?..

Ближе к вечеру я понял, что в самом деле наслаждаюсь сном, а не просто ищу в нем спасения. Мечтать во сне — прекрасно, но просто спать — ничем не хуже. Мной завладевало ощущение чистого блаженства.

Я подумал, что сегодня, кажется, среда, и это была правда: во дворе, разложив инструменты, точильщик за станком точил столовые приборы — каждое лезвие в доме, — а Мафальда беседовала с ним, стоя рядом и держа в руке приготовленный для него стакан лимонада. Режущий скрип и шипение точильного колеса разливались в послеобеденном зное, пока я наслаждался звуками, долетавшими до моей спальни.

Все это время я отказывался признавать, как осчастливил меня Оливер в тот день, когда съел мой персик. Конечно, я был тронут, но еще больше — польщен, будто этот жест означал: *«Каждой клеткой своего тела я верю, что каждая клетка твоего тела должна жить вечно, а если нескольким из них суждено умереть, то пусть они умрут внутри меня»*. Тогда, стоя на балконе, он открыл щеколду моей приоткрытой двери и зашел внутрь — в тот день мы едва разговаривали, и он не просил разрешения войти.

Да и что бы я сделал? Сказал бы: нет — не заходи? Я просто поднял руку, чтобы поприветствовать его и сообщить, что я больше не дуюсь — с этим покончено навсегда, — и позволить ему откинуть одеяло и залезть ко мне в постель.

Теперь же, услышав скрип точильного камня сквозь стрекот цикад, я понял, что нужно либо просыпаться, либо спать дальше, — впрочем, все хорошо: спать, мечтать — какая разница, и то и другое меня устраивало.

Когда я проснулся, было почти пять. Мне больше не хотелось играть в теннис и уж тем более — заниматься Гайдном. Что ж, значит, пришло время купания, решил я. Я надел плавки и спустился по лестнице. Вимини сидела на невысокой каменной ограде у своего дома.

— Чего это ты вдруг собрался купаться? — спросила она.

— Не знаю. Просто захотелось. Пойдешь со мной?

— Не сегодня. Мне запрещают снимать эту дурацкую шляпу. В ней я похожа на мексиканского бандита.

— Панчо Вимини. Что будешь делать, пока я плаваю?

— Смотреть. Но если поможешь мне забраться на один из тех камней — я сяду там в своей шляпе и помочу ноги.

— Тогда пойдем.

Я никогда не просил Вимини дать руку — она сама ее протягивала, как слепой, не раздумывая, берет зрячего под локоть.

— Только не спеши, — попросила она.

Мы спустились по лестнице, а когда оказались у воды, я усадил Вимини на ее любимый камень и сел рядом. Они с Оливером любили сюда приходить. Камень был теплый. В это время дня особенно приятно ощущать на коже прикосновения солнца.

— Как же я рад снова быть здесь, — сказал я.

— Хорошо было в Риме?

Я кивнул.

— Мы скучали по тебе.

— Мы — это кто?

— Я. И Марция. Она приходила на днях, искала тебя.

— А.

— Я сказала ей, куда ты уехал.

— А, — повторил я.

Я видел, как она изучает мое лицо.

— По-моему, она знает, что не очень тебе нравится.

Спорить было бессмысленно.

— И? — спросил я.

— И ничего. Мне просто было жаль ее. Я сказала, что ты очень спешил.

Вимини была явно довольна своей хитростью.

— Она поверила?

— Вроде да. Ну, знаешь, я не особо-то и врала.

— Ты о чем?

— Вы и правда уехали, не попрощавшись.

— Ты права. Но мы это не со зла...

— О, из-за тебя я не расстроилась. Но из-за него — да. Очень.

— Почему?

— Почему? Элио, прости, но ты никогда не отличался сообразительностью.

Я не сразу понял, куда она клонит. А потом до меня дошло, и я сказал:

— Возможно, я тоже никогда его больше не увижу.

— Нет, ты еще можешь. Но насчет себя я сомневаюсь.

Я почувствовал ком в горле и, оставив Вимини, скользнул в воду. Именно этого я и опасался.

Тем вечером, глядя на воду, я на мгновение забыл, что Оливер больше не с нами, что нет смысла оборачиваться и смотреть на наш балкон, где он, кажется, стоит до сих пор. Всего несколько часов назад его тело… и мое тело… А сейчас он, наверное, уже второй раз поел в самолете, который готовится к посадке в аэропорту Нью-Йорка. Я знал, что его переполняла грусть, когда он в последний раз поцеловал меня в туалете аэропорта Фьюмичино; знал, что в самолете он отвлечется на кино и напитки, но вернувшись в свою комнату в Нью-Йорке, снова ощутит эту грусть; и мысль о том, как он грустит, была для меня невыносима, так же, как для него — я знал — была бы невыносима мысль, что грущу я — здесь, в нашей спальне, которая слишком быстро стала только моей.

Кто-то приближался к камням. Я пытался придумать хоть что-нибудь, чтобы облегчить свои страдания, и подумал, как забавно, что меня с Вимини разделяет столько же лет, сколько нас с Оливером.

Семь.

«Через семь лет...» — начал было размышлять я, но вдруг почувствовал, как что-то саднит горло, и нырнул в воду.

После ужина зазвонил телефон. Оливер благополучно долетел. Да, уже в Нью-Йорке. Да, та же квартира, те же люди, тот же шум — и, к сожалению, та же музыка — вы, наверно, ее слышите. Он выставил трубку в окно, чтобы мы ощутили латиноамериканские ритмы Нью-Йорка. Сто четырнадцатая улица, сказал он. Собираемся на поздний обед с друзьями. Мои родители разговаривали с ним с двух телефонов в гостиной, а я — с телефона на кухне. Кто у нас? Те же привычные гости, приходили на ужин. Только ушли. Да, здесь тоже ужасно жарко. Надеюсь, ты провел время с пользой, сказал отец. Где провел? Здесь, у нас, пояснил отец. Это лучшее, что случалось со мной в жизни. Если бы мог — сел бы на тот же самолет и вернулся бы с одной рубашкой, парой плавок да зубной щеткой. Все засмеялись. Приезжай в любое время, *caro**. Мы перебрасывались шутками. Ты знаешь нашу традицию, сказала мать, ты должен навещать нас, пускай хоть на денек-другой. Ее «хоть на денек-другой» всегда означало «*не больше, чем* на денек-другой» — но только не в этот раз, и Оливер это знал.

— *Allora ciao, Oliver, e a presto***, — сказала она.

Отец попрощался примерно теми же словами, а напоследок добавил:

---

* Дорогой (*ит.*).

** Тогда до свидания, Оливер, и до скорой встречи (*ит.*).

— *Dunque, ti passo Elio — vi lascio**.

Я услышал два щелчка — они сообщали о том, что на линии остались только мы вдвоем. Как тактично со стороны отца. Теперь мы могли поговорить наедине, но я вдруг растерялся от такой неожиданной свободы; казалось, мы находились в разных временных пространствах. Хорошо ли он долетел? Да. Еда в самолете была ужасной? Да. Думал ли он обо мне? У меня закончились вопросы, но я зачем-то продолжал забрасывать его новыми.

— А сам как думаешь? — прозвучал его туманный ответ, будто он боялся, что кто-то может снова поднять трубку.

Вимини передает привет и очень грустит. Завтра куплю ей что-нибудь и отправлю экспресс-почтой. Я всегда буду помнить Рим. Я тоже. Как тебе твоя комната? Нормально. Окна выходят на шумный двор, никакого солнца, ужасно мало места... Не знал, что у меня так много книг и такая крошечная кровать... Вот бы начать все заново в этой комнате, сказал я. Вот бы каждый день моей жизни стоять с тобой плечом к плечу у окна — как тогда, в Риме, добавил я. И моей тоже. Рубашка, зубная щетка, ноты — и я прилечу, так что ты тоже не искушай меня. Я взял кое-что из твоей комнаты, сказал он. Что? Никогда не угадаешь. Что? Выясни сам. И тут я произнес эти слова — даже не потому что хотел, а потому что повисла тишина и это был самый простой способ прервать ее; да

---

* Ну все, я покидаю тебя и оставляю с Элио (*ит.*).

и лучше так, чем потом сожалеть, что не осмелился признаться: *я не хочу тебя терять*. Мы будем переписываться. Я буду звонить с почты — больше уединения. Зашел разговор про Рождество — и даже про День благодарения. Да, на Рождество. Но между нашими мирами, которые до этой секунды разделяло расстояние не большее, чем тонкий кусочек кожи, однажды подцепленный Кьярой с его плеча, — между нашими мирами теперь вдруг пролегли тысячи световых лет. Когда придет Рождество, все это, возможно, уже не будет иметь значения. Дай мне еще раз послушать шум у тебя за окном. Я услышал треск. Повтори еще раз тот звук, который ты издал, когда... Робкий, тихий звук — потому что здесь люди, объяснил он. Мы засмеялись. Да и потом — меня зовут на обед. Лучше бы он никогда не звонил. Я хотел услышать, как он зовет меня по имени. Хотел спросить — теперь, когда мы были так далеко, — что же все-таки произошло между ним и Кьярой. Но не спросил даже, где он оставил свои красные плавки. Наверняка он забыл о моей просьбе и забрал их с собой.

После разговора я первым делом отправился наверх в свою комнату, чтобы выяснить, что за вещицу на память обо мне он забрал с собой. На стене я увидел не пожелтевший прямоугольник обоев — пустое место, на котором раньше висела антикварная открытка в рамке, датированная, кажется, 1905 годом. Боже. Открытка с изображением откоса Моне. Один из предыдущих летних постояльцев, тоже американец, нашел ее на блошином рынке в Париже два года назад и отправил мне по почте в качестве сувенира. Открытка, теперь уже выцветшая, впервые была отправлена почтой в 1914 году — на обороте сохранилось несколько побледневших слов, в спешке нацарапанных немецким готическим курсивом, — и была адресована какому-то доктору в Англии; а рядом наш американский студент добавил свои поздравления черными чернилами: «Однажды вспомни обо мне». Эта карточка будет напоминать Оливеру о том дне, когда я впервые заговорил о своих чувствах. Или о том, когда мы проезжали мимо откоса на велосипедах, притворяясь, что не замечаем его. Или — когда решили устроить пикник на том самом месте и поклялись не прикасаться друг к другу, а вскоре после этого уже вместе нежились в постели. Я хотел, чтобы эта открытка все время была у него перед глазами — всю его жизнь, прямо над рабочим столом, над кроватью, везде. Вешай ее всюду, куда идешь, думал я.

Той же ночью, как всегда во сне, я вдруг кое-что осознал. Забавно, до того дня мне и в голову это не приходило, а ведь подсказка была у меня перед самым носом целых два года. Его звали Мэйнард. Однажды днем, когда все отдыхали — и он это прекрасно знал, — он постучал в мое французское окно и спросил, остались ли у меня черные чернила; он израсходовал свой пузырек, но, как и я, пишет только черным. Он зашел внутрь. Я, в одних плавках, подошел к письменному столу и протянул ему бутылочку. Он долго и неловко стоял на месте, не сводя с меня взгляда, и только потом взял ее. В тот же вечер он вернул чернила, оставив пузырек с моей стороны балкона. Любой другой человек постучал бы и отдал бутылочку мне лично. Мне было пятнадцать. Но я бы не отказался. Помню, я рассказывал ему о своем любимом месте на холмах.

Забавно, я даже ни разу о нем не вспомнил, пока Оливер не снял у меня со стены эту открытку.

Вскоре после ужина я увидел отца за столом во дворе — там, где он всегда сидит за завтраком. Его стул был повернут к морю, а на коленях у него лежала корректура его последней книги. Отец по обыкновению пил ромашковый чай и наслаждался вечером. Перед ним стояли три большие свечи с ароматом цитронеллы (этим вечером комары не знали пощады).

Я направился к нему. По вечерам мы часто сидели вдвоем — но в последний месяц я совсем забросил нашу традицию.

— Расскажи мне о Риме, — попросил отец, увидев, что я сажусь рядом.

В это время он всегда выкуривал последнюю за день сигарету. Он устало кинул рукопись на стол — а теперь, мол, перейдем к самому интересному — и по-хулигански прикурил сигарету от свечи.

— Ну, так что?

Рассказывать было нечего. Я повторил то, что уже рассказывал матери: про отель, Капитолий, Виллу Боргезе, Сан-Клементе, рестораны...

— Ели тоже хорошо?

Я кивнул.

— И пили хорошо?

Снова кивнул.

— А как насчет развлечений, которые одобрил бы твой дед?

Я засмеялся — нет, не в этот раз! — и рассказал о случившемся возле Пасквинской статуи.

— Нарочно не придумаешь — вырвало не абы где, а перед говорящей статуей! А что кино? Концерты?

Мне показалось, что он к чему-то клонит — возможно, сам того не сознавая; я понял это по тому, как искусно принялся выкручиваться в своих ответах, когда его вопросы еще того не требовали и когда то, чего я боялся, еще даже не появилось на горизонте. Я рассказал ему о вечно грязных римских площадях, о погоде, зное, загруженных дорогах и монашках на каждом шагу. Такая-то церковь закрылась. Повсюду стройки и мусор. Пожаловался на людей, на туристов и микроавтобусы, то впускавшие, то выпускавшие бесчисленные толпы в бейсболках, вооруженные камерами.

— Посмотрели те частные внутренние дворики, о которых я говорил?

Боюсь, мы не дошли до двориков, о которых он рассказывал.

— Ну хоть выразили почтение статуе Джордано Бруно?

Еще как. Меня и рядом с ним чуть не вырвало.

Мы посмеялись. Недолго помолчали.

Он снова затянулся.

Вот — сейчас.

— Вы двое здорово сдружились.

Я не ожидал такой прямоты.

— Да, — ответил я, и это «да» так и повисло в воздухе, точно за ним следовало *«и что с того?»*, которое я в последний миг решил проглотить.

Я надеялся, что отец не заметил слегка враждебную и утомленную уклончивость в моем голосе, и в то же время почти хотел, чтобы он ухватился за нее и, как обычно, упрекнул меня в излишней жестокости, равнодушии или нетерпимости в отношении тех, кто может по праву считаться моими друзьями.

Такие речи он любил завершать привычной порцией банальностей: о том, как редка истинная дружба, и что люди, которые по прошествии времени становятся непросты в общении, как правило, не имеют злого умысла и привносят в нашу жизнь нечто хорошее. Нет человека, который был бы как остров, нельзя закрываться от других, люди нужны друг другу и так далее и тому подобное.

Но нет.

— Ты слишком смышлен, чтобы не понимать, сколь редко и особенно то, что было между вами.

— Оливер — это Оливер, — сказал я, точно подытожив.

— *Parce que c'était lui, parce que c'était moi**, — добавил отец, цитируя всеобъемлющее объяснение Монтеня** о его дружбе с Этьеном де ля Боэси***.

Я же вспомнил слова Эмили Бронте****: потому что *«...в нем больше меня, чем во мне самой»******.

— Оливер, конечно, невероятно умен... — начал я, и в голосе моем вновь засквозила неискренность, предвещавшая предательское «но», незримо повисшее между нами. Я готов был пойти на все, лишь бы не позволить отцу увести меня дальше по этой дороге.

— Умен? Он не просто умен. То, что было между вами, одновременно имеет прямое отношение к уму и в то же время — никакого. Он хороший человек, и вам несказанно повезло, что вы нашли друг друга. Потому что и ты — хороший.

Отец никогда прежде не использовал слово «хороший» в таком смысле, и это поставило меня в тупик.

— Я думаю, он лучше меня, папа.

— Уверен, он сказал бы то же самое о тебе, а это служит комплиментом вам обоим.

---

* Потому что это был он, потому что это был я (*фр.*).

** Мишель де Монтень (1533–1592) — французский писатель и философ эпохи Возрождения, автор книги «Опыты».

*** Этьен де ла Боэси (Боэти) (1530–1563) — французский писатель и философ, автор переводов Плутарха, Вергилия, Ксенофонта и Ариосто.

**** Эмили Джейн Бронте (1818–1848) — английская писательница и поэтесса, средняя из трех сестер Бронте.

***** Цитата из «Грозового перевала» Эмили Бронте в переводе Т. Черняк.

Он наклонился к пепельнице, чтобы стряхнуть пепел с сигареты, и попутно коснулся моей руки.

— То, что ждет тебя впереди, совсем нелегко, — начал он, и голос его зазвучал иначе. Этот тон означал: *нам не обязательно говорить об этом, но давай не будем притворяться, что не понимаем, о чем речь.*

Абстрактные изречения были для него единственным способом говорить правду.

— Не бойся, чувства придут. По крайней мере, я на это надеюсь. Придут, когда меньше всего ждешь. Природа хитра и умеет обнаруживать наши самые слабые места. Просто помни: я рядом. Может быть, прямо сейчас ты не хочешь ничего чувствовать. А может, уже почувствовал против своей воли, но не хочешь говорить об этом со мной. В любом случае я уверен: они не обойдут тебя стороной.

Я взглянул на него. Самое время солгать и сказать, что он заблуждается. Я приготовился. Но он меня опередил:

— Послушай, у вас была прекрасная дружба. Возможно, даже больше, чем просто дружба. И я тебе завидую. Большинство родителей на моем месте надеялись бы, что это скоро пройдет, или молились бы о скором выздоровлении сына. Но я не из таких. Что до тебя: если есть боль — лелей ее, а если пламя — не задувай, не будь к нему жесток. Порой боль от потери столь сильна, что не дает уснуть ночами; и осознание, что о тебе забыли раньше, чем хотелось бы, — ничуть не легче. В попытке скорей оправиться от случившегося мы убиваем в себе так много, что к тридцати годам оказываемся ни с чем, — и каждый раз, начиная заново, обнаруживаем, что можем предложить все меньше. Однако бесчувственность во имя бесчувственности — пустая трата жизни.

Я пытался осознать услышанное.

Я был ошеломлен.

— Я наговорил лишнего? — спросил он.

Я покачал головой.

— Тогда позволь мне сказать еще кое-что и все прояснить. Мне не довелось испытать то же, что и тебе, но, пожалуй, я был близок. Что-то всегда меня удерживало, всегда мешало. Как ты живешь свою жизнь — твое личное дело. Но помни: сердце и тело даются нам лишь единожды. Большинство из нас живет так, словно у нас в запасе несколько жизней: одна — черновая, другая — настоящая, и еще десяток между ними. Но жизнь одна — оглянуться не успеешь, — а сердце уже измождено; а что касается тела — наступит время, когда никто уже не пожелает на него смотреть, а тем более — к нему приближаться. Сейчас тебе больно, и твоей боли я не завидую, но завидую ее причине.

Он вздохнул.

— Возможно, мы больше никогда не коснемся этой темы. Но, надеюсь, ты не будешь винить меня в том, что сегодня мы ее затронули. Я был бы ужасным отцом, если бы ты, отважившись поговорить со мной, почувствовал бы, что двери закрыты — или открыты недостаточно широко.

Я хотел спросить, как он понял. Хотя, с другой стороны, — как мог не понять? Разве мог хоть кто-нибудь?

— А мама знает? — спросил я. Я собирался сказать «подозревает», но передумал.

— Не думаю, — ответил он, однако в голосе его звучало: *даже если бы знала — уверен, отнеслась бы к этому точно так же, как я.*

Мы пожелали друг другу спокойной ночи. По дороге наверх я поклялся расспросить его о жизни. Я много слышал о женщинах, которые были у него в молодости, но больше ни о чем не подозревал.

Значит ли это, что мой отец был кем-то другим? И если так, то кто же я?

Оливер сдержал обещание. Он приехал к нам перед самым Рождеством и гостил до Нового года. Первое время он мучился усталостью после длительного перелета. Ему нужно время, думал я. Но оно нужно было и мне.

Он общался в основном с моими родителями, а еще с Вимини, которая радовалась, что между ними ничего не переменилось. Я начал опасаться, что мы возвращаемся к былым временам, когда, не считая вежливого обмена любезностями, мы только и делали, что избегали друг друга и изображали безразличие. Почему телефонные разговоры не подготовили меня к такому сценарию? Или это я виной перемене в нашей дружбе?.. Может, родители сболтнули лишнего?..

Вернулся ли он ради меня? Или ради них, ради дома, ради того, чтобы просто развеяться?..

Он вернулся из-за своей книги, которая уже была опубликована в Англии, Франции и Германии, а теперь вот-вот должна была выйти и в Италии. Издание получилось изящное, и мы все искренне радовались за Оливера, в том числе — хозяин книжной лавки в Б., который обещал устроить презентацию книги летом следующего года.

— Может быть. Посмотрим, — сказал Оливер, когда мы заехали туда на велосипедах.

Лавка с мороженым была закрыта до следующего лета. Как и цветочный магазин, и аптека, где мы остановились по пути с откоса Моне, когда Оливер впервые показал мне свою ссадину. Казалось, эти воспоминания принадлежали другой жизни. Небо посерело, город казался пустым.

В один из вечеров Оливер долго разговаривал с моим отцом. Вероятнее всего, они обсуждали меня и мой будущий университет, а может, прошлое лето или его новую книгу. Я услышал смех в прихожей внизу — это мать его шумно поцеловала. Чуть погодя раздался стук — только в дверь, а не во французские окна, как раньше; значит, этот вход теперь закрыт для нас навечно.

— Поговорим?

Я уже лежал в постели. Оливер был в свитере и, видимо, собирался на прогулку. Он сел на край моей кровати и выглядел так смущенно, как, должно быть, выглядел я, когда в этой комнате жил он и я зашел к нему впервые.

— Скорее всего, весной я женюсь.

Я был ошеломлен.

— Но ты никогда ничего не говорил.

— Мы больше двух лет то сходились, то расходились.

— Это прекрасные новости, — сказал я.

Свадьба — это всегда прекрасно, я был счастлив за них, брак — это здорово, и широкая улыбка на моем лице была вполне искренней, пускай некоторое время спустя я осознал, что для нас такое положение дел не сулит ничего хорошего. Он спросил, не возражаю ли я.

— Не говори глупостей, — ответил я.

Продолжительное молчание.

— Ну что, ляжешь в кровать? — спросил я.

Он настороженно на меня взглянул.

— Ненадолго. Но мы просто полежим.

Прозвучало это как обновленная и отшлифованная версия его знаменитого «*давай потом*». Значит, мы все-таки вернулись к началу? Мне ужасно хотелось передразнить его, но я сдержался. Он лег рядом со мной поверх одеяла, сняв лишь ботинки.

— Как думаешь, долго это будет продолжаться? — усмехнувшись, спросил он.

— Надеюсь, что нет.

Он поцеловал меня в губы, но этот поцелуй был совсем не похож на тот, в Риме, после происшествия у Пасквинской статуи, когда он прижал меня к стене на Виа Санта-Мария-дель-Анима. Я мгновенно узнал этот вкус и только теперь понял, как сильно его любил и скучал по нему. Еще один пункт в списке того, чего мне будет не хватать после расставания. Я собрался вылезти из-под одеяла.

— Я не могу, — сказал он, отпрянув от меня.

— А я могу, — ответил я.

— Но я — не могу.

Должно быть, мои глаза были похожи на ледяные лезвия, потому что он, казалось, вдруг осознал, как сильно я разозлился.

— Я ничего не желаю больше, чем раздеть тебя и — по меньшей мере — обнять. Но не могу.

Я обвил его голову руками и прижал к себе.

— Может, тогда тебе не стоит оставаться. Они знают о нас.

— Я догадался, — сказал он.

— Как?

— По тому, как говорил твой отец. Ты счастливчик. Мой отправил бы меня прямиком в исправительное учреждение.

Я посмотрел на него: мне бы еще один поцелуй.

Я мог и должен был поцеловать его сам.

К следующему утру между нами окончательно пролегла пропасть. Однако в ту неделю все же случилось кое-что еще. Мы сидели в гостиной после обеда и пили кофе, когда отец принес большую папку с анкетами и фотографиями шести кандидатов на роль нашего нового летнего постояльца. Отца интересовало мнение Оливера; он отдал папку сначала ему, потом матери, мне и одному профессору, который помогал выбирать кандидата в прошлом году и сегодня с той же целью заглянул к нам на обед с женой.

— Вот он, мой преемник, — выбрав одну из анкет, заявил Оливер и передал остальным.

Отец бросил взгляд в мою сторону, но тут же отвернулся. То же самое происходило здесь ровно год назад. Павел, преемник Мэйнарда, приехал к нам на Рождество и, проглядев анкеты, настойчиво рекомендовал кандидата из Чикаго, которого, как выяснилось, хорошо знал. А к Оливеру — молодому ученому, преподававшему в Колумбийском университете и — ну надо же! — специализировавшемуся на досократиках, все отнеслись сдержанно. Я разглядывал его фотографию чуть дольше, чем следовало, и с облегчением обнаружил, что ничего не чувствую.

Вспоминая тот день сейчас, я убежден: именно тогда все и началось — под Рождество, в той самой комнате.

— А меня тоже так выбирали? — спросил Оливер с серьезной и слегка неловкой прямотой, которую моя мать находила обезоруживающей.

Вечером того же дня, помогая загружать его вещи в машину, я сказал:

— Я хотел, чтобы это был ты. — Через несколько минут Манфреди повезет его на вокзал. — Я сделал все, чтобы они выбрали тебя.

В ту ночь я порылся в ящике отцовского стола и нашел папки с анкетами прошлогодних кандидатов. Там была и фотография Оливера. Расстегнутый воротник, все та же вздымающаяся рубашка, длинные волосы, фотогеничность кинозвезды, пойманной объективом папарацци. Неудивительно, что я не мог оторвать от него взгляда. Я хотел пробудить чувства, которые испытал год назад: взрыв желания, и тут же — противоядие: страх. Но далекий и тревожный образ, придуманный мной при взгляде на фотографию, сейчас затмил настоящий Оливер во всех его ипостасях — в плавках разных цветов, обнаженный в постели или у окна в нашей римской гостинице.

Я стал рассматривать лица других кандидатов. Вот этот — вполне ничего. Я попытался представить, какой была бы моя жизнь, если бы на лето к нам приехал кто-нибудь другой. Я бы не поехал в Рим. Но, возможно, отправился бы куда-нибудь еще. Я бы так и не узнал о Сан-Клементе. Но, быть может, узнал бы о чем-нибудь ином, о чем теперь никогда не узнаю. Я бы не изменился, не стал бы тем, кем был теперь, превратился бы в кого-то другого.

Интересно, кто он сейчас, этот другой? Счастливее ли он меня? И нельзя ли краем глаза взглянуть на его жизнь — хоть на пару часов или пару дней? Не только чтобы понять, лучше ли она, или оценить, насколько из-за Оливера непохожа на мою, но и чтобы придумать, что я скажу этому другому себе, если однажды решу его навестить. Интересно, понравится ли он мне? А я ему? Поймет ли хоть один из нас, почему второй стал тем, кем стал? И удивимся ли мы, обнаружив, что оба так или иначе встретили каждый своего Оливера — не важно, мужчину или женщину, —

и потому с огромной долей вероятности и вне зависимости от того, кто жил в нашем доме тем летом, — стали одним и тем же человеком?

Именно моя мать, не переносившая Павла на дух, заставила отца отклонить всех его кандидатов и в конечном счете повлияла на ход событий. Может, мы и предусмотрительные евреи, — сказала она, — но этот Павел — настоящий антисемит, и еще одного такого я у себя в доме не потерплю.

Я вспомнил тот разговор, словно запечатлевшийся на фотографии Оливера. Значит, он тоже еврей, подумал я тогда.

А потом я сделал то, что хотел сделать весь вечер. Я притворился, что еще не знаю, что за тип этот Оливер. Сейчас — прошлое Рождество. Павел все еще пытается убедить нас выбрать его друга. Лето еще не началось. Оливер, скорее всего, приедет на такси. Я возьму его чемодан, покажу ему комнату, отведу по отвесной лестнице на пляж, к камням, а позже, если успею, покажу ему наши владения, поведу его к старой железной дороге и расскажу ему о цыганах, живущих в заброшенных вагонах с королевской эмблемой Савойской династии. Спустя несколько недель, если будет время, мы отправимся на велосипедах в город Б. Остановимся чего-нибудь выпить. Я покажу ему книжную лавку. А потом — откос Моне. Ничего этого еще не было.

О свадьбе Оливера стало известно следующим летом. Мы отправили подарки, а я еще и написал от себя пару слов. Лето пришло и ушло. Мне часто хотелось сообщить ему о его преемнике и во всех деталях расписать истории о моем новом соседе по ту сторону балкона. Но я так ничего и не написал. Я отправил ему одно-единственное письмо год спустя — в нем я сообщал, что умерла Вимини. В ответном письме он обратился ко всем нам, выражая свои соболезнования. В то время он путешествовал по Азии, поэтому письмо добралось до нас много позже, и его реакция на смерть Вимини не только не помогла залечить открытую рану, но и напротив — разбередила уже затянувшуюся. Рассказывая ему о Вимини, я словно переходил последний связывающий нас мост, поскольку было ясно: мы не будем упоминать ни то, что между нами было, ни даже сам запрет на упоминание. В своем письме я также сообщил ему, в какой американский университет поступил, на случай, если отец, который вел активную переписку с каждым из наших летних постояльцев, еще не сообщил ему об этом. По иронии, Оливер ответил на мой итальянский адрес — и это тоже послужило причиной для задержки.

Затем наступили годы тишины.

Реши я описать свою жизнь людьми, с которыми делил постель, их можно было бы распределить по двум категориям — до и после Оливера, — и величайшей наградой для меня была бы возможность подвинуть эту разделительную черту вперед во времени. Однако были и другие — те, кто помог мне провести новые рубежи, разбить жизнь на отрезки *До X* и *После X*, те, кто принес мне радость и боль, кто сбил меня с верного курса, и даже те, после кого все осталось как прежде.

Таким образом, Оливер, так долго бывший центром моей вселенной, в конце концов приобрел преемников, а они либо затмевали его, либо уменьшали его значимость до крошечной точки, превращая в первый указатель на моем пути, в маленький огненный Меркурий по дороге к Плутону и дальше, дальше... Подумать только, — говорил я себе, — во времена Оливера я даже не знал о существовании *того-то*, жизнь без которого теперь была невообразима.

Однажды летом, пока я был в Америке, спустя девять лет после его последнего письма, мне позвонили родители.

— Никогда не угадаешь, кто приехал к нам на два дня! Он поселился в твоей бывшей спальне и стоит сейчас прямо передо мной...

Конечно, я догадался, но сделал вид, что не знаю.

— Одно то, что ты притворяешься, уже о многом говорит, — прежде чем попрощаться, усмехнулся отец.

Потом родители стали шутливо спорить, кто отдаст свою трубку Оливеру, и, наконец, прозвучал его голос.

— Элио, — произнес он сквозь шум голосов моих родителей и детский смех.

Никто не произносил мое имя так, как он.

— Элио, — ответил я, не только возвещая, что я у телефона, но и напоминая о нашей старой игре и показывая: я ничего не забыл.

— Это Оливер, — сказал он.

Он — забыл.

— Мне показали твои фотографии, — продолжил он. — Ты совсем не изменился.

Он стал рассказывать о двух своих сыновьях, которые прямо сейчас играют в гостиной с моей матерью, одному шесть, другому — восемь. Я непременно должен познакомиться с его женой, он так счастлив снова быть в этом доме, я и представить себе не могу... Это самое красивое место на земле, — сказал я, намекая, что счастлив он именно поэтому. Ты не представляешь, как я счастлив снова быть здесь. На линии пошли помехи; он передал трубку обратно моей матери, и я услышал, как она что-то ласково ему говорит.

— *Ma s'è tutto commosso*, он очень взволнован, — наконец сообщила она мне.

— Жаль, я не могу быть сейчас с вами, — ответил я, охваченный волнением из-за того, о ком почти уже позабыл. Время делает нас сентиментальными. Возможно, именно время и заставляет нас страдать.

Четыре года спустя, проезжая мимо университетского городка, где работал Оливер, я вдруг решил с ним встретиться. Я пришел на его лекцию и после звонка, пока он убирал учебники и складывал бумаги в папку, подошел к нему. Я не хотел заставлять его гадать, кто я, но и облегчать задачу тоже не собирался. К нему обратился студент с вопросом, и я стал дожидаться своей очереди. Вскоре студент ушел.

— Ты, скорее всего, не помнишь меня, — начал я, пока он, слегка сощурившись, пытался вспомнить, откуда меня знает.

Он задумался, точно испугавшись, что мы с ним встречались при обстоятельствах, которые напрочь вылетели у него из головы, а потом натянул на лицо неловкую, кривоватую улыбку и посмотрел на меня — осторожно, слегка насмешливо и как бы вопросительно, видимо, репетируя в уме что-то вроде «боюсь, вы приняли меня за кого-то другого»... Но тут же замер.

— Боже мой, Элио!

Он сказал, что его сбила с толку моя борода. Он обнял меня и потрепал по заросшему лицу, словно я был даже младше, чем в то далекое лето. Обнял меня так, как не смог обнять в тот вечер, когда зашел в мою комнату и сообщил, что женится.

— Сколько же лет прошло?

— Пятнадцать. Я сосчитал по дороге сюда, — сказал я. Затем добавил: — Вообще-то это неправда. Я помнил всегда.

— И правда, пятнадцать. Только посмотри на себя! — и тут же продолжил: — Слушай, поехали ко мне: выпьем, поужинаем, сегодня — прямо сейчас. Познакомишься с моей женой, моими мальчишками. Пожалуйста, пожалуйста, прошу.

— Я бы с радостью...

— Дай только занесу кое-что к себе в кабинет — и можем идти! Прогуляемся до парковки, там очень красиво.

— Ты не понимаешь. Я бы с радостью. Но не могу.

«Не могу» означало, конечно, не то, что я занят вечером, а то, что у меня не хватит духу. Он посмотрел на меня, продолжая складывать бумаги в кожаный портфель.

— Ты так и не простил меня, да?

— Простил? Мне нечего было прощать. Если уж на то пошло — я благодарен тебе. За все. Я помню только хорошее.

Я слышал такое в кино. Там это звучало убедительно.

— Тогда в чем дело? — спросил он.

Мы вышли из аудитории на улицу, где долгий, томный, осенний закат Восточного побережья окрашивал близлежащие холмы сияющими оранжевыми красками.

И как теперь объяснить ему — и самому себе, — почему я отказался пойти к нему домой и познакомиться с его семьей, хотя всей душой желал это сделать? Жена Оливера. Сыновья Оливера. Домашние животные Оливера. Кабинет, стол, книги, мир, жизнь Оливера. Чего я опасался?.. Объятие, рукопожатие, формальные любезности и в конце — неизбежное «*Давай!*»?

Сама возможность встретиться с его семьей внезапно встревожила меня: слишком неожиданно, слишком резко, слишком по-настоящему, а я — совсем не готов. У меня ушли годы на то, чтобы оставить его — своего давнего любовника — в невозвратном прошлом; я отложил его до лучших времен и, словно охотничий трофей из моих фантазий, набил воспоминаниями и нафталиновыми шариками. Время от времени я отряхивал его от пыли и снова возвращал на каминную полку. Он больше не был частью жизни, частью мира. Однако теперь мне предстояло не только осознать, что наши пути необратимо разошлись, но и вновь перенести тяжелую потерю; потерю, о которой несложно размышлять, но взглянуть ей в лицо — невыносимо. Подобным образом тревожит сердце ностальгия — когда ты давно перестал думать о том, что потерял и что, возможно, никогда и не было тебе дорого.

Или, быть может, я просто ревновал его — к семье, к жизни, которую он сам для себя создал, и всему тому, что не было доступно мне и о существовании чего я даже не догадывался? Ревновал ко всем его желаниям; ко всему, чего он хотел; всему, что когда-то любил и потерял и что глубоко его ранило, хотя не имел об этом ни малейшего понятия, потому как не присутствовал в его жизни. Меня не было рядом, когда рождались его желания, не было, когда рушились мечты.

Или все гораздо проще? Я приехал, чтобы выяснить: живы ли чувства и осталось ли что-нибудь в моем сердце?.. Беда лишь в том, что я не хотел этого — не хотел никаких чувств.

Все эти годы, вспоминая о нем, я каждый раз думал либо о Б., либо о наших последних днях в Риме; эти мысли неизбежно вели к двум воспоминаниям: к моим страданиям на балконе нашего дома и к Виа Санта-Мария-дель-Анима, где он прижал меня к древней стене и принялся целовать, а я обвил его ногу своей. Каждый раз, возвращаясь в Рим, я отправляюсь на то самое место. Все случившееся там до сих пор живо и свежо, и кажется, словно здесь, под старинной мостовой, пульсирует сердце, украденное из рассказа По*, напоминая мне: тут я познакомился с истинной жизнью, которой был лишен.

Я никогда не мог представить его в Новой Англии. Какое-то время я даже жил там, и нас разделяло не более восьмидесяти километров, однако в моем воображении он был все еще где-то в Италии, далекий и призрачный. Места, где он жил, тоже казались мне ненастоящими, и когда я пытался их представить, они лишь ускользали от меня — такие же далекие и призрачные, как и он. Но теперь оказалось, что живы и реальны не только города Новой Англии, но и он — тоже. Несколько лет назад я бы, не раздумывая, набросился на него — не важно, женат он или нет, — если, конечно, вдруг сам не оказался бы призраком.

Но, может, у меня была гораздо более приземленная цель? Объявиться в надежде, что он одинок, ждет меня и жаждет, чтобы я забрал его обратно в Б.? И мы оба, словно подключенные к одному и тому же дыхательному аппарату, ждем встречи — ждем, когда сможем наконец вернуться к мемориалу погибшим на Пьяве.

А потом я вдруг выпалил:

— Если честно, встретившись с твоей семьей, я предпочел бы ничего не чувствовать. Но не уверен, что смогу. —

---

* Речь идет о рассказе Эдгара По (1809–1849) «Сердце-обличитель».

Повисла напряженная тишина. Затем я добавил: — Возможно, чувства еще не прошли.

Говорил ли я правду? Или болезненное и довольно неловкое положение, в котором мы оказались, вынудило меня произнести то, в чем я не признавался даже самому себе, — и оттого я не мог утверждать, что это правда?

— Думаю, они никогда не проходили, — сказал я.

— Итак, — произнес Оливер. Это слово превосходно подытожило мои сомнения. Правда, возможно, он имел в виду вопросительное «итак?», означающее его недоумение — мол, что такого удивительного в том, что кто-то мечтает о нем столько лет?

— Итак, — повторил я, как будто мы обсуждали капризы и страдания какой-то своенравной третьей стороны, которой внезапно оказался я сам.

— Итак — поэтому ты не можешь зайти к нам выпить?

— Итак — поэтому я не могу зайти к вам выпить.

— Ну ты и дурачок!

Я совсем забыл об этом его словечке.

Мы дошли до его кабинета. Он представил меня нескольким коллегам, оказавшимся на кафедре, и я был несколько удивлен его широкими познаниями в области моей карьеры. Он был в курсе всего — даже самых незначительных подробностей, некоторые из которых мог узнать лишь хорошенько покопавшись в интернете. Это меня тронуло. Я думал, он напрочь обо мне позабыл.

— Я хочу тебе кое-что показать, — сказал он.

В его кабинете стоял огромный кожаный диван. Диван Оливера, подумал я. Значит, вот где он сидит и читает. По дивану и по полу были разбросаны бумаги, и свободно от них было лишь местечко в уголке, под алебастровой лампой. Лампой Оливера. Я вспомнил, что пол в его комнате на нашей вилле тоже был вечно устлан страницами рукописи.

— Узнаёшь? — спросил он.

На стене висела цветная репродукция плохо сохранившейся фрески с изображением бородатого Митры. У меня была точно такая же, но я уже сто лет ее не видел. Мы купили их в то утро, когда поехали смотреть на Сан-Клементе. Рядом в рамке на стене была открытка с откосом Моне. Я мгновенно ее узнал.

— Когда-то она была моей, но тебе она принадлежит уже намного дольше.

Когда-то мы принадлежали друг другу, но теперь жили так далеко, что принадлежали другим. Сквоттеры*, одни только сквоттеры могли претендовать на наши сердца.

— У нее интересная судьба, — продолжил я.

— Знаю. Когда я вставлял ее в рамку, то увидел подпись на обороте — поэтому сделал так, чтобы сзади ее было видно. Я часто думал об этом парне, Мэйнарде. «Однажды вспомни обо мне».

---

* Сквоттеры — лица, заселяющиеся в покинутые либо незанятые места или здания без официального разрешения.

— Твой предшественник, — решил поддразнить его я. — На самом деле нет. Кому ты передашь ее в будущем?

— Я надеялся, что однажды один из моих сыновей лично ее привезет, когда поедет в ваш дом летним постояльцем. Я уже добавил надпись от себя — только не смотри. Ты остановился в городе? — он попытался сменить тему, надевая свой плащ.

— Да. На одну ночь. Завтра надо кое с кем встретиться в университете, а потом — поеду обратно.

Он посмотрел на меня. Я знал, что он думает о той ночи на рождественских каникулах, и он знал, что я знаю.

— Значит, я прощен.

Он сжал губы в беззвучной мольбе.

— Пойдем выпьем у меня в отеле.

Я почувствовал его неловкость.

— Я сказал «выпьем», а не «потрахаемся».

Он взглянул на меня и вдруг покраснел. Я пристально посмотрел на него в ответ. Он был все еще невероятно привлекателен; не полысел и не поправился (сказал, что по-прежнему бегает по утрам); и кожа все такая же гладкая, как прежде. Только на руках появились веснушки. Веснушки, подумал я, не отрывая от них взгляда.

— Что это? — спросил я, указав на его руку, а затем до нее дотронувшись.

— Они у меня повсюду, — ответил он.

Веснушки. У меня разрывалось сердце. Я хотел перецеловать их все, чтобы они исчезли.

— Слишком много солнца было в моей молодости. Да и вообще — ничего удивительного. Я уже не мальчик. Через три года моему старшему сыну будет столько же, сколько тебе было тогда. На самом деле он даже больше похож на того Элио, которого я знал, когда мы были вместе, чем ты сейчас. Вот ведь мистика.

Это ты называешь — *«когда мы были вместе»*? — думал я.

В баре старого отеля в Новой Англии мы нашли тихое местечко с видом на реку и большой сад, который в тот месяц был весь в цвету. Мы заказали два мартини — по просьбе Оливера — с джином *Sapphire* — и устроились рядом за полукруглым столом; мы напоминали двух мужей, которые вынуждены сидеть слишком близко друг к другу, пока их жены пудрят носики в дамской комнате.

— Еще через восемь лет мне будет сорок семь, а тебе сорок. А через тринадцать — мне пятьдесят два, тебе — сорок пять. Тогда ты все-таки придешь на ужин?

— Приду. Обещаю.

— В общем, я понял: ты придешь, когда будешь слишком стар, чтобы переживать. Мои дети разъедутся. А может, я уже буду дедушкой. Так и вижу нас с тобой: сидим рядом и пьем крепкий *eau-de-vie** — как когда-то пили граппу, которой угощал нас твой отец по вечерам.

— И как старики, которые сидят на пьяццетте и смотрят на мемориал Пьяве, мы будем говорить о двух мо-

---

* Прозрачный, бесцветный фруктовый бренди.

лодых мужчинах, которые когда-то провели несколько недель в невероятном счастье, а всю оставшуюся жизнь — словно макали ватные палочки в огромную вазу этого счастья, опасаясь, что в один прекрасный день она опустеет, и не осмеливаясь выпить больше нескольких капель даже на особые годовщины.

Но это счастье, которого почти не было, все равно их манит, — хотел добавить я. Его нельзя стереть, нельзя вычеркнуть, отменить или пережить снова — оно так и застыло на месте, точно сияние светлячков, летним вечером мерцающих над полем, — и словно шепчет: *«А ведь все это могло быть твоим»*.

Но возвращаться — неправильно. Двигаться вперед — неправильно. Смотреть в другом направлении — неправильно. Пытаться исправить все неправильное — тоже неправильно.

Их жизни — точно бессвязное эхо, навечно похороненное в закрытом митреуме*.

Молчание.

— Боже, а как они завидовали нам, сидя напротив за столом, — сказал Оливер. — Помнишь, в первую ночь в Риме? Пялились на нас — стар и млад, мужчины, женщины — вообще все — пялились, потому что мы были так счастливы.

* Митреум — прямоугольное помещение с куполообразным потолком под землей, храм культа Митры. В Риме самый большой митреум находится под церковью Сан-Клементе.

— И в тот вечер, когда мы уже будем старыми, мы вспомним тех двух юношей, словно они — незнакомцы, которых мы повстречали в поезде; юноши, которыми мы восхищаемся и которым хотим помочь. И мы назовем это чувство завистью — потому что назвать его сожалением — значит разбить себе сердце. — Снова молчание. — Возможно, я еще не готов относиться к ним как к незнакомцам, — сказал я.

— Если тебе от этого легче — мне кажется, ни один из нас никогда не будет к этому готов.

— Давай еще выпьем.

Он уступил и не стал возражать, что ему пора домой.

Мы разделались с необходимым вступлением: его жизнь, моя жизнь, что делал он, что делал я, что было хорошего, что плохого. Где он хотел бы оказаться, где — я. Мы избегали говорить о моих родителях. Я предположил, что он в курсе. Не задавая вопросов, он дал понять, что знает.

Час спустя.

— Твое любимое воспоминание? — вдруг спросил он.

Я задумался.

— Нашу первую ночь я помню лучше всего — возможно, потому что ужасно нервничал. Но еще — Рим. На Виа Санта-Мария-дель-Анима есть место, куда я прихожу каждый раз, когда оказываюсь в Риме. Я смотрю на него — всего мгновение — и все возвращается вновь: та ночь, меня только что стошнило, и по дороге обратно в бар ты поцеловал меня. Мимо шли прохожие, но мне было все равно — и тебе тоже. Тот поцелуй до сих пор там запечатлен — слава богу. Это все, что у меня от тебя осталось. Это — и твоя рубашка.

Он все помнил.

— А твое? — спросил я. — Какое воспоминание?

— Тоже Рим. Когда мы пели до рассвета на пьяцце Навона.

Я совсем об этом забыл. В ту ночь мы пели не только неаполитанскую песню. Несколько молодых голландцев достали гитары и начали играть песни «Битлз» — одну за другой, и все, кто был у главного фонтана, стали подпевать — и мы в том числе. Подтянулся даже Данте — и тоже принялся петь на своем ломаном английском.

— Они пели нам серенады или мне это приснилось?

Он посмотрел на меня с недоумением.

— Они пели серенады *тебе* — и ты был пьян, как черт. В конце ты взял гитару у одного из них и начал играть, а потом вдруг запел. Они были потрясены. Все наркоманы планеты внимали тебе, как овцы Генделю. Одна голландка просто потеряла голову. Ты намеревался привести ее к нам в отель. Она была согласна. Ну и ночка. В конце концов мы сели на пустой террасе закрытого кафе недалеко от площади — только ты, я и та девушка — и смотрели на восход, обмякнув на стульях. — Он посмотрел на меня. — Я правда рад, что ты приехал.

— Я тоже рад.

— Можно задать тебе вопрос?

И почему я вдруг занервничал?

— Валяй.

— Ты начал бы снова, если бы мог?

Я посмотрел на него.

— Почему ты спрашиваешь?

— Потому. Просто ответь.

— Начал бы я заново, если бы мог? Не раздумывая. Но не забывай, что я уже выпил две порции и прямо сейчас закажу третью.

Он улыбнулся. Очевидно, теперь был мой черед задать этот вопрос ему, но я не хотел его смущать. Это был мой любимый Оливер — который думает точно так же, как я.

— Видеть тебя здесь — как проснуться после двадцатилетней комы. Ты оглядываешься вокруг и видишь, что жена ушла, дети, чье детство ты почти полностью пропустил, превратились во взрослых мужчин, а кто-то из них уже даже женился; родители умерли давным-давно, друзей у тебя нет, а это крошечное лицо, внимательно разглядывающее тебя сквозь очки, — не кто иной, как твой внук, которого привезли поприветствовать дедушку после его долгожданного пробуждения. Твое лицо в зеркале — бледное, как у Рипа ван Винкля*. Но вот в чем штука: ты по-прежнему на двадцать лет моложе, чем все собравшиеся вокруг. Так что поэтому я в один миг могу снова стать двадцатичетырехлетним. Вот, мне уже двадцать

---

* Рип ван Винкль — герой одноименной новеллы американского писателя Вашингтона Ирвинга (1783–1859), проспавший двадцать лет и очнувшийся, когда все его знакомые умерли.

четыре. А еще через несколько лет я мог бы проснуться моложе, чем мой старший сын.

— И что же это говорит о прожитой тобою жизни?

— Часть ее — но только часть — в самом деле напоминала ко́му; но я предпочитаю называть это параллельной жизнью. Звучит получше. Проблема в том, что большинство из нас имеет — а точнее, проживает — больше двух параллельных жизней.

То ли дело было в алкоголе, то ли в том, что я не хотел выражаться абстрактно, — но я почувствовал, что должен произнести эти слова; может, потому что они были правдой, а может, потому что лучше момента нельзя было представить; и я понял, что пришел сказать:

— Ты — единственный, с кем я хотел бы попрощаться перед смертью, потому что только тогда моя так называемая жизнь приобретет смысл. А если я услышу, что умер ты, моя жизнь, какой ее знаю я — я, который говорит с тобой сейчас, — тоже закончится. Иногда у меня перед глазами стоит это ужасное видение: я просыпаюсь в нашем доме в Б. И смотрю в окно, на море, и тут словно сами волны сообщают мне: *«Прошлой ночью его не стало»*. Мы так много упустили. Это была в самом деле кома. Завтра я вернусь в свою, а ты — в свою... Прости, не хотел тебя обидеть — я уверен, твоя жизнь далеко не кома.

— Нет, это параллельная жизнь.

Возможно, все другие печали, которые я когда-либо знал, в тот миг вдруг соединились в одну. Я пытался ее побороть. И если Оливер ничего не заметил, то, вероятно, потому что сам был охвачен ею.

Я вдруг ни с того ни с сего спросил, читал ли он роман Томаса Харди* «Любимая». Нет, не читал. Это история о мужчине, который влюбляется в женщину, а она через какое-то время от него уходит и спустя несколько лет умирает. Приехав к ней в дом, мужчина знакомится с ее дочерью, в которую влюбляется. Затем, потеряв и эту возлюбленную, он через много лет сталкивается и с ее дочерью, в которую тоже влюбляется.

— Интересно, подобное заканчивается само собой или иногда на это требуются многие жизни и поколения?

— Не хотел бы я, чтобы один из моих сыновей оказался в твоей постели. Или, раз уж на то пошло, чтобы твой оказался в постели у моего — если у тебя когда-нибудь будет сын.

Мы засмеялись.

— Интересно, что там с нашими отцами.

Он на минуту задумался, потом улыбнулся.

— Чего мне точно не хотелось бы, — продолжил я, — так это получить письмо с плохими новостями от твоего сына. «*И еще: отправляю открытку в рамке, которую отец просил вам вернуть*». И тем более не хотелось бы отвечать ему: «*Приезжай в любое время — уверен, он был бы рад, если*

* Томас Харди (1840–1928) — крупнейший английский писатель и поэт поздневикторианской эпохи.

бы ты остановился в его комнате». Обещай, что этого не случится.

— Обещаю.

— Что ты написал на обороте открытки?

— Я хотел, чтобы это было сюрпризом.

— Я слишком стар для сюрпризов. Да и вообще в них всегда есть какая-то резкость, которая ранит. А я не хочу, чтобы меня ранили, — только не ты. Так что говори.

— Всего два слова.

— Дай угадаю: «*если не потом, то когда*»?

— Я сказал: *два* слова. К тому же это было бы жестоко.

Я задумался.

— Сдаюсь.

— *Cor cordium*, сердце сердец. Я никогда и никому не говорил ничего более правдивого.

Я уставился на него.

Хорошо, что мы были в общественном месте.

— Нам пора.

Он потянулся за своим плащом, лежавшим на соседнем стуле, и встал из-за стола. Я хотел проводить его до выхода, а потом стоять и смотреть, как он уезжает. Мы вот-вот распрощаемся, и я безвозвратно потеряю часть своей жизни.

— Допустим, я провожу тебя до машины, — сказал я.

— Допустим, ты зашел на ужин.

— Допустим, зашел.

На улице стремительно темнело. Мне нравились тишина и покой деревенской глуши с ее розоватым закатом, окрашивающим горы, и чернеющей в полумраке рекой. Страна Оливера, подумал я. Россыпь огней на другом берегу реки отражалась в воде и напоминала «Звездную ночь над Роной» Ван Гога*. Запах осени в воздухе, начало семестра, бабье лето — и в сумерках на ум приходят лишь остатки незаконченных летних дел и домашних заданий, и всегда кажется, что лето еще впереди, — однако стоит солнцу сесть за горизонт, как эта иллюзия рассеивается.

Я пытался представить его счастливую семью, его мальчиков, с головой погруженных в уроки или ковыляющих с тренировки, угрюмых, громко топающих запачканными в грязи кроссовками, — все мыслимые стереотипы пронеслись у меня в голове.

«*Это человек, в чьем доме в Италии я жил в молодости*», — сказал бы он, а в ответ услышал бы лишь угрюмое хмыканье подростков, которым и дела нет до человека из Италии и его дома; но те же подростки потрясенно замерли бы, скажи он им: «*Да, и кстати, тогда он был не многим старше вас и дни напролет делал аранжировку "Семи слов Спасителя на кресте", а ночами прокрадывался ко мне в комнату, где мы трахались до потери пульса. А теперь будьте паиньками и пожмите ему руку*».

Потом я представил, как поздно ночью мы возвращаемся — вдоль сияющей звездами реки к этому старенько-

* Винсент Виллем Ван Гог (1853–1890) — нидерландский художник-постимпрессионист.

му отелю на берегу в Новой Англии, который, я надеялся, напомнит нам обоим о заливе города Б., и о вангоговских звездных ночах, и о ночи, когда я подошел и сел рядом с ним на камнях, а потом поцеловал его в шею, и о нашей последней ночи, когда мы шли по дороге вдоль берега и понимали, что нам больше нечем отсрочить расставание.

Я представил, что сижу в его машине и рассуждаю в уме: кто знает, захочу ли я, захочет ли он — пускай решает рюмка; и понимаю, что за ужином нас беспокоила одна и та же мысль и каждый надеялся, что *это* произойдет, и молился, чтобы ничего не было... Пускай решает рюмка.

Я отчетливо читал терзания на его лице, воображая, как, откупоривая бутылку вина или меняя пластинку в проигрывателе, он задумчиво смотрит в сторону, потому что знает, что думаем мы об одном и том же, и хочет показать это мне.

Я представлял, как он наливает вино жене, мне, себе, и мы оба вдруг понимаем, что он всегда был мною даже больше, чем я сам; что тогда, в постели много лет назад, он стал мной, а я — им; и даже когда жизнь сделает свой последний поворот, он навсегда останется моим братом, моим другом, моим отцом, моим сыном, моим мужем, моим любовником — мной самим.

За те несколько летних недель, когда судьба свела нас, наши жизни едва соприкоснулись, однако мы перешли на другой берег, где время остановилось, а небеса опустились на землю и даровали нам нечто божественное, по праву принадлежащее нам с рождения.

Мы отводили взгляды. Мы говорили обо всем кроме. Но мы всегда знали — и наше молчание служило тому подтверждением, что мы постигли звезды, ты и я, — а такое бывает лишь раз в жизни.

Прошлым летом он наконец вернулся. На одну ночь — проездом из Рима в Ментон. Его такси подъехало к нашему дому по усаженной деревьями дороге и остановилось примерно в том же месте, где двадцать лет тому назад. Он выпрыгнул из машины с ноутбуком в руках, огромной спортивной сумкой на плече и с коробкой в подарочной упаковке.

— Твоей матери, — сказал он, поймав мой взгляд.

— Лучше скажи ей сразу, что внутри, — сказал я, как только мы занесли его вещи в прихожую. — Она подозревает всех и каждого.

Он понял меня. Это его опечалило.

— В твою старую комнату?

— В мою старую комнату, — подтвердил он, хотя все детали мы уже обговорили по электронной почте.

— Значит, в старую комнату.

Я не горел желанием подниматься вместе с ним наверх и испытал облегчение, когда из кухни к нему вышли Манфреди и Мафальда, услышавшие такси. Их радостные объятия и поцелуи немного разбавили неловкость, которая, я знал, неизбежно придет, как только он отдохнет с дороги. Я хотел, чтобы их шумный прием занял хотя бы первый час после его приезда. Всё — лишь бы оттянуть тот миг, когда мы сядем друг напротив друга за чашкой кофе и произнесем наконец эти два неизбежных слова: двадцать лет. Вместо этого мы оставим вещи Оливера внизу в надежде, что потом Манфреди отнесет их наверх, а сами пойдем прогуляться по вилле.

«Уверен, тебе не терпится снова все увидеть», — скажу я, имея в виду сад и балюстраду с видом на море.

Мы пойдем к бассейну, потом — в гостиную, где у французских окон стоит старое пианино, а затем вернемся в прихожую и увидим, что его вещи уже отнесли наверх. Часть меня, пожалуй, хотела, чтобы он понял: с его последнего приезда ничего не изменилось, его *рай* все еще здесь, а покосившаяся калитка, ведущая к пляжу, все так же скрипит, и весь мир — именно такой, как до его отъезда, только без Вимини, Анкизе и моего отца.

То был радушный жест, которым я хотел его поприветствовать. Однако другая часть меня надеялась, что он осознает: больше ни к чему пытаться наверстать упущенное, мы оба пережили слишком многое друг без друга, и теперь нас почти ничего не связывает. Быть может, мне хотелось заставить его испытать горечь утраты. Но в конце концов — возможно, в качестве компромисса — я решил, что просто дам ему понять: я ничего не забыл. Я предложил прогуляться до заброшенного пустыря, такого же нетронутого и выжженного солнцем, как двадцать лет назад, когда Оливер увидел его впервые. Но едва я успел договорить, как он мгновенно ответил:

— Знаю. Видел. — Так он сообщал мне, что тоже ничего не забыл.

— Тогда, может, тебе захочется заскочить в банк?

Он расхохотался.

— Готов поспорить, они до сих пор не закрыли мой счет.

— Если у нас останется время и если тебе захочется, сходим на колокольню. Я знаю, ты никогда не был там.

— Ту, которая «увидеть — и умереть»?

Я улыбнулся. Он и это помнил.

Мы прошли по нашему двору с видом на необъятную синеву; Оливер остановился и, опершись на балюстраду, стал смотреть на залив, а я стоял рядом и смотрел на него.

Под нами был *его* камень, где он сидел по ночам и где они с Вимини проводили вместе целые вечера.

— Сегодня ей было бы тридцать, — сказал он.

— Знаю.

— Она писала мне каждый день. Каждый божий день.

Он не отрываясь смотрел на камни. *Их* место. Я вспомнил, как они держались за руки и бежали вниз к воде.

— А потом однажды она прекратила писать. И я понял. Я сразу понял. Знаешь, я сохранил все ее письма.

Я посмотрел на него с грустью.

— И твои тоже, — тут же добавил он, чтобы успокоить меня; хотя, казалось, не был уверен, хочу ли я этого.

Настал мой черед.

— Я тоже сохранил твои. И кое-что еще. Может, покажу тебе. Потом.

Неужели он забыл про *вздымающуюся* рубашку? Или просто постеснялся — побоялся показать, что прекрасно понимает, о чем я?

Он отвернулся и снова стал смотреть на взморье.

Он выбрал отличный день для приезда. Ни облачка на небе, ни ряби на воде, ни дуновения ветра.

— Я и забыл, как сильно любил это место. Именно таким я его запомнил. В полдень здесь настоящая благодать.

Я не перебивал его. Мне нравилось следить за его взглядом, блуждающим по берегу.

— А Анкизе? — наконец спросил он.

— Бедняга умер от рака. Раньше мне казалось, что он старик. А ведь ему не было и пятидесяти.

— Ему тоже здесь нравилось. Анкизе и его привои, подвои и фруктовый сад...

— Он умер в спальне моего дедушки. — Снова тишина. Я хотел сказать «в моей прежней комнате», но передумал.

— Ты рад, что вернулся?

Он разглядел подтекст в моем вопросе еще до того, как я сам его заметил.

— А *ты* рад, что я вернулся?

Я посмотрел на него, обезоруженный, но ничуть не напуганный. Как люди, которые часто краснеют, но не стесняются этого, я знал: нельзя душить в себе подобные эмоции, лучше просто им отдаться.

— Сам знаешь, что рад. Возможно, даже больше, чем должен быть.

— Я тоже.

Этим все было сказано.

— Пойдем, я покажу, где мы развеяли прах отца.

Мы спустились по лестнице в сад, где раньше стоял стол для завтрака.

— Отец всегда здесь сидел. Я называю это его призрачным местом. А я любил сидеть вон там, если ты помнишь. — Я указал туда, где раньше у бассейна стоял мой стол.

— А у меня было место? — спросил он с полуулыбкой.

— Оно всегда у тебя будет.

Я хотел сказать ему, что бассейн, сад, дом, теннисный корт, *рай* и вся вилла будут его призрачным местом. Но показал наверх, на французские окна его комнаты. Твои глаза навсегда там, хотел сказать я, в складках тюля, смотрят пристально из моей спальни, где нынче никто не спит. Когда дует ветер, и тюль вздымается, а я смотрю на него отсюда или стою на балконе, то ловлю себя на мысли, что ты — там, выглядываешь из своего мира в мой и говоришь, как в тот день у камней: «*Я был счастлив здесь*». Ты — в тысячах километров, но стоит бросить взгляд на эти окна, как я вспоминаю твои плавки, накинутую на ходу рубашку, руки на перилах — и вдруг ты снова здесь, закуриваешь свою первую сигарету за день — как двадцать лет назад. Пока стоит этот дом, он всегда будет твоим призрачным местом — и моим тоже, — вот что мне хотелось сказать.

Мы стояли на том месте, где однажды я разговаривал об Оливере с отцом. Теперь мы с Оливером говорили здесь об